제2판

조직의 가치와 목표 중심의
HRD평가

김태성 · 장지현 · 백평구 공저

박영story

제2판 머리말

　　HRD 현장 실천과 연구에 있어 평가는 중요한 주제이지만 이에 대한 종합적인 안내서가 풍부하지는 않다. 이에 착안한 소박한 노력으로 2019년 본서의 초판을 발행하였고, 내용을 보완하여 개정판을 내어놓게 되었다. 인재·조직개발에 있어 평가의 중요성은 여전하고, 관련 가이드가 많지 않다는 점도 크게 변하지 않았으며, 무엇보다 초판의 부족함을 조금이라도 메워야겠다는 데에 집필진의 의견이 모인 결과이다.

　　주요 개정 내용은 다음과 같다. 무엇보다 초판에서 미처 다루지 못한 중요한 내용들에 대한 보완이 있었다. 이론적 내용을 적용할 수 있는 실무적 사례와 양식, 조사 도구 개발과 품질 확보를 위한 방법, 평가 커뮤니케이션을 위한 전략과 유의 사항 등이 대표적이다. 이러한 내용적 보완은 책 전체에 걸쳐 비교적 큰 체계의 정비로 이어졌다. 총 5부 13장으로 이루어졌던 구성에서 2, 3, 4부에 속한 장들의 제목과 흐름이 조정되고, 마지막 5부는 기존 세 개에서 두 개의 장으로 축약되어, 총 5부 12장의 구성으로 재정리되었다. 또한, 책 전체에 걸쳐 기존 내용에 대한 업데이트가 이루어졌다. 필요한 곳들에 지난 4년간의 새로운 연구 결과와 데이터를 반영하였고, 이 과정에서 가독성과 완결성을 해치지 않도록 문맥과 문장을 적절히 다듬고 편집하였다.

　　개정판임에도 준비부터 출간까지 예상보다 많은 시간이 소요되었다. 저자들의 게으름도 하나의 이유이지만 성심을 다하고자 했던 노력이 더 큰 이유라고 강변해 본다. 물론 박영스토리의 노현 대표님과 배근하 차장님의 세심한 지원이 없었다면 아직도 어딘가에 교착되어 있었을지도 모른다. 그저 감사할 따름이다.

부족하지만 본서가 HRD 평가와 관련하여 참고할 수 있는 의미 있는 자료가 되고, 그리하여 HRD 분야의 발전에 작은 기여가 될 수 있다면 큰 보람이겠다.

2024년 1월
저자 일동

머리말

Does HRD matter? Prove it!

HRD 실천과 연구에 있어 전략적 역할과 책무성이 강조되고, 변화하는 기술적·사회적 환경에 발맞추어 혁신적인 제도와 프로그램이 다양하게 시도되고 있다. 하지만 실행 측면에서와 달리 HRD 평가의 현주소는 어제와 오늘이 크게 다르지 않고, 데이터와 분석 기술의 발전에도 불구하고 현장에서 이의 활용은 여전히 제한적이다. 이러한 문제는 학문과 실천의 접목을 촉진하는 가이드의 부족 즉, HRD 평가를 종합적으로 살펴보는 안내서의 부재에 큰 책임이 있다는 점에 저자들은 공감했다.

HRD 개론서의 일부 요소로 다루어지는 정도로는 HRD 평가와 관련한 폭넓은 내용을 다루기 어렵다. 통계분석 중심의 책들은 HRD 평가의 맥락과는 거리가 있고 독자의 접근성 측면에서도 한계가 있다. 하지만 실천가나 연구자를 막론하고 HRD 평가에 대한 시각의 확장과 논의의 심화가 필요하고, 평가 이론과 방법론에 대해서도 보다 종합적이고 체계적인 정리가 필요하다. 본서는 이러한 필요성과 문제의식에 기반하여 실무 현장의 전문가나 HRD를 공부하는 대학(원)생 및 연구자를 위해 준비되었다.

본서는 총 5부로 구성되었다. 1부 'HRD 평가 개요'에서는 HRD 및 HRD 평가에 대한 개관에 이어, 프로그램 중심의 시각에서 조직의 가치와 목표 중심의 전략적 시각으로 HRD 평가의 접근이 전환되어야 함을 제시하였다. 2부 'HRD 평가의 이론적 토대'에서는 평가 실무와 연구에 활용될 수 있는 다양한 이론과 모델들을 핵심 사항 중심으로 정리하였다. 3부 'HRD 평가의 분석적 토대'에서는 분석 설계, 데이터 수집, 양적·질적·통합적 및 관계망 분석 방법 등에 대해 분석 기술 중심이 아닌 개념적 이해를 중심으로 설명하였다. 4부 'HRD 평가 프로세스'에서는 현장에서 이루어지는 평가 실무를 계획, 실행, 종결, 소통의 프로세스로 상정하고 각 단계에서의 주요 사항들에 대해 살펴보았다. 마지막으로 5부 'HRD 평가의 도전과 미래'에서는 당면한 과제뿐만 아니라 HRD 평가의 발전을 위한 보다 폭넓은 주제들을 다루었다. HRD 평가에 대한 종합적이고 체계적인 이해를 원하는 독자는 전체에 걸친 정독을, 특정 부분에 대한 집중적인 이해나 활용이 필요한 독자는 해당 부분에 대한 열독을 권한다.

본서의 각 장은 학습 목표, 핵심 용어, 읽을거리, 학습내용, 논의, 참고문헌으로 구성되었다. 내용에 본격적으로 들어가기에 앞서 학습 목표와 핵심 용어를 통해 장 전체를 개관하고, 학습이 끝나면 몇 가지 질문들에 대해 논의해 보도록 하였다. 또한, 해당 장과 관련하여 더욱 심도 있는 학습을 원하는 독자를 위해 읽을거리를 제공하였다. 과하지 않도록 한두 편의 논문이나 책을 제시하였으나, 여전히 미흡하다면 참고문헌의 자료들도 살펴보기 바란다.

참고로, 본서 전체에 걸쳐 'HRD'와 '인재·조직개발'은 동일한 개념으로 혼용되었다. HRD가 인적자원개발로 통용되는 것은 주지의 사실이나, 실제 HRD는 개인과 조직의 발전을 동시에 추구하는 활동이므로 용어의 사용에 있어 이 두 요소에 동일한 지위를 부여하는 것이 바람직하다고 보았다. 유사한 맥락에서 '교육담당자' 등의 용어 대신 'HRD 전문가'라는 용어를 사용하였다(맥락상 HRD 담당자 등의 용어가 일부 사용되었다). 교육담당자와 같은 표현은 HRD의 역할을 개인에 대한 교육적 개입 중심으로 제한하여 인식하게 하고, HRD 전문가의 지위를 '교육' 관련 특정 업무를 부여받은 '담당자'로 격하시키는 결과로 이어진다고 보았기 때문이다. 인적자원개발을 넘어 인재와 조직의 개발로, 교육담당자를 넘어 HRD 전문가로 관점의 확장과 전환을 바라는 의도를 반영하였다.

본서의 집필이 가능하도록 학문적, 실무적으로 가르침을 주신 많은 분들과 출판을 도와주신 박영스토리에 감사드린다. 또한, 검토 과정에서 수고와 정성을 아끼지 않은 인천대학교 창의인재개발학과 임지은, 임혜경, 강지훈 석사과정생, 연세대학교 교육학과 김근호 박사과정생에게 특별한 감사의 마음을 전한다.

언제나 그렇듯이 가족들에게 사랑과 감사를 보낸다.

2019년 2월
저자 일동

차례

제1부 HRD 평가 개요

제1장 **HRD와 평가** ··· 3

  1 HRD 개관 · 5
  2 HRD 평가 개관 · 11
  3 논의 · 20

제2장 **전략적 HRD와 평가** ·· 23

  1 전략적 HRD · 25
  2 조직의 목표와 HRD 평가 · 33
  3 논의 · 53

제2부 HRD 평가의 이론적 토대

제3장 **프로그램 중심 평가** ·· 59

  1 평가 이론 · 61
  2 결과 중심 평가 모형 · 62
  3 통합적 평가 모형 · 81
  4 논의 · 87

제4장 **지표 중심 평가** ··· 91

  1 HRD 성과 평가 · 93
  2 HRD 수준 평가 · 103
  3 논의 · 110

제3부 HRD 평가의 분석적 토대

제5장 평가 설계 ·· 115

    1 평가와 연구 · 117

    2 평가 설계의 핵심 요소 · 118

    3 논의 · 136

제6장 조사 도구 ·· 139

    1 조사 도구 개발 · 141

    2 타당도와 신뢰도 · 150

    3 논의 · 161

제7장 분석 기초 ·· 163

    1 변수와 척도 · 165

    2 통계 기초 · 170

    3 논의 · 181

제8장 양적 분석과 질적 분석 ··· 183

    1 양적 분석 · 185

    2 질적 분석 · 200

    3 논의 · 205

제4부 HRD 평가 실무

제9장 HRD 평가 프로세스 ·· 209

    1 계획 · 211

    2 실행 · 217

    3 종결 · 225

4 논의 · 233

제10장 HRD 평가 커뮤니케이션 ·· 235

1 커뮤니케이션 설계 및 전략 · 237
2 평가 커뮤니케이션 유의 사항 · 252
3 논의 · 256

제5부 HRD 평가의 도전

제11장 HRD 평가 윤리와 역량 ·· 261

1 HRD 평가 윤리 · 263
2 HRD 평가 역량 · 268
3 평가 역량 진단 · 276
4 논의 · 285

제12장 HRD 평가의 과제 ·· 287

1 분석 도구 활용 · 289
2 사회관계망 분석 · 294
3 빅데이터와 피플 애널리틱스 · 299
4 논의 · 307

찾아보기 ··· 309

조직의 가치와 목표중심의 HRD평가

제 **1** 부

HRD 평가 개요

제 1 장 ・ HRD와 평가

제 2 장 ・ 전략적 HRD와 평가

제 **1** 장

HRD와 평가

인재·조직개발 분야에서 평가는 매우 중요한 활동이다. 특히 HRD의 전략적 역할과 책무성이 더욱 강조되고 가용 데이터와 프로세싱 및 분석 기술이 급격히 발전하는 상황과 맞물려 평가의 역할과 범위가 더욱 확대될 것이다. HRD의 정당성과 가치를 입증하기 위한 핵심 활동으로 HRD 평가에 대한 깊은 학문적·실천적 이해가 필요하다.

학습 목표

1장의 학습 목표는 다음과 같다.

- HRD의 목표를 개념적으로 설명할 수 있다.
- HRD 실천에 있어 비용과 투자의 관점을 비교하여 설명할 수 있다.
- HRD 평가의 개념과 목적을 설명할 수 있다.
- HRD 평가를 위한 다양한 접근 방법과 특성을 설명할 수 있다.
- HRD 평가의 장애 요인과 고려사항을 설명할 수 있다.

핵심 용어

- 학습, 성과, 변화
- 개인개발, 경력개발, 성과향상, 조직개발
- 지적 자본, 인적 자본, 사회적 자본, 구조적 자본
- 전문적, 전략적, 목표관리, 정치적 활동
- 기술적, 예측적, 처방적 관심
- 일화, 스코어카드, 대시보드, 벤치마크, 상관관계, 인과관계

1 HRD 개관

일반적으로 인적자원개발(human resource development, HRD) 분야에서의 평가는 인재·조직개발을 위해 시행한 프로그램, 지원/촉진 활동, 제도 등이 의도한 목표를 달성했는지를 판단하는 체계적인 활동을 의미한다. 프로그램이나 활동이 잘 설계되고 계획대로 진행되었다고 반드시 목표 달성을 보장하는 것은 아니므로 HRD 평가는 실행 자체가 아닌 목표와 결과에 중점을 둔 활동이라 할 수 있다. 따라서 효과적인 평가에 대해 논하기 위해서는 HRD가 추구하는 목표와 가치가 무엇인지에 대해 먼저 살펴볼 필요가 있다.

1) HRD 목표

HRD의 목표는 상황과 맥락에 따라 다양하게 설정될 수 있는데, 일반적으로 다음의 세 가지 측면으로 집약된다(Tseng & McLean, 2008).

- 학습(learning): 구성원들이 과업의 수행과 문제 해결을 위한 역량을 확보하고 지속적으로 성장할 수 있도록 지원
- 성과(performance): 구성원들이 과업의 목표를 달성하고 차이를 만들 수 있도록 조력하며 이를 통해 조직의 효과성과 효율성 제고
- 변화(change): 구성원들과 조직이 현재 상태에 대한 개선과 창의적 혁신을 통해 더욱 바람직한 방향으로 발전할 수 있도록 촉진

이러한 목표를 주체(개인과 조직)와 실현 기간(단기와 장기) 측면으로 분류하여 다음과 같이 설명할 수도 있다(장원섭, 2021; Gilley et al., 2002).

- 개인개발(individual development): 개인이 당면한 과제를 효과적으로 수행하는 데 필요한 지식, 기술 및 태도의 개발
- 경력개발(career development): 개인의 지속적 성장과 장기적 경력 성공을 위한 역량의 함양
- 성과향상(performance improvement): 조직이 직면한 수행 문제의 체계적 해결과 성과의 향상
- 조직개발(organization development): 조직의 지속적 성장과 긍정적 변화를 위한 시스템과 문화의 발전

조직 맥락에서 이루어지는 활동의 경제적 가치 창출 측면을 강조하여 HRD의 목표를 조직의 지적 자본(intellectual capital)을 강화하기 위한 활동으로 설명할 수도 있다(Stewart, 1997).

- 인적 자본(human capital): 지식과 경험, 전문성 등 개인의 재능과 장점 강화
- 사회적 자본(social capital): 소통과 신뢰, 협업 등 개인과 개인, 개인과 내·외부 집단 간 관계의 질과 상호작용 강화
- 구조적 자본(structural capital): 제도와 체계, 업무 수행 방식 등 조직의 구조와 프로세스 개선 및 강화

나아가 경제적 가치 창출뿐만 아니라, 개인 차원에서는 의미 충만한 일(meaningful work) 생활을 영위하도록 돕고, 조직 차원에서는 사회적 책임을 다하는(socially responsible) 조직으로 발전할 수 있도록 하는 것 또한 HRD의 새로운 목표로 제시되고 있다(Bates & Chen, 2004). 예컨대, 일의 의미, 일과 삶의 균형, 다양성과 포용, 지속가능성, ESG(environmental, social, governance) 경영 등의 주제가 최근 HRD 분야에서 조명을 받고 있다.

2) HRD 실천

조직 경영의 측면에서 HRD는 앞에서 제시한 목표들을 달성하기 위해 돈, 시간, 인력, 기회비용 등의 자원을 투입하는 고도의 의사결정의 산물이다. 이러한 의사결정은 개인, 집단, 조직을 대상으로 세심하게 고안된 프로그램, 지원/촉진 활동, 제도 등의 형태로 구현되는데, 이들 모두를 통칭하여 HRD 실천(practice) 또는 HRD 개입(intervention)이라고 할 수 있다. 따라서 HRD 전문가는 개인과 조직의 학습과 성장, 성과와 변화 등의 목표를 달성하기 위해 최적화된 실천 전략을 계획하고 실행함으로써 의사결정의 가치를 실현해야 할 책임을 진다.

일반적으로 조직 내에서의 HRD 실천은 다음의 예시와 같이 다양한 형태로 나타난다.

〈표 1-1〉 HRD 실천의 형태

구분	내용
프로그램	• 각종 직무 및 역량 강화 교육, 핵심인재 양성 프로그램, 리더십 개발 프로그램, OJT, 신입사원 입문교육, 사내강사 양성 과정 등
지원/촉진 활동	• 학습조직 지원, 무형식 학습 체제 구축, 멘토링, 코칭, 워크숍, 지식공유 시스템 운영, 역량모델링, 조직진단, 전사 조직개발 활동 등
제도	• 연간 교육 이수 제도, 사내 인증 제도, 교육 이력 인사평가 반영, 컴플라이언스 교육 시행 및 관리, 자기개발 지원 제도, 경력개발 제도 등

HRD 실천은 목표 달성에 가장 효과적인 접근이 어떤 것일지에 대한 검토를 통해 선택되고 고안된다. 그리고 프로그램이나 활동 자체의 탁월성과 함께 목표로 했던 결과의 실현 여부가 HRD 실천의 가치를 좌우하게 된다. 이를 평가 측면에서 단순화하면 기대하는 목표

가 명시적이든 묵시적이든, 단기적이든 장기적이든 궁극적으로 얻어지는 총가치가 소요된 총투자보다 클 때 효과적인 투자, 또는 바람직한 실천이라 할 수 있을 것이다.

3) HRD 투자

조직 내 대부분의 활동이 그러하듯이 HRD 실천은 자원의 투입과 결과에 대한 기대를 수반한다. 연구개발(R&D)이나 마케팅 활동과 마찬가지로 HRD에 투입되는 자원 또한 불가피하게 지출해야 하는 비용(cost)이라기보다 더 큰 효용과 가치를 실현하기 위한 투자(investment)이기 때문이다. 따라서 투자가 기대만큼의 성과(performance) 또는 회수(return)로 이어지지 않는다면 의사결정의 재고와 철회로 이어질 수 있다.

HRD 전문가는 조직의 전략적 투자와 그에 상응하는 가치 창출이라는 측면에서 HRD를 실천해야 하고, 이런 측면에서 조직의 HRD 투자에도 깊은 관심을 가져야 한다. 예·결산 자료 등을 통해 조직의 HRD 관련 투자 규모 및 영역별 투자 비율 등을 이해하고, 관련 업계나 경쟁기업의 HRD 투자에 대한 현황과 흐름을 파악하는 등의 전략적 시각이 필요하다. 또한, HRD 투자에 대한 국내외 거시 현황을 벤치마크로 활용하는 것도 투자의 규모와 적정성 등을 판단하는 데 참고가 될 것이다.

관련하여 한국직업능력개발원의 인적자본기업패널(Human Capital Corporate Panel, HCCP) 조사 자료와 미국의 ATD(Association for Talent Development)에서 발간하는 SOIR(State of Industry Report) 보고서 등의 대표적인 벤치마크들이 있다. 내용을 살펴보면 HRD 투자와 관련하여 한국과 미국 기업들의 전체 현황뿐만 아니라 업종별·규모별 현황 등도 파악할 수 있고, 한발 나아가 여러 해에 걸쳐서 데이터를 분석한다면 전반적인 흐름과 패턴도 발견할 수 있어 유용한 참고 자료가 될 수 있다.

▪ HCCP

한국직업능력개발원에서는 HCCP를 통해 우리나라 약 500개 기업의 인적자원 관련 정보를 격년 단위로 조사하여 제공하고 있다. 여기에는 HRD 투자 관련 정보도 포함되어 있는데, 교육훈련비 명목으로 조사된 투자 금액은 2019년 기준 임직원 1인당 평균 23.8만 원이었다(17년 26.6만 원 대비 감소). 업종별 비교에서는 금융업이 가장 높은 수준을 보였고, 기업 규모 측면에서는 대기업이 가장 높아 기업 규모와 HRD 투자가 비례하는 것으로 나타났다.

한 가지 유의할 부분은 HCCP 조사에서 HRD 투자가 교육훈련비 명목으로 조사되었는데, 자기개발 지원, 교육 시설 운영, 시스템 개발 및 유지보수 등 HRD와 관련한 다양한 투자나 비용 집행이 광범위하게 포함되었는지 불분명하다는 점이다. 따라서 HCCP의 데이터는 교육훈련을 중심으로 한 금액 집계로 이해하고, 실제 HRD 전반의 투자는 이보다 더 크다고 보는 것이 타당해 보인다.

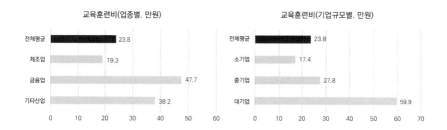

[그림 1-1] HCCP 교육훈련비 현황(2019년 기준)

▪ SOIR

인적자원개발 관련 세계 최대 기관으로 알려진 ATD에서는 매년 미국 내 약 300개 기업을 대상으로 HRD 관련 정보를 조사한 보고서인 SOIR를 발간하고 있다. 최근 SOIR에 따르면 2021년 기준 이들 기업의 HRD 투자는 임직원 1인당 평균 $1,280으로 전체 매출 대비 1.50% 수준이었다. 투자 금액의 연도별 변화는 크지 않았고, 기업 규모별로는 임직원 1만 명 이상의 대규모 기업들에서 더 많은 투자를 하는 것으로 나타나 HCCP와 유사한 양상을 보였다.

한 가지 유의할 부분은 SOIR에서의 HRD 투자 금액은 개발, 운영 등 각종 활동의 비용뿐만 아니라 아웃소싱, 학비 보조 및 HRD 부서원의 연봉까지를 모두 포함하고 있다는 점이다. 특히 부서원 연봉 등이 포함되어 있을 내부비용 항목이 전체 금액의 60% 이상을 차지하고, 비용 항목들에 대한 세부 내용의 확인도 불가하므로 HCCP 데이터와의 단순비교보다는 큰 틀에서 참고 자료로 활용하는 것이 바람직할 것으로 보인다.

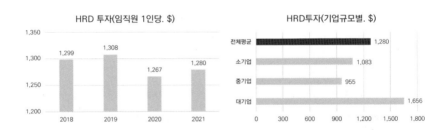

[그림 1-2] SOIR HRD 투자 현황(2021년 기준)

한편, 조직 내에서 HRD에 대한 투자는 다음 예시와 같은 다양한 요인들에 의해 영향을 받으므로 HRD 관점에서의 투자 유치, 즉 필요한 자원 확보를 위해서는 각각의 요인들에 대한 심도 있는 이해가 요구된다. 또한, 조직의 전략적 측면과 HRD의 실무적 측면을 두루 고려하여 투입-과정-산출의 선순환 구조가 정립되도록 노력해야 한다.

- 거시경제적 환경
- 조직 내·외부 상황
- 조직의 사업 모델 및 전략적 역점 사항
- 최고경영진을 포함한 의사결정권자의 판단
- HRD 전문가 또는 팀의 조직 내 영향력
- 구성원을 포함한 이해관계자들의 요구
- HRD 활동에 대한 이해관계자들의 경험과 인식
- HRD 실천의 성과에 대한 평가

2 HRD 평가 개관

HRD 분야에서의 평가는 인재·조직개발을 위한 실천이 적절히 계획되고 수행되었는지, 의도했던 목표를 효과적으로 달성했는지, 궁극적으로 조직의 가치 창출에 기여했는지를 데이터와 논리에 기반하여 판단하는 체계적인 활동이다. 평가는 실천 과정을 성찰 및 개선하도록 돕고, 목표 달성에 대한 책무성을 견인하며, 의사결정에 대한 타당한 근거를 제공하는 핵심 기제이다. 역으로, 제대로 된 평가가 없다면 실천의 개선, 목표의 달성, 의사결정의 합리성을 기대하기 어려울 것이다.

1) HRD 평가의 목적

무엇보다 HRD 평가는 인재·조직개발 실천의 적절성을 판단하고 품질을 개선하기 위한 목적으로 시행된다. 다시 말해, 프로그램, 지원/촉진 활동, 제도 등이 적절히 선정되고 고안되었는지, 계획한 바에 따라 운영되었는지, 의도된 결과로 이어졌는지를 관련 이론과 분석 기법을 토대로 검토하는 전문적 활동이다. 실무적 측면에서는 목표와 계획에 따라 사전에 이루어지는 진단 평가, 진행 중 시행되는 과정 평가, 종료 시점에 시행되는 종합 평가가 있을 수 있다. 일반적으로 사전 진단은 대상자들의 특성과 요구 파악 등을 위해 시행되고, 과정 평가는 진행 현황 모니터링, 예상치 못한 변수와 문제 상황 대응, 참여자 요구 반영 등에 초점을 두며, 종합 평가는 최초 기획 시 설정한 목표들이 달성되었는지 프로그램의 효과와 영향을 판단하는 데 초점을 두고 이루어진다. 따라서 HRD 평가는 단순히 특정 프로그램의 마지막 단계에 이루어지는 결산 활동으로서가 아니라, 기획 단계에서의 목표 구체화와 현황 진단, 진행 과정 모니터링, 결과에 대한 분석과 성과 평가 등에 관여하는 총체적 환류 체계로 이해되어야 한다.

HRD 평가는 개별 실천 활동의 품질과 결과에 초점을 둔 협의의 개념뿐만 아니라, 조직적 차원에서 HRD 실천의 전략적 정합성과 유효성을 판단하는 광의의 개념을 포괄한다. 조직에서 이루어지는 HRD 실천은 프로그램 단위의 목표를 넘어 궁극적으로 조직이 지향하는 가치와 목표를 실현하기 위해 이루어진다. 예를 들어, 신규 입사자 교육은 조직체계 이해와 업무 내용 습득 등의 프로그램 목표뿐만 아니라 우수 인재의 양성과 유지라는 조직 목표 달성에도 의미 있는 기여를 해야 한다. 연간 교육 이수 제도는 구성원들이 직급/직무별로 설정된 기준에 따라 교육을 이수하도록 하는 제도의 목표뿐 아니라 구성원의 지속적인 역량 향상과 조직의 성장 동력 축적이라는 경영 목표 달성에 기여해야 한다. 다시 말해, 신규 입사자 교육이 성황리에 진행되었더라도 이들이 이내 조직을 떠난다거나, 모든 구성원이 교육 이수 요건은 충족하였으나 상당수가 불필요하고 형식적인 교육에 참여하며 시간과 자원을 낭비하고 있다면 본질적인 의도를 달성했다 할 수 없을 것이다. 따라서 HRD 평가는 인재·조직개발을 위한 프로그램, 지원/촉진 활동, 제도 등이 조직의 상위 목표에 어떻게 기여하는지를 중심으로 가치를 판단하는 전략적 활동이라 할 수 있다(Preskill & Russ-Eft, 2016).

HRD 평가의 또 하나의 목적은 조직 전체 차원에서 HRD 실천과 관련한 현황과 결과를 체계적으로 관리하는 데 있다. 앞서 언급되었듯이 HRD는 목표 실현을 전제로 한 투자이므로 핵심적인 지표들을 측정하여 데이터베이스화 함으로써 효과적인 자원 관리와 통합적인 목표 관리를 도모해야 한다. 구체적으로 인재·조직개발을 위한 예산과 체계 등 기반 인프라, 각종 실천 활동의 운영 현황과 산출물, 주요 목표들에 대한 실적과 영향 등을 적절히 지표화하여 측정한다면 현상을 진단하고 반성과 개선의 지점을 명확히 포착할 수 있게 된다. 이는 HRD의 책무성을 견인하고, 자원 활용을 최적화하며, 공존하는 목표들의 종합적이고 균형 있는 실현을 지원하는 기제가 되며, 궁극적으로 근거에 기반한 과학적이고 합리적인 HRD 의사결정의 기반으로 작용하게 된다.

- 프로그램의 적절성 판단과 품질 개선을 위한 전문적 활동
- HRD 실천과 조직 목표와의 정합성을 판단하는 전략적 활동
- HRD 의사결정을 위한 체계적 자원 및 목표 관리 활동

이처럼 다양한 목적으로 수행되는 HRD 평가에 있어 효과성(effectiveness)과 효율성(efficiency)은 중요하게 고려되어야 할 개념이다. 추구한 목표를 실제 어느 정도 달성했는지를 의미하는 효과성은 타당성을 판단하는 기준이고, 투입된 자원을 달성된 목표와 견주어 분석하는 효율성은 경제적 합리성을 보여주는 기준이다. 아무리 기발한 실천 활동이라 하더라도 목표 달성에 실패했다면 효과적이지 못한 것이고, 목표 달성으로 이어졌다 하더라도 과도한 시간과 비용이 소모되었다면 비효율적인 것으로 평가될 것이다.

덧붙여서 HRD 평가는 과학적이고 객관적인 활동임과 동시에 여러 이해관계자들이 관여되어 있는 정치적인 활동이기도 하다(Kim & Cervero, 2007). 때로는 복잡한 상황과 맥락, 각자의 처지와 이해에 따라 평가 결과에 대해 다양한 관점이 혼재할 수 있다. 따라서 과학적 방법론과 정확한 분석뿐만 아니라 이해관계자들과의 적절한 소통과 상호작용을 통해 의미를 공유하고 신뢰를 강화하는 것 또한 HRD 평가에 있어 중요하게 고려되어야 한다.

2) HRD 평가의 실천

인재·조직개발 실천은 특정 목표 달성을 염두에 둔 조직적 의사결정의 산물이므로, 그러한 결정과 투자가 유효한지를 평가하는 것은 HRD의 책무성 차원에서 핵심적인 활동이다. 또한, 방법론 측면에서 HRD 평가는 데이터와 논리에 기반한 과학적 접근을 취한다. 때로는 전문가적 직관이나 집단의 합의에 의존한 평가가 시행될 수도 있겠으나, 기본적으로는 객관적 데이터를 토대로 치밀한 분석 기법과 논리적 추론 등을 활용하여 평가를 수행했을 때 높은 타당성과 신뢰성을 확보할 수 있게 된다. 이처럼 책무성과 과학성에 기반한 HRD 평가는 구체적으로 다음과 같은 활동을 수행한다.

- 개입 목표의 달성 여부와 정도 측정
- 상위 목표에의 기여도 측정
- 투입과 산출의 측정과 비교
- 개입의 타당성, 효과성, 효율성 분석
- 참여자 또는 참여 집단의 반응과 변화 측정
- 진행 과정 모니터링과 피드백
- 특정 요소 간의 관계 규명
- 특정 결과를 초래한 원인의 추정

• 개입의 성공과 실패 요인 규명

평가를 위해 HRD 전문가는 다양한 데이터를 체계적으로 수집, 분석, 해석하고 이를 이해관계자(stakeholder)와 공유하게 되는데, 이때 이해관계자들의 관심을 Pease 등(2013)은 〈표 1-2〉와 같이 분류하여 제시하고 있다.

〈표 1-2〉 HRD 이해관계자의 관심

구분	내용
기술적 관심 (descriptive)	• 직접적인 투입과 산출에 관심 • 개입의 전반적인 상황과 진행 경과, 결과 등에 대한 종합적이고 핵심적인 정보의 전달 • 기술통계와 같은 분석 방법 활용
예측적 관심 (predictive)	• 목표 달성 여부와 정도에 관심 • 개입과 결과 간의 상호 관계 및 직·간접적 영향 등을 분석하여 효과성과 영향 판단 • 추론통계와 같은 분석 방법과 논리 활용
처방적 관심 (prescriptive)	• 불확실성의 해소 및 바람직한 방향 설정 등에 관심 • 현재 상황의 진단과 향후 방향에 대한 제안 • 분석 방법 및 전문가와 이해관계자 등의 통찰력 활용

어떤 경우에는 운영된 교육 과정의 수, 참여 인원, 소요 예산, 만족도 평균, 전년도와의 비교 등 전반적인 현황의 파악 정도에 이해관계자의 관심이 머무를 수 있다. 다른 경우에는 개입의 결과로 어떤 바람직한 변화가 일어났는지에 대한 체계적 분석과 타당한 논리를 제공해야 할 수도 있고, 때로는 향후 어떤 행동을 취해야 할 것인지에 대한 통찰력 있는 제안을 제시해야 할 수도 있다. 따라서 이해관계자의 관심이 어디에 있는지, 정보 요구의 수준이 어떠한지를 적절히 판단하여 그에 따라 평가의 방향과 분석 기법 등을 결정해야 한다.

또한 평가의 대상과 용도, 데이터와 분석 방법, 이해관계자의 특성 등에 따라 〈표 1-3〉과 같이 다양한 방법으로 평가 정보를 제시할 수 있다(Pease et al., 2013).

〈표 1-3〉 HRD 평가 정보 제시 방법

구분	내용
일화 (anecdote)	• 과학적 검증은 거치지 않았으나 경험적으로 중요한 사례 등을 중심으로 평가 정보 제시
스코어카드 (scorecard)	• 주요 지표들에 대한 현황이나 달성 정도를 수치화하여 객관적으로 평가 정보 제시
대시보드 (dashboard)	• 주요 지표들에 대한 현황이나 달성 정도를 시각화하여 직관적으로 평가 정보 제시
벤치마크 (benchmark)	• 권위 있는 기관, 경쟁사, 해당 분야 리더, 국제 표준 등과의 비교 및 차이 분석 등을 통한 평가 정보 제시
상관 (correlation)	• 두 개 이상의 변수들 사이의 관련성에 대한 통계적 분석 및 논리적 설명을 통한 평가 정보 제시
인과 (causation)	• 두 개 이상의 변수들 사이의 영향 관계, 즉 원인과 결과에 대한 통계적 분석 및 논리적 추론을 통한 평가 정보 제시

분석할 데이터가 많지 않거나 양적 분석이 적절하지 않은 경우 특징적인 사례나 참여자의 구체적인 경험 등에 의존하여 평가가 시행될 수도 있다. 때에 따라 이러한 일화적 평가도 직관적이고 공감을 이끌어내는 유의미한 정보를 제공하기도 한다. 하지만 많은 경우 HRD 실천은 다양한 데이터를 생성해내므로 이를 적절한 분석 설계와 방법을 토대로 평가에 활용할 필요가 있다. 실제로 스코어카드와 대시보드 등을 통해 중요한 결과들을 수치화하고 시각적으로 표현하는 것만으로도 복잡한 정보를 명확하게 전달할 수 있고, 이를 준거가 되는 벤치마크와 비교하여 제시한다면 객관적 상황을 더욱 구체적으로 체

감하도록 하는 데 효과적일 것이다. 또한, 모종의 실천 활동을 통해 특정한 결과를 얻고자 하였다면 그 활동과 결과 사이에 의미 있는 상관관계(correlation)가 존재하는지, 나아가 초래된 결과가 실제로 해당 활동으로 인한 것인지(causation) 등에 대한 통계적 분석과 추론은 해당 활동의 효과성과 정당성 검증 측면에서 매우 유용한 정보가 될 것이다.

한편 상관 및 인과관계에 대한 분석은 시사점과 효용이 큰 만큼 다른 방법들에 비해 높은 수준의 분석 능력과 논리성을 요구하는 고난도의 평가 방법이다. 스코어카드, 대시보드, 벤치마크 등은 기술통계와 시각화 등 비교적 어렵지 않은 방법으로 만들어 낼 수 있다. 하지만 상관 및 인과관계 분석은 추리통계에 대한 지식과 기술 및 이러한 관계에 영향을 미칠 수 있는 다양한 요인들에 대한 종합적인 이해가 필요하므로 이에 대한 학습과 경험이 충분히 확보되어야 한다.

▒ 더 알아보기

상관관계(correlation) vs. 인과관계(causation)

흔히 범하는 언어적 오류로 '다르다'와 '틀리다'가 있다. 의미를 생각하면 차이가 명확한 단어들인데도 일상 속에서 광범위하게 혼재되어 사용된다. 비슷한 맥락에서 평가뿐만 아니라 일상의 대화에서도 상관관계와 인과관계는 자주 사용되는 용어이고, 그만큼 그 의미가 혼용 또는 오용되는 경우도 비일비재하다. 하지만 그 의미에 대해 명확히 이해한다면 상황에 부합하는 정확한 해석과 표현이 가능할 것이다.

예를 들어, 비행기를 타고 가던 어린이가 옆자리의 아빠에게 불평을 한다. "아빠, 승무원에게 얘기해서 머리 위의 안전벨트 표시등 그만 켜지게 해주세요. 저 표시등만 켜지면 비행기가 흔들려서 잠을 잘 수가 없어요." 여기에서 어린이는 안전벨트 표시등과 비행기의 흔들림 간의 상관관계, 즉 A가 변화하면 B도 함께 변화(또는 B가 변화하면 A도 함께 변화)한다는 점을 파악한 것으로 보인다. 하지만 비행기가 흔들린 것은 안전벨트 표시등이 켜졌기 때문이 아니라 비행기 주변의 제트기류 때문이라는 점, 다시 말해, 제트기류가 원인이 되어 비행기가 흔들리고, 따라서 기장이 안전벨트 표시등을 켰다는 인과관계는 이해하지 못하고 있는 듯하다.

이 사례에서 보듯 상관관계는 두 변수가 동시에 움직이는지(change together)에 대한 것이고, 인과관계는 어떤 변수가 다른 변수의 발생 또는 변화를 초래하는지(cause and effect)에 대한 것이다. 따라서 언뜻 비슷해 보일 수 있지만 상관관계와 달리 인과관계가 성립하려면 다음의 조건들이 충족되어야 한다(Shadish et al., 2002).

✔ 원인 변수 A가 결과 변수 B에 선행해야 함
✔ 원인 변수 A는 결과 변수 B와 상관이 있어야 함
✔ B의 변화에 영향을 미칠 수 있는 다른 요인들이 동일한 조건이거나 통제된 상태에서 B의 변화가 A로 인한 것임이 설명될 수 있어야 함

현실적으로 HRD 평가에서 특정 변수들 사이의 명확한 인과관계를 주장하기는 쉽지 않다. 두 변수 간의 관계에 영향을 미치는 다양한 요소와 상황들이 있을 수 있고, 두 변수 중 어떤 것이 선행하고 어떤 것이 후행하는지 파악하기 어려운 경우도 많기 때문이다. 따라서 HRD 전문가는 상관과 인과에 대한 명확한 이해와 분석 능력을 갖추어야 하고, 동시에 기존 연구들과 사례들을 통해 살펴보고자 하는 관계에 대한 논리적 근거를 충분히 확보할 수 있어야 한다.

3) HRD 평가의 고려사항

효과적인 평가를 위해 HRD 전문가는 평가와 관련한 이론적 토대와 분석 능력을 갖춰야 하고, 데이터와 맥락에 대한 이해 없이 경험과 직관에만 의존하지 않도록 유의해야 한다. 따라서 성공적인 평가 업무 수행을 위해 다음의 사항에 대한 이해와 활용 능력이 필수적이다.

- HRD 평가 관련 이론 및 모형
- 과학적 평가 방법론
- 데이터 분석 도구 및 테크놀로지
- 체계적 평가 프로세스

또한, HRD 평가를 저해하는 장애 요인이 있다면 이를 명확히 파악하고 해소하기 위한 적절한 대처도 요구된다. 예를 들어, 박소연(2018)은 HRD 전문가의 평가 관련 경험을 광범위하게 분석하여 다음과 같은 장애 요인을 제시하고 있다.

- 개인 요인: HRD 전문가의 평가 역량 부족 및 업무와 역량개발에 있어 평가에 대해 낮은 우선순위 부여
- 리더 요인: HRD 평가에 대한 리더의 관심과 의지 부족 및 평가에 대한 방향 제시와 일관성 결여
- 조직 요인: HRD의 본질과 역할에 대한 조직의 인식 부족, 평가를 위한 자원의 부족, 평가 결과와 무관한 의사결정, 평가에 대한 회의적 시각 등 조직 전반의 평가 역량 부족

따라서 HRD 전문가는 개인적 차원에서 평가 역량에 높은 우선순위를 두고 향상을 도모함과 동시에, 조직 내 리더와의 평가 관련 커뮤니케이션을 강화하고 조직 수준의 평가 역량 부족 문제도 장기적인 과제로 해결해 나가야 한다. 나아가 더욱 전략적이고 책임 있는 HRD 평가를 위해 다음과 같은 사항들에 대한 이해와 고려도 필수적이다.

- 조직의 비전과 전략 및 이의 실현을 위한 핵심성과지표(key performance indicator, KPI)가 무엇인가?
- 조직의 핵심역량과 경쟁우위는 무엇인가?

- HRD 실천과 관련한 주요 이해관계자는 누구인가?
- HRD 실천과 관련한 법적, 제도적, 윤리적 기준이 무엇인가?
- 구성원 개인과 조직을 위한 가치 창출을 넘어 HRD 실천의 사회적 함의는 무엇인가?

언급한 바와 같이 HRD 평가는 특정 프로그램의 품질을 판단하는 전문적 역할뿐만 아니라, 조직 차원에서 HRD 실천의 유효성을 판단하고 의사결정을 돕는 전략적 활동이다. 따라서 효과적 HRD 평가를 위해서는 평가 관련 이론과 분석 기술 등 전문적 역량과 함께 조직 및 외부 환경에 대한 거시적 안목과 통찰력을 동시에 확보하고 개발해 나가야 한다.

3 논의

- 비즈니스 조직의 인재·조직개발 활동의 궁극적 목표는 무엇인지에 대해 논의하시오.
- 비즈니스 조직에서 HRD 투자 예산은 어느 정도가 적정한가? 매출, 영업이익, 구성원 연봉 등을 기준으로 HRD 예산의 적정 규모에 대해 논의하시오.
- 특정 HRD 활동을 상정하고, 일화, 스코어카드, 대시보드, 벤치마크, 상관, 인과 등의 평가 정보를 어떻게 제시할 것인지 논의하시오.

참 · 고 · 문 · 헌

박소연 (2018). HRD 평가 장애요인 탐색: HRD 담당자의 경험을 중심으로. HRD연구, 18(4), 67-85.

장원섭 (2021). 인적자원개발: 이론과 실천(3판). 학지사.

Bates, R., & Chen, H-C. (2004). Human resource development value orientations: A construct validation study. Human Resource Development International, 7(3), 351-370.

Gilley, J. W., Eggland, S. A., & Gilley, A. M. (2002). Principles of human resource development(2nd ed.). Perseus.

Kim, H., & Cervero, R. M. (2007). How power relations structure the evaluation process for HRD programmes. Human Resource Development International, 10(1), 5-20.

Pease, G., Byerly, B., & Fitz-enz, J. (2013). Human capital analytics. Wiley & Sons.

Preskill, H., & Russ-Eft, D. (2016). Building evaluation capacity: Activities for teaching and training (2nd ed.). Sage.

Shadish, W., Cook, T. D., & Campbell, D. T. (2002). Experimental and quasi-experimental designs for generalized causal inference. Cengage Learning.

Stewart. T. A. (1997). Intellectual capital. Doubleday-Currency.

Tseng, C. C., & McLean, G. N. (2008). Strategic HRD practices as key factors in organizational learning. Journal of European Industrial Training, 32(6), 418-432.

제 2 장

전략적 HRD와 평가

조직에서의 평가는 어떤 활동이나 투자가 얼마나 효과적이고 의미 있는 것인지 판단하고 환류하기 위한 일이다. 여기서 효과성과 의미는 조직 목표와의 전략적 정합성을 중심으로 판단된다. 따라서 전략적 HRD와 평가를 위해서는 조직이 추구하는 목표가 무엇인지 명확히 이해해야 하고, 이를 둘러싼 다양한 요소들에 대해서도 충분히 고려할 수 있어야 한다.

⁑ 학습 목표

2장의 학습 목표는 다음과 같다.

- HRD의 전략적 역할과 이를 위해 고려해야 할 핵심 사항들을 설명할 수 있다.
- 조직 목표의 다면성과 이들 반영한 이론적 모형들에 대해 설명할 수 있다.
- 조직 목표의 다면성을 반영한 이론적 모형들을 토대로 전략적 HRD 평가를 위한 방향을 설정할 수 있다.

⁑ 핵심 용어

- 전략적 HRD
- 대내외 환경, 조직, 이해관계자
- 조직 목표의 다면성
- 균형성과표, 7S 모형, 수행공학 모형, 경쟁가치 모형, 조직요소 모형, ESG 경영

조직에서 이루어지는 모든 활동은 조직의 가치와 목표를 중심으로 이루어져야 하고, 인재·조직개발 활동도 예외일 수 없다. HRD 팀은 단순히 책정된 예산 항목의 집행(budget item center)이나 비용 센터(cost center)가 아닌, 조직의 목표 달성을 위한 전략적 파트너로서 책임과 역할을 다해야 한다. 여기서 전략이란 목표 실현을 위한 최적의 방법을 말하며, 이를 도출하여 실행하기 위해서는 목표에 관여하는 요소들에 대한 깊은 이해가 있어야 한다. 따라서 전략적 HRD를 위해서는 전문성과 신뢰의 기반 위에 대내외 환경, 조직의 목표, 다양한 이해관계자 등을 두루 고려하는 통합적 접근이 필요하다.

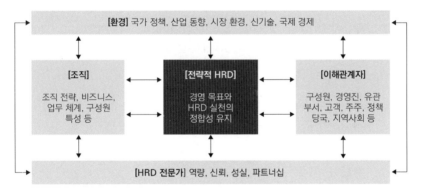

[그림 2-1] 전략적 HRD 모형

주: Garavan(2007) 및 김태성, 백평구(2022) 재구성.

1) 환경

전략을 주제로 한 논의에서 환경 분석은 항상 중요하게 강조된다. 마찬가지로 HRD 활동을 계획하고 이의 전략적 성과를 관리하기 위해서는 조직을 둘러싼 거시 환경과 사업 환경에 대한 통찰이 필요하다. 어떠한 활동이든 맥락에 부합하고 방향이 일치할 때 효과성을 기대할 수 있기 때문이다.

거시 환경의 이해를 위한 방법으로 PEST 분석을 활용할 수 있다. PEST는 분석의 주요 대상을 정치·정책(political), 경제(economic), 사회(social), 기술(technological) 환경으로 상정하여 각각의 영문 첫 글자를 조합한 것으로, 기업 활동과 HRD의 맥락에서는 다음의 사항들을 이해할 필요가 있다.

- 정치·정책적 환경: 조직의 사업 활동에 영향을 미치는 정치 지형, 각종 산업 정책과 제도 관련 현황과 이슈
- 경제적 환경: 조직의 사업 활동을 중심으로 한 상품·자본·노동 시장의 현황과 이슈
- 사회적 환경: 조직의 핵심 고객군 또는 전반적인 사회구성원의 특성, 가치, 문화, 관습 관련 현황과 이슈
- 기술적 환경: 새롭게 소개된 과학과 기술 및 경영 노하우 관련 현황과 이슈

종종 PEST에 환경(environmental)과 법적(legal) 요소를 추가한 PESTEL 분석이 활용되기도 한다. 기업 활동에 있어 환경 관련 이슈가 점점 중요성을 더해가고, 기업의 준법과 사회적 책임에 대한 요구도 높아지고 있는 점이 반영된 결과이다. 이 외에 기업이 사업을 영위하는 국가나 지역의 인구통계학적 환경과 글로벌 환경 등도 분석의 대상으로 제시되기도 한다(유재욱 등, 2014).

거시 환경 분석과 함께 조직의 사업 환경에 대한 이해도 병행되어야 하며, 이를 위해 다양한 분석 틀들을 참고할 수 있다. 예를 들어, 조직의 경쟁우위 분석을 위해 자사(company), 고객(customer), 경쟁(competition) 상황을 이르는 3C 개념이 자주 사용되며, 이를 활용하여 다음과 같은 사항들을 살펴볼 수 있다.

- 자사(company): 시장 지배력, 브랜드 평판, 사업 전략, 생산성, 기술력 등 조직의 장단점과 유무형의 자산
- 고객(customer): 시장 규모, 고객 니즈, 구매 결정 요인 등 사업을 영위하는 시장의 상황과 조직의 성장 가능성 및 리스크
- 경쟁(competition): 현재의 경쟁자와 잠재적 경쟁자를 포함한 경쟁 현황 및 경쟁자와 대비한 조직의 특성과 강약점

또한, 공급자와 대체재 요인 등을 추가로 고려하여 조직이 처한 시장 환경과 리스크를 분석하는 틀로 Porter(1980)의 5-forces 모형도 유용하게 활용되는데, 이를 통해 다음의 사항들을 살펴볼 수 있다.

- 신규기업의 진입 위협(threat of new entrants): 잠재적 경쟁자 현황과 이들에 대한 진입장벽의 수준
- 공급자 교섭력(bargaining power of suppliers): 원료 공급자의 수와 차별화 및 지배력 정도
- 구매자 교섭력(bargaining power of buyers): 구매자의 수와 구매력 및 영향력 정도
- 대체재의 위협(threat of substitutes): 같거나 낮은 가격으로 유사한 가치를 제공할 수 있는 대체재의 존재 여부
- 경쟁자의 위협(threat of rivalry): 경쟁자의 수와 장단점 및 경쟁의 정도

나아가, 거시 및 사업 환경에 대한 분석을 토대로 조직의 전략을 도출하기 위해 SWOT 분석이 사용되기도 한다. SWOT은 대외 환경의 기회(opportunities)와 위협(threats), 조직의 강점(strengths)과 약점(weaknesses)을 조합한 용어로 균형 잡힌 분석과 합리적 전략 도출을 지원하는 유용한 도구이다. 이처럼 다양한 개념과 틀들이 조직의 현실에 대한 높은 수준의 정보를 제공해 줄 수 있으며, 이들로부터 제시되는 통찰을 실천의 계획과 평가에 반영할 때 HRD의 전략적 정합성을 높일 수 있게 될 것이다.

※ 더 알아보기

SWOT 분석

내·외부 환경 분석을 위한 SWOT(strengths, weaknesses, opportunities and threats)은 오래된 개념이지만 여전히 유용한 분석 도구로 널리 활용되고 있다. SWOT 분석의 여러 특성과 장점 중 다음의 두 가지는 특히 주목할 필요가 있다.

- ✔ SWOT 분석에서 S와 W는 조직 내부, O와 T는 조직 외부를 대상으로 한다.
- ✔ SWOT 분석은 S, W, O, T 각각의 항목을 분석하는 데 그치는 것이 아니라, 이들에 대한 분석을 종합하여 전략을 구체화하는 것까지 진행되어야 한다.

전략의 구체화와 관련하여 다음의 매트릭스와 같이 SO(강점 활용), ST(위험 대응), WO(약점 보완), WT(손실 최소화) 전략이 있을 수 있으며, 분석 결과와 종합적인 판단을 토대로 최선의 전략을 수립해야 한다.

외부 내부	기회 요인	위험 요인
강점 요인	강점 활용 전략(SO) 기회의 이점을 얻기 위해 강점을 활용하는 전략 수립	위험 대응 전략(ST) 강점을 활용하여 위험을 피하는 전략 수립
약점 요인	약점 보완 전략(WO) 약점을 보완하여 기회를 살리는 전략 수립	손실 최소화 전략(WT) 약점을 인지하고 위험을 최소화하는 전략 수립

2) 조직

대내외 환경 분석과 함께 조직의 내부 요인에 대한 이해도 필수적이다. 조직의 목표와 전략, 업무 체계, 구성원 역량 등이 HRD 실천의 주요 영역이자 목표의 대상이기 때문이다. HRD 팀은 조직을 구성하는 다차원적 요소들을 이해하고, 이러한 요소들의 현황과 발전 방향을 실천 전략에 담아낼 수 있어야 한다.

무엇보다, 구성원의 역량과 이들이 조직과 업무를 대하는 태도는 조직의 성공을 위한 근본적인 요소이므로, 다음 예시와 같은 조직 행동은 HRD의 핵심적인 관심사이다.

- 업무역량(job competency)
- 리더십(leadership)
- 업무몰입(work engagement)
- 직무·경력 만족(job and career satisfaction)
- 창의·혁신적 행동(creative and innovative behavior)

- 조직몰입(organizational commitment)
- 조직시민행동(organizational citizenship behavior)
- 결근(absenteeism)
- 이직의도(turnover intention)

업무 체계와 일하는 방식, 상호작용의 효과성 등 또한 조직 성공의 핵심 요소이며, 따라서 다음 예시와 같은 조직 역량의 현황과 이슈도 면밀히 검토되어야 한다.

- 생산성(productivity)
- 프로세스 효과성(process effectiveness)
- 제품과 서비스 품질(product and service quality)
- 고객 만족(customer satisfaction)
- 브랜드 이미지(brand image)
- 의사결정 구조(decision−making structure)
- 신뢰와 소통(trust and communication)
- 준법(compliance)
- 조직문화(organizational culture)

많은 경우 비즈니스 활동으로부터 창출되는 실질적인 재무적 가치가 조직 성공의 직접적인 척도로 인식되므로, 다음과 같은 주요 재무 지표들에 대한 전반적인 이해도 매우 중요하다.

- 수익(revenue)
- 수익성(profitability)
- 성장률(growth rate)
- 시장 점유율(market share)

- 자산과 부채(assets and liabilities)
- 주가(stock price)

최근 조직의 가치와 목표에 대한 시각이 이윤 극대화 중심의 전통적 패러다임에 더해 사회적 책임과 다양한 이해관계자의 요구를 포괄하는 방향으로 변화하고 있다. 이러한 추세에 발맞추어 기업 현장과 HRD 분야에서도 다음과 같은 주제들에 주목하고 있다.

- 구성원 웰빙(well-being)
- 다양성과 포용(diversity and inclusion)
- 일터 건강과 안전(workplace health and safety)
- 조직공정성(organizational justice)
- 사회적 가치(social value) 창출
- 지속가능성(sustainability)
- ESG(environmental, social, governance) 성과

이러한 다차원적 성공 요인들에 대한 이해가 실천과 평가에 적절히 반영되었을 때 HRD의 전략적 가치가 더욱 높아질 것이다.

3) 이해관계자

환경 및 조직 분석에 이어 다양한 이해관계자의 존재와 이들의 니즈에 대한 이해도 매우 중요하다. 한편으로 HRD 활동은 충족되지 못한 이해관계자의 니즈로부터 발생하고 그 효용도 결국 이들에 의해 판정된다. 또한 이들의 지원, 협력, 참여가 없다면 어떤 일도 성공적으로 진행될 수 없다. 따라서 HRD 활동을 둘러싼 이해관계자를 규명하고 이들과 효과적으로 소통하기 위한 노력은 전략적 HRD를 위한 또 하나의 핵심 요소이다.

일반적으로 이해관계자는 특정 활동에 있어 밀접한 관계와 높은 관심을 가진 사람들을 이르는 말로, HRD 실천 및 평가에서는 다음과 같은 사람들을 포함한다.

- HRD 실천의 방향을 제시하는 중요한 의사결정권자들
- 돈, 시간, 인력, 정보 등 각종 자원의 할당과 관련한 권한을 가진 책임자들
- HRD 실행과 관련하여 협업해야 하는 사람 또는 그러한 사람들의 집단
- HRD 프로그램, 활동, 제도 등에 참여하는 사람들
- HRD 실천의 직·간접적 영향을 받는 사람 또는 그러한 사람들의 집단

다시 말해, 이해관계자는 활동의 시작과 끝, 성공과 실패를 결정적으로 좌우하는 사람들이며, 구체적으로 예시하면 다음과 같다.

- 의사 결정자(CEO, 고위 임원, 이사회 이사 등)
- 실무 책임자(팀장, 부서장 등)
- 관련 부서(재무, 운영, 영업, 마케팅, IT, 생산 등)
- 내부 구성원(직원, 관리자, 노동조합 등)
- 외부 구성원(고객, 협력사, 원청·하청 업체, 경쟁사, 주주 등)
- 넓은 의미의 공동체(지역사회, 정책당국, 네티즌 등)

HRD는 목표의 성취뿐만 아니라 이러한 이해관계자들의 다양하고 때로 상충하는 니즈를 충족하고 조율하는 활동이어야 한다. 예를 들어, 특정 프로그램이 객관적 지표들을 대체로 달성했다 하더라도 이해관계자들의 기대에 부응하지 못하거나 그 의미를 적절히 공유하

지 못한다면 성공적이라고 평가되기 어려울 것이다. 따라서 이해관계자의 지원과 참여를 확보하기 위해서는 무엇보다 HRD 실천의 전 과정에 걸쳐 효과적인 커뮤니케이션을 유지하는 것이 중요하며, 이를 위해 다음의 사항들을 참고할 필요가 있다.

- SMART(specific, measurable, achievable, relevant, time-bound) 원칙에 따른 목표 설정 및 이에 대한 효과적 공유
- 육하원칙(5W1H)에 입각한 종합적인 정보와 논리의 제시
- 데이터와 분석의 힘을 활용한 객관적이고 설득력 있는 논거 제공
- 전문적 내용을 상호 이해가 가능한 공통의 언어로 변환
- 요구 분석과 평가 해석에 이해관계자들의 경험과 통찰 활용
- 활동의 의미, 조직 전략과의 정합성, 사회적 함의 등 가치의 환기

의사소통이 얼마나 성공적이었느냐에 따라 HRD에 대한 이해관계자의 태도가 결정된다. 전략적 HRD는 전문적 실행 기술(technique)뿐만 아니라 효과적 소통 기술(art)도 수반되어야 하는 활동이다.

2 조직의 목표와 HRD 평가

조직은 목표 중심의 체제이며, 이러한 목표의 달성을 주도하고 촉진하는 것이 HRD에 부여된 하나의 사명이다. 그런데 조직에는 단순히 하나의 목표만 존재하는 것이 아니라 크고 작은 여러 목표가 공존한다는 점을 유념할 필요가 있다. 이는 조직 관리 및 HRD 분야의 여러 이론적 모형들을 통해서도 확인할 수 있는데, 여기서는 대표적인 모형들을 중심으로 조직 목표의 다면성과 이들 목표에 미치는 HRD의 전략적 공헌을 어떻게 평가할 것인지에 대해 살펴본다.

1) 균형성과표(balanced scorecard, BSC)

목표 중심의 경영·관리(management by objectives, MBO)를 위해 조직이 추구하는 다차원의 성공 요소를 균형 있게 고려한 대표적인 모델로 균형성과표(Kaplan & Norton, 1996)가 있다. BSC로 통용되는 균형성과표는 재무, 고객, 내부 프로세스, 학습과 성장이라는 비즈니스 성공의 네 가지 요소로 구성되어 조직의 목표 관리뿐만 아니라 HRD 실천에 있어 중점을 두어야 할 사항들을 포괄적으로 제공한다. 다시 말해, HRD는 구성원의 학습과 성장을 촉진할 뿐 아니라 조직의 업무 프로세스와 고객 관계를 개선하고 결과적으로 재무적 성과를 창출하는 데에도 기여해야 하는 것이다(Kim, 2015).

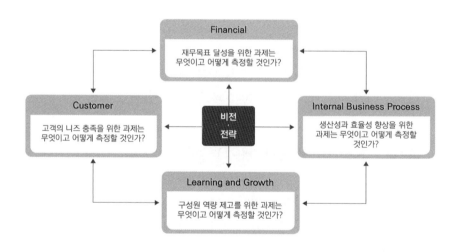

[그림 2-2] 균형성과표(BSC)의 핵심 요소

따라서 BSC는 조직 내 HRD 실천의 목표 수립과 성과 평가에도 오롯이 적용될 수 있다. 예를 들어, HRD 실천이 조직의 성공에 적절히 기여하고 있는지를 BSC에 기반한 다음과 같은 질문과 대답을 통해 평가할 수 있다.

- 고객(customer): HRD 활동을 통해 고객이 우리 조직을 바라보는 관점이 긍정적으로 변화되었는가?
- 내부 프로세스(internal business process): HRD 활동을 통해 우리 조직이 업무를 수행하는 방식이나 체계가 개선되었는가?
- 학습과 성장(learning and growth): HRD 활동을 통해 지속적인 발전과 가치 창출을 위한 구성원들의 역량과 동기가 강화되었는가?
- 재무(financial): HRD 활동이 단기적 재무목표 달성과 장기적 기업가치 창출에 기여하였는가?

HRD 평가에 있어 조직 성공을 위한 여러 요소들 간의 전략적 정합성과 균형은 매우 중요하다. 예를 들어, 특정 프로그램을 통해 구성원의 만족도는 높아졌으나 생산성에는 오히려 악영향을 미쳤다거나, 단기적으로 시장 점유율은 높아졌으나 동시에 고객 불만도 급증하였다면 이를 성공적인 프로그램으로 단정하기 어려울 것이다. 따라서 종합적이고 균형 잡힌 목표 설정과 성과 평가를 위해 BSC와 같은 모델은 큰 유용성을 갖는다.

나아가 BSC 중 재무적 요소는 상대적으로 명확히 드러나는 (tangible) 속성을 가지는 데 반해, 다른 요소들은 추상적이고 정성적인(intangible) 속성을 가지는 경우도 많아 이에 대한 객관화가 필요할수 있다. 따라서 효과적인 목표 관리와 이를 위한 체계적인 측정 및 평가를 위해 다음과 같은 활동들이 추가로 요구될 수 있다.

- 요소별 핵심성과지표(KPI) 설정
- 설정된 KPI를 적절하게 측정할 수 있는 도구 개발
- KPI 측정 데이터를 활용하여 전략적 목표의 달성 여부 및 정도 평가

BSC와 KPI, 그리고 OKR(objectives and key results)

어느 소비재 기업은 BSC의 네 가지 측면인 재무, 고객, 내부 프로세스, 학습과 성장을 각각 주주, 고객, 혁신, 직원과 대응시켜 다음과 같이 KPI를 설정한 후 조직의 성과를 관리하였다(이승주, 1999).

- ✔ 주주: 높은 주주가치의 실현을 위해 투하자본수익률, 이익 증가율, 매출액 성장률을 KPI로 설정
- ✔ 고객: 고객 감동을 위해 고객만족도 지수, 상위 50대 고객군(segment)에서의 매출성장률을 KPI로 활용
- ✔ 혁신: 지속적인 업무혁신을 위해 신제품 개발 속도, 매출액 중 신제품 비중을 KPI로 설정
- ✔ 직원: 직원의 지속적인 성장과 발전을 도모하기 위해 직원 만족도 지수, 우수인력 유지율을 KPI로 활용

한편, KPI는 목표에 대한 정량적인 측정 체계로서 중요한 의미가 있으나, 변화무쌍한 경영환경 속에서는 목표가 지속적으로 재정의될 수 있고 이에 따라 이미 설정된 KPI가 더이상 유효하지 못한 상황이 발생할 수 있다. 또한, 구성원들이 KPI 수치를 맞추는 데에만 급급하여 본질적인 목표를 간과하거나 과정을 무시하게 되는 부작용으로 이어지기도 한다. 이러한 한계에 대한 대안적 접근으로 최근에는 OKR을 도입하는 조직들이 늘어나고 있다. 목표와 핵심성과를 이르는 OKR은 구체적이고 체계적인 목표관리 기법이라는 점에서는 KPI와 맥을 같이 하나 그 방법에 있어 큰 차이를 가진다. 대표적으로, 목표의 특성에 따라 성과의 달성 기간을 유연하게 설정하고, 핵심성과에 대한 성취율을 100%보다 낮게 잡아 도전을 위한 공간을 마련하며, 주 단위 등 짧은 주기로 성과를 점검하고, 성패의 평가보다 성과 창출과 성장 지원을 위한 지속적인 피드백에 초점을 둔다는 점이 있다.

2) 7S 모형

조직의 성공을 위한 핵심 요소들을 중심으로 맥킨지는 7S 모형을 제안한다. 7S 모형은 공유가치(shared values), 전략(strategy), 조직구조(structure), 운영시스템(systems), 경영방식(style), 인력(staff), 기술(skills) 등 일곱 가지의 요소가 각각 최적화되고 전체적으로 조화를 이룰 때 조직의 성과가 극대화될 것임을 강조한다. 역으로, 이들 중 어느 요소에 문제가 있거나 이들이 체계적으로 연계되지 않으면 성과에 이상이 생기고 궁극적으로 조직이 지향하는 비전과 목표의 달성이 어려울 것임을 시사한다. 7S의 요소별 세부 사항들은 다음과 같다.

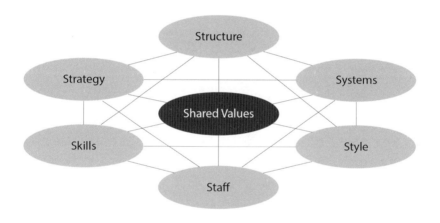

[그림 2-3] 맥킨지 7S 모형

- 전략: 조직의 경쟁우위 확보를 위한 핵심역량, 전략적 우선순위, 사업 계획 등
- 조직구조: 조직의 업무 체계, 의사결정 방식, 권한과 책임 분배 등
- 운영시스템: 업무 프로세스, 규칙과 절차, 관리 시스템 등

- 경영방식: 관리자의 리더십, 업무 수행 관행, 조직 분위기 등
- 인력: 인력 규모, 채용·선발·평가 등 인사 운영, 구성원 역량 등
- 기술: 운영 효율성, 신기술 확보, 리스크 관리 등
- 공유가치: 조직의 핵심 가치, 비전과 목표, 조직문화 등

7S 모형은 주로 조직을 진단하고 문제에 대한 솔루션을 도출하는 컨설팅 틀로 활용되지만, HRD 실천에도 의미 있는 통찰을 제공한다. HRD 또한 전략, 구조, 시스템 등 경성적(hard) 측면과 리더십, 구성원 등 연성적(soft) 측면, 이들의 토대 또는 준거가 되는 공유가치 측면에 두루 관여하기 때문이다. 특히 HRD 실천의 전략적 기여를 평가하기 위해 모형의 요소별로 다음과 같은 질문을 던져볼 수 있을 것이다.

- 전략: HRD 활동이 경쟁우위 확보와 비용 절감 등 사업 목표 달성에 기여하였는가?
- 조직구조: HRD 활동이 조직의 업무 체계와 의사결정 구조의 개선에 기여하였는가?
- 운영시스템: HRD 활동이 업무 프로세스의 효과성과 효율성 향상에 기여하였는가?
- 경영방식: HRD 활동을 통해 경영진의 리더십과 조직 내 상호작용이 향상되었는가?
- 인력: HRD 활동을 통해 조직의 인재풀이 강화되고 구성원의 역량과 성과가 향상되었는가?
- 기술: HRD 활동을 통해 조직의 업무 수행 수준과 전문성이 향상되었는가?
- 공유가치: HRD 활동이 공유가치가 조직에 내재화되고 문화로 정착되도록 기여하였는가?

※ 더 알아보기

7S를 활용한 조직진단

7S 모형의 요인별로 다양한 문항을 개발하여 구성원(또는 관계자)들에게 1부터 5까지의 척도로 응답하도록 한 후 이를 분석하는 방법으로 조직을 진단할 수 있다. 다음은 7S에 의한 조직진단 요인별로 문항을 구성한 예시이다.

✔ 전략
- 우리 회사는 미래를 준비하는 목표와 전략을 가지고 있다.
- 우리 회사는 목표를 달성하기 위해 철저하게 준비하고 있다.
- 우리 회사는 시장경쟁력을 갖추기 위해 다양한 노력을 기울이고 있다.
- 고객 요구의 변화를 수시로 체크하고 그 변화에 따라 대응전략을 세운다.

✔ 조직구조
- 회사는 조직적으로 구성되어 있다.
- 부서 간 업무 및 활동 교류가 활발하고 협력이 잘 이루어진다.
- 부서 내 구성원들의 의사소통이 활발하고 협력이 잘 이루어진다.
- 부서 내 업무는, 팀 구성원들의 역량을 근거로 조직 및 배치된다.
- 의사결정 및 관리 방식이 체계화되어 있다.

✔ 운영시스템
- 조직을 운영하는 중앙시스템이 있다.
- 직원을 관리하는 시스템이 있고 이 시스템을 통해 평가된다.
- 팀 유지를 위해 사용하는 내부 규칙과 절차들이 있다.

✔ 경영방식
- 경영(또는 리더십) 스타일은 의욕적이고 참여적이다.
- 경영진의 리더십은 효과적이다.
- 구성원들의 성향은 협력적이다.
- 조직 내 각각의 부서들이 제 기능을 하고 있다.

✔ 인력
- 부서를 대표하는 전문화된 업무가 있다.
- 부서 내에서 인원이 더 투입되어야 하는 업무가 있다.

- 부서의 수행 업무와 팀 구성원들이 가진 역량 사이에 차이가 존재한다.
✔ 기술
- 부서에서 특별히 강조되는 업무들과 기술(기능)이 있다.
- 팀 구성원들은 업무를 수행하기 위한 능력을 가지고 있다.
- 기술(기능)들은 적절한 방식으로 평가된다.
✔ 공유가치
- 조직이 내세우는 명시적인 핵심 가치가 있다.
- 구성원 대부분이 조직의 핵심 가치를 공유하고 있다.
- 부서는 부서만의 고유의 문화를 가지고 있다.

3) 수행공학(human performance technology, HPT) 모형

조직은 목표를 중심으로 다양한 요소들이 복잡한 관계 속에 공존하며, 한 요소의 변화가 다른 요소 및 시스템 전체에 영향을 미치는 유기적 체제이다. 이처럼 조직을 다차원적 상호작용 체제로 바라보는 접근은 수행공학 또는 HPT 논의에서 특히 활발하다. HPT는 조직의 성과 문제에 대한 개입의 지점을 규명하는 모형들을 제시하고 있는데, 이는 HRD 목표 수립과 평가 설계에도 중요한 시사점을 제공한다. 예를 들어, Rummler와 Brache(1995)는 조직을 조직, 프로세스, 직무/개인 등 세 수준(level) 사이의 상호작용 체제로 보았고, 조직의 성공을 위해서는 수준별로 목표, 설계, 관리의 최적화가 이루어져야 함을 강조하였다.

〈표 2-1〉 Rummler와 Brache의 HPT 매트릭스

	목표(goals)	설계(design)	관리(management)
조직	조직 목표	조직 설계	조직 관리
프로세스	프로세스 목표	프로세스 설계	프로세스 관리
일/개인	일/개인 목표	직무/역량 설계	일/개인 관리

이러한 HPT 매트릭스를 토대로 HRD 활동의 전략적 기여를 평가한다면 다음과 같은 질문을 상정할 수 있을 것이다.

- 조직(organization) 수준: HRD 활동이 경영 목표 달성 및 조직 차원의 전략 수립과 실행에 기여하였는가?
- 프로세스(process) 수준: HRD 활동이 조직을 구성하는 하위 체계들의 성과와 운영의 효과성을 개선하였는가?
- 직무/개인(job/performer) 수준: HRD 활동이 업무/구성원별 수행 목표의 달성 및 이를 위한 계획과 실천을 지원하였는가?

유사한 맥락에서 Swanson(2007)은 다음과 같은 매트릭스를 제안하였다. 다만 위에서 일과 개인을 하나의 수준으로 묶은 것과 달리 팀과 개인을 별도의 수준으로 구분하였고, 성과 변인을 미션/목표, 체계, 역량, 동기, 전문성 등으로 설정하여 다소 차이를 보인다. Rummler와 Brache(1995)의 접근과 비교하면 축을 구성하는 기준과 변인 설정에 약간의 차이가 있지만, 조직의 성과에 대한 체계적이고 통합적인 이해의 틀을 제공한다는 공통점을 지닌다.

이러한 수행공학적 접근은 조직 체제 전반에 대한 점검과 성과 문제의 진원지를 명확히 파악하는 데 유용하며, 따라서 조직의 효과성 향상을 위한 개입을 설계하는 데 중요한 지침이 될 수 있다. 동시에 (아래 예시와 같이) HRD 활동이 성과의 어떤 수준이나 요인을 중심

으로 전개되었는지, 또는 어떤 측면이 달성되거나 미흡하였는지를 규명하기 위한 도구로도 활용될 수 있다.

〈표 2-2〉 Swanson의 HPT 매트릭스

	미션/목표	체계	역량	동기	전문성
조직	●	◑	●	●	◕
프로세스	●	◐	●	●	○
팀	◕	●	●	●	●
개인	◐	●	●	◔	●

⁞ 더 알아보기

HPT 매트릭스를 활용한 조직진단

다음의 표는 조직진단을 위해 성과의 수준과 변인의 축으로 구성된 매트릭스상 각각의 축이 만나는 지점에서 어떠한 질문과 분석이 이루어져야 하는지에 대한 일반적인 예시이다.

	미션/목표	체계	역량	동기	전문성
조직	조직의 미션/목표가 경제, 시장 현실에 적합한가?	조직 시스템과 제도가 성과를 지원하는 환경을 제공하는가?	조직이 미션/목표 달성을 위한 리더십, 자본, 인프라를 갖추고 있는가?	제도, 문화, 보상체계가 조직의 미션/목표 달성을 지원하는가?	조직이 채용, 배치 및 개발 정책과 자원을 적절히 유지하고 있는가?
프로세스	프로세스의 목표가 조직 및 개인의 목표와 일치하는가?	업무 프로세스가 체계적으로 작동할 수 있도록 설계되어 있는가?	업무 프로세스가 성과를 촉진하는 방향으로 적절히 운영되고 있는가?	제도, 문화, 보상체계가 팀과 구성원의 동기를 유발하고 있는가?	업무 프로세스가 변화하는 상황과 요구에 적절히 대응하고 있는가?

팀	팀 목표가 프로세스 및 개인의 목표와 일치하는가?	팀 역학이 협력과 성과를 증진하는 방식으로 기능하는가?	팀이 성과 목표를 효과적이고 효율적으로 충족시키기 위한 역량을 갖추고 있는가?	팀이 개인을 존중하고 성과 창출을 지원하는가?	팀이 성과를 내기 위한 지적, 관계적 자산을 축적하고 있는가?
개인	개인의 목표가 조직의 미션/목표와 일치하는가?	개인이 자신의 직무를 설계하고 수행을 방해하는 요인을 제거하는가?	개인이 성과를 내는 데 필요한 인지적, 신체적, 정서적 역량을 갖추고 있는가?	개인이 성과를 내고자 하는 내재적, 외재적 동기가 있는가?	개인이 성과를 내는 데 필요한 경험과 전문성을 갖추고 있는가?

주: Swanson(2007) 재구성.

4) 경쟁가치 모형(competing values framework, CVF)

조직은 사업 운영의 과정에서 기능적 체계뿐만 아니라 고유한 문화를 형성하게 되고, 이렇게 형성된 문화는 다시 조직과 구성원의 일하는 방식에 강력한 영향을 미친다. 따라서 조직의 문화가 어떠한지, 어떤 방향으로 조직문화를 발전시켜 나갈 것인지 등은 전략적 HRD에 있어 매우 중요한 주제이다. 이와 관련하여 Cameron과 Quinn(2011)은 조직의 전반적인 지향(외부 vs. 내부)과 특성(안정성 vs. 유연성)이 서로 경쟁하고 조합되는 과정에서 관계(clan), 혁신(adhocracy), 시장(market), 위계(hierarchy)로 대표되는 특유의 문화가 형성된다는 경쟁가치 모형을 제안하였다.

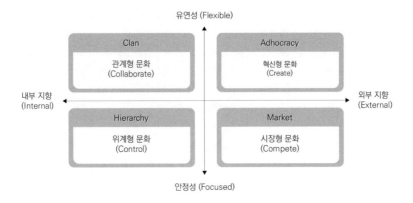

[그림 2-4] 경쟁가치 모형

- 관계형 문화: 일터는 구성원들이 친근감을 느끼고 서로 많은 것을 공유하는 장이며, 따라서 팀워크, 참여, 합의가 중요
- 혁신형 문화: 일터는 역동적인 실험과 혁신, 기업가정신을 강조하는 창의의 장이며, 따라서 모험과 위험을 감수하는 자율성과 주도성이 중요
- 시장형 문화: 일터는 결과를 만들고 목표를 달성하기 위한 치열한 승부의 장이며, 따라서 체계적인 시스템과 프로세스를 동반한 경쟁력과 승리를 향한 열정이 중요
- 위계형 문화: 일터는 구조와 절차에 따라 업무가 진행되어야 하는 관리의 장이며, 따라서 안정성과 효율성, 예측가능성이 중요

경쟁가치 모형에 근거한 조직문화 진단은 여섯 가지(조직의 전반적 특성, 리더십, 구성원 관리, 조직의 응집력, 전략적 강조점, 성공의 기준)의 영역별로 어떤 문화 유형이 나타나는지, 조직이 지향하는 문화와 어떤 영역에서 차이가 있는지 등을 나타냄으로써, 조직개발을 위한 개

입의 지점을 밝혀준다. 또한, 조직문화 측면에서 HRD가 적절한 역할을 하고 있는지를 영역별 내용에 비추어 평가할 수도 있을 것이다.

- 조직의 전반적 특성(dominant characteristics): 사업을 영위하는 과정에서 나타나는 전반적 일처리 체계와 방식이 조직이 지향하는 문화와 일치하는가?
- 리더십(organizational leadership): 업무와 구성원을 대하는 리더들의 스타일과 접근 방식이 조직이 지향하는 문화와 일치하는가?
- 구성원 관리(management of employees): 구성원의 업무와 성과를 관리하는 조직의 스타일과 업무 환경이 조직이 지향하는 문화와 일치하는가?
- 조직의 응집력(organization glue): 구성원들의 응집력 또는 교류의 메커니즘이 조직이 지향하는 문화와 일치하는가?
- 전략적 강조점(strategic emphases): 조직의 사업과 미래를 이끌어가는 역점 사항이 조직이 지향하는 문화와 일치하는가?
- 성공의 기준(criteria for success): 조직에서 격려와 보상으로 이어지는 성공의 의미가 조직이 지향하는 문화와 일치하는가?

⁝ 더 알아보기

CVF를 활용한 조직문화 진단

다음은 경쟁가치 모형에 기반한 조직문화 진단의 일반적인 예시이다. 여섯 가지 영역별로 조직문화 유형을 반영하는 4개의 기술을 설문 항목으로 제시하고, 각 항목에 대해 1(전혀 그렇지 않다)부터 4(매우 그렇다)까지의 척도로 응답하도록 구성하여 설문을 시행할 수 있다.

✔ 조직의 전반적 성격

A. 우리 조직은 인간적이며 마치 가족과 같은 느낌을 갖고 서로 많은 것들을 공유한다.

B. 우리 조직은 기업가 정신을 지향하며 이에 따라 구성원들은 실패할 위험을 감수해야 할 때에도 적극적으로 대처한다.

C. 조직은 매우 결과 중심적이다. 가장 주요한 관심사는 의도한 바대로 일이 진행되고 마무리되는 것이며 그래서 사람들은 매우 경쟁적이고 성과 목표 달성에 집중한다.

D. 조직은 매우 통제되어 있고 구조화된 공간이다. 공식적인 절차와 프로세스가 일반적으로 조직 구성원들의 행동을 지배하고 있다.

✔ 조직의 리더십

A. 우리 조직의 리더십은 멘토링, 퍼실러테이팅, 육성과 같은 활동을 중요하게 생각한다.

B. 우리 조직의 리더십은 기업가 정신, 혁신성향, 리스크 테이킹을 중요시한다.

C. 우리 조직의 리더십은 형식과 허례허식보다는 현실적이며, 실제 결과를 중요시한다

D. 우리 조직의 리더십은 부문 간의 조화와 협력, 내부 프로세스를 통해 발휘되는 효율성을 강조한다.

✔ 직원에 대한 관리

A. 조직의 관리 유형은 팀워크, 합의, 그리고 참여로 설명할 수 있다.

B. 조직의 관리 유형은 리스크 테이킹, 혁신, 자유, 그리고 독창성으로 설명할 수 있다.

C. 조직의 관리 유형은 강하게 추진되는 경쟁우위 확보, 높은 기대 수준과 목표 달성에 의해 설명할 수 있다.

D. 조직의 관리 유형은 직원의 채용과 조직 적응 그리고 구성원 및 조직 관계에 있어서의 안정성에 의해 설명할 수 있다.

✔ 조직의 응집력

A. 조직의 응집력은 충성심과 상호 신뢰에서 비롯된다. 조직에 대한 헌신이 가장 가치 있는 일이다.

B. 조직의 응집력은 혁신과 발전에 대한 강조에 있으며 우리 조직에서는 항상 최첨단에 서있고자 하는 의지가 강하게 느껴진다.

C. 조직의 응집력은 성취와 목표 달성에 있으며 공격적이고 과단성 있으며 강한 승부욕을 갖는 것이 자연스럽게 여겨진다.

D. 조직의 응집력은 공식적인 규정과 방침에 있으며 이를 통해 조직이 안정적으로 운영되고 유지되는 것이 중요하게 여겨진다.

✔ 전략적 강조

A. 조직은 인적 개발을 강조하며 이를 위해 높은 수준의 신뢰, 개방성, 참여가 지속된다.

B. 조직은 비즈니스 환경에서 새로운 도전과 자원을 창조하는 것을 강조한다. 새로운 것을 시도하고 새로운 기회를 전망하는 것을 가치있게 여긴다.

C. 조직은 경쟁우위의 실행과 성과를 강조한다. 목표를 달성하고 시장에서의 경쟁에서 승리하는 것이 중요하다.

D. 조직은 영속성과 안정성을 강조한다. 이를 위한 효율성, 적절한 통제, 그리고 안정된 조직 운영이 중요하게 여겨진다.

✔ 조직의 성공 기준

A. 조직은 성공을 인적자원, 팀웍, 직원들의 조직 몰입에 대한 개발, 그리고 사람에 대한 관심을 기준으로 정의한다.

B. 조직은 성공을 가장 독특하고 최신의 제품을 보유하는 것으로 정의한다. 조직은 해당 제품에 대한 업계 리더이며, 혁신적 성격을 보유하고 있다.

C. 조직은 성공을 시장에서의 경쟁에서 승리하는 것으로 정의한다. 성과중심의 경쟁우위적 리더십이 그 핵심이다.

D. 조직은 성공을 내부적인 효율성의 기준에서 정의한다. 신뢰성 있는 납품, 안정적인 일정관리, 그리고 원가 절감 위주의 생산이 중요하다.

설문 응답 결과를 처리 및 분석하는 방법을 간략하게 정리하면 다음과 같다.

✔ 응답을 마친 후 A, B, C, D 항목별 점수의 합계를 계산한다.

✔ A, B, C, D의 합계 점수를 A(관계), B(혁신), C(시장), D(위계) 사분면에 점으로 표시한다(동심원의 안쪽부터 6점, 12점, 18점, 24점으로 보고 해당 점수에 부합하도록 위치 지정).

✔ 각 사분면에 표시된 4개의 점을 연결하면 도형 형태의 진단 결과를 얻을 수 있다.

✔ 필요에 따라, 현재 인식하는 조직문화와 추구해야 할 바람직한 조직문화를 각각 응답하도록 진단지를 구성하고 이 둘을 비교해 볼 수도 있다.

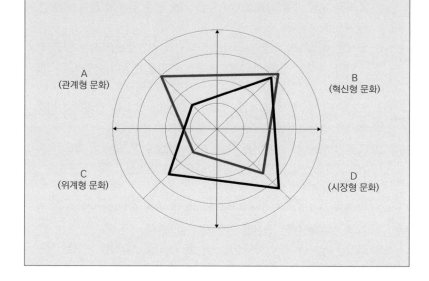

5) 조직요소 모형(organizational elements model, OEM)

오늘날 조직의 성공은 시장에서의 경쟁우위를 통한 이익 실현만으로 보장되지 않는다. 기업의 영향력 확대에 대응하여 기업에 대한 사회적 요구도 커지는 추세이고, 이에 둔감한 조직은 생존과 성장에 심각한 위협을 마주할 수 있다. 이러한 상황은 기업들이 비즈니스 활동의 과정에서 사회적 책임을 다하는 것을 또 하나의 성공 요인으로 고려해야 하고, HRD 또한 실천 활동에 내포된 사회적 함의를 고려해야 함을 시사한다.

이런 맥락에서 Kaufman과 Bernardez(2012)는 조직을 둘러싼 여러 요소를 미시적(micro, 개인), 거시적(macro, 조직), 초거시적(mega, 사회) 수준으로 분류하고 이들 간의 관계 체계를 설명한 조직요소 모형(OEM)을 제안하였다. 이들은 기존 HPT 논의의 초점이 개인과 단위 조직의 성과에 집중되어 있음을 지적하며, 성과에 대한 진전된 시각이 필요함을 주장하였다. 다시 말해, 조직요소 모형의 핵심은 조직 내 활동의 목표를 수립하거나 성과를 평가할 때 개인 및 조직 수준뿐만 아니라 더 폭넓은 사회적 영향과 이들 간의 유기적 연계를 고려해야 한다는 점이다.

[그림 2-5] 조직요소 모형의 구성 요소

조직 내 만연한 비즈니스 관행이나 근시안적 의사결정이 사회적으로 문제가 되고 결국 거대한 손실이나 실패로 이어지는 사례들을 어렵지 않게 접할 수 있고, 이는 HRD 분야에도 작지 않은 메시지를 던진다. 그것은 HRD 실천에 있어 조직의 이익만을 바라보는 제한된 시각을 넘어 공동체와 다양한 사회구성원들에 미치는 영향도 함께 고려해야 한다는 점이다. 이러한 인식을 토대로 HRD 활동의 평가를 위해 다음과 같은 질문을 던져 볼 수 있을 것이다.

- 미시적 수준: HRD 활동이 구성원의 성공적 업무 수행과 역량 향상에 기여하였는가?
- 거시적 수준: HRD 활동이 조직의 목표 달성과 효과성 향상에

기여하였는가?

- 초거시적 수준: HRD 활동이 조직의 사회적 책임 이행과 가치 창출에 기여하였는가?
- 수준 간 정렬: HRD 활동이 개인, 조직, 사회적 수준의 목표가 유기적으로 연계되고 시너지를 발휘하도록 계획 및 실행되었는가?

조직요소 모형은 HRD 실천과 관련하여 단위 조직을 넘어 조직을 둘러싼 사회적 측면까지, 주주(stockholder)뿐만 아니라 더욱 포괄적인 이해관계자(stakeholder)까지 고려하는 더 넓은 시각을 제공한다는 점에서 의의가 있다. 개인, 조직, 사회적 기여가 밀접하게 연계된 가치 사슬의 정립을 강조한 점도 주목해야 할 지점이다. 이러한 시각은 경제적(economic), 사회적(social), 환경적(environmental) 차원을 모두 고려한 균형 있는 성과와 책임 있는 경영을 지향하는 트리플 바텀라인(triple bottom line, TBL)의 개념과도 일맥상통한다.

※ 더 알아보기

트리플 바텀라인(tripple bottom line, TBL)

영어로 바텀라인(bottom line)은 핵심이나 요점이라는 뜻이고, 기업 현장에서는 비즈니스 활동의 핵심인 재무적 측면을 의미하는 표현으로 자주 사용된다. 예를 들어, 어떤 사안을 논의할 때 "그것이 우리의 바텀라인에 도움이 되느냐?"와 같은 식으로 언급된다. 그런데 여기에 더블(double) 또는 트리플(triple)이라는 수식어를 붙이면 두 개 또는 세 개의 바텀라인이 존재한다는 의미가 된다.

Elkington(1997)이 최초로 사용한 TBL은 기업 활동에 있어 경제적 성과를 중심으로 한 기존의 single bottom line 시각에 사회 및 환경적 측면에서의 성과를 균형 있게 고려할 것을 제안한 용어이다. 다시 말해, TBL은 경제적 번영, 사회적 정의, 환경적 책임을 강조하는 개념으로, HRD 학

계에서도 이를 포용하여 이론과 실천에 새로운 지향점을 제시하려는 시도들
이 이루어지고 있다(백평구, 2012). 대표적으로 Garavan과 McGuire(2010)
는 사회적 차원의 인적자원개발(societal HRD) 개념을 통해 HRD가 기업
의 사회적 책임(corporate social responsibility, CSR), 기업의 지속가능
성(corporate sustainability), 그리고 윤리적 행동(ethics)을 촉진하는 역
할을 해야 함을 강조하고 있다.

6) ESG 경영

기후변화 등 환경 위험이 가중되고 인권과 정의에 대한 감수성이
높아지는 시대적 흐름에 발맞추어 경영의 방향과 전략 또한 진화하고 있다.
UN 등 국제기구를 중심으로 논의되었던 지속가능발전(sustainable develop
-ment)의 정신이 기업 현장에 지속가능경영(sustainable management)이라
는 새로운 의제로 다가온 것이다. 이제 이윤 극대화가 기업의 성공을
담보하던 시대를 지나 비재무적 가치 창출 또한 생존과 발전의 필수
불가결한 요소로 자리해 가는 추세이며, 이는 ESG 경영이라는 개념의
출현으로 이어졌다.

ESG 경영은 환경(environmental), 사회(social), 지배구조(governance)
의 영문 첫 글자를 조합하여 환경경영, 사회책임경영, 윤리경영을 아울러
강조하는 개념이다. 경제적 목표뿐만 아니라 기후변화와 탄소중립, 인
권과 공익, 투명성과 준법 등 ESG 차원의 목표를 동시에 추구함으로
써 기업의 지속가능성(sustainability)을 높이자는 것이다. 국제적, 국가
적, 시민적 관심 속에 ESG 경영은 단순한 구호나 이미지메이킹 전술
이 아닌 새로운 경영 패러다임이자 전략으로 확산되고 있다.

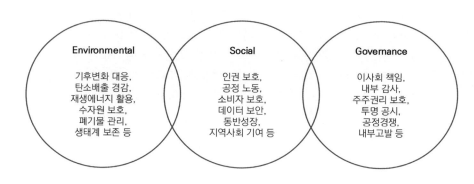

[그림 2-6] ESG 주요 의제

이러한 거시 환경의 변화는 HRD 분야에도 새로운 과제를 던지고 있다. HRD가 전략적 역할, 특히 ESG 경영 환경에서의 가치 창출을 위해 조직의 인적·구조적·사회적 자본을 축적하기 위한 다양한 방법을 고민해야 함을 의미한다(김태성, 백평구, 2022). 이러한 인식을 토대로 ESG 경영의 맥락에서 HRD 활동을 평가한다면 다음의 사항들을 고려할 수 있을 것이다.

- 인적 자본: HRD 활동이 ESG 경영에 대한 구성원 학습과 리더십 역량 개발에 기여하였는가?
- 구조적 자본: HRD 활동이 ESG 경영을 위해 조직의 가치 체계와 제도의 변화를 주도하였는가?
- 사회적 자본: HRD 활동이 ESG 경영에 대한 소통과 신뢰 및 대내외 이해관계자와의 파트너십을 촉진하였는가?

ESG 경영은 일부 기업의 차별화 전략이나 착한 기업을 가장하기 위한 위장술이 아닌 오늘날 기업의 지속가능성에 대한 필요조건으로 그 중요성이 심대하며, 이와 관련하여 HRD의 역할에 대한 요구도 더욱 높아질 것으로 보인다.

지금까지 살펴본 다양한 조직 목표들에 대한 통합적인 이해가 있을 때 전략적으로 정렬된 HRD 활동의 목표 수립 및 이에 입각한 평가가 가능해지고, 동시에 경영진을 포함한 이해관계자들과의 파트너십 또한 강화할 수 있을 것이다.

3 논의

- 특정 기업을 상정하고, 해당 기업에서의 전략적 HRD 추진을 위해 환경, 조직, 이해관계자 측면에서 고려해야 할 사항에 대해 논의하시오.
- 조직 목표의 다면성과 관련하여 본문에 제시된 내용 외에 추가로 고려해야 할 사항에 대해 논의하시오.
- 조직 목표는 HRD 전략에 어떻게 영향을 미치고, 역으로는 어떻게 영향을 미치는지 논의하시오.

참·고·문·헌

김태성, 백평구 (2022). ESG 경영환경에서의 지속가능 HRD 모형 연구, 농업 교육과 인적자원개발, 54(1), 61−81.

백평구 (2012). 사회책임경영에 따른 인적자원개발 실천의 의미. 한국HRD연구, 7(4), 25−49.

유재욱, 이근철, 선정훈 (2014). 현대사회와 지속가능 경영. 박영사.

이승주 (1999). 경영전략 실천 매뉴얼. 시그마인사이트컴.

Cameron, K. S., & Quinn, R. E. (2011). Diagnosing and changing organizational culture: Based on the competing values framework (3rd ed.). Jossey−Bass.

Elkington, J. (1997). Cannibals with forks: The triple bottom line of 21st century business. Capstone Publishing.

Garavan, T. N. (2007). A strategic perspective on human resource development. Advances in Developing Human Resources, 9(1), 11-30.

Garavan, T. N., & McGuire, D. (2010). Human resource development and society: Human resource development's role in embedding corporate social responsibility, sustainability, and ethics in organizations. Advances in Developing Human Resources, 12(5), 487−507.

Kaplan, R. S., & Norton, D. P. (1996). The Balanced Scorecard: Translating strategy into action. Harvard Business School Press.

Kaufman, R., & Bernardez, M. L. (2012). Human performance technology and its future. Performance Improvement Quarterly, 25(1), 5−11.

Kim, T. (2015). Impacts of learning interventions on organizational human capital and performance. Performance Improvement Quarterly, 27(4), 7−28.

Porter, M. E. (1980). Competitive strategy: Techniques for analyzing industries and competitors. Free Press.

Rummler, G., & Brache, A. (1995). Improving performance: How to manage the white space on the organization chart (2nd ed.). Jossey-

Bass.

Swanson, R. A. (2007). Analysis for improving performance: Tools for diagnosing organizations and documenting workplace expertise (2nd. ed., revised and expanded). Berrett-Koehler.

제**2**부

HRD 평가의 이론적 토대

제 3 장 • 프로그램 중심 평가

제 4 장 • 지표 중심 평가

제 **3** 장

프로그램 중심 평가

"좋은 이론만큼 실용적인 것은 없다"는 말이 있다. HRD 평가의 기저를 이루는 이론적 틀과 모형들에 대한 이해가 있다면, 수없이 다양한 사례들 속에서도 과학적으로 타당하고 상황에 적절한 평가를 실행할 수 있을 것이다. 이러한 이론들은 수많은 실무 적용과 수준 높은 연구들에 의해 정립되어 왔으며, 앞으로도 지속적으로 발전을 거듭해야 한다(Wang & Spitzer, 2005).

❖ 학습 목표

3장의 학습 목표는 다음과 같다.
- HRD 평가를 위한 이론적 모형과 방법을 설명할 수 있다.
- 다양한 평가 방법을 서로 비교할 수 있다.
- 구체적인 평가 실행 상황에서 최적의 평가 모형과 방법을 적용할 수 있다.

❖ 핵심 용어

- 4수준 평가
- 투자회수율 평가
- 기대편익 평가
- 순고객추천지수
- 성공사례기법
- CIPP
- 논리주도평가

1 평가 이론

HRD 평가는 실천 활동임과 동시에 과학적 연구 활동이다. 이러한 실행연구로서의 평가가 임의적이 아닌 합리적, 체계적으로 수행되기 위해서는 계획과 분석의 길잡이가 될 이론과 모형이 필요하다. 다시 말해, 평가에 대한 이론적 토대를 갖추는 것은 합리적, 체계적 평가를 위한 필요조건이라 할 수 있다.

HRD 평가와 관련한 다양한 이론과 모형들은 크게 결과 중심 접근과 과정 중심(과정과 결과를 함께 고려하는) 접근으로 분류하여 이해할 수 있다. 결과 중심 접근이 프로그램의 목표와 의사결정에 집중하는 반면, 과정 중심 접근은 목표 달성 자체에만 국한되지 않고 과정 중 경험의 가치를 포함한 통합적 평가를 지향한다(Kraiger et al., 1993).

〈표 3-1〉 결과 중심 접근 vs. 과정 중심 접근

결과 중심	과정 중심
• 목표 지향적 평가 프로그램을 통해 목표가 어느 정도 구현되었는지에 초점	• 탈목표 지향적 평가 프로그램으로부터 얻는 경험과 활동의 가치를 판단
• 의사결정 지향적 평가 선택된 대안이 본래의 기대치에 어느 정도 부응하는지를 다양한 정보를 토대로 판단	• 통합적인 평가 프로그램 전반에 영향을 미치는 여러 요인을 설정하고 요인별 성과와 요인들 간의 관계를 설명
• 대표적인 모형 −Kirkpatrick의 4수준 평가 모형 −Phillips의 5수준 평가 모형 −성공사례분석	• 대표적인 모형 −CIPP(context, input, process, product) 모형 −CIRO(context, input, reaction, outcome) 모형 −논리주도 평가 모형

주: Kraiger 등(1993) 참고하여 재정리.

이 장에서는 먼저 프로그램 차원의 결과를 중심으로 한 평가 모형들을 살펴보고, 이어서 과정 중심(과정과 결과를 함께 고려하는)의 통합적 평가 모형들에 대해 살펴본다.

2 결과 중심 평가 모형

프로그램의 결과를 중심으로 한 평가 모형으로 Kirkpatrick의 4수준 평가, 투자회수율 평가, 기대편익 평가, 순고객추천지수, 성공사례기법 등이 HRD 현장에서 널리 활용되고 있다.

1) 4수준 평가

HRD 평가에 널리 활용되는 이론적 틀의 하나로 Kirkpatrick이 제안한 4수준 평가가 있으며, 다음과 같은 분류 체계로 설명된다 (Swanson & Holton, 2001).

- 1수준 반응평가(reaction): 참여자들의 만족과 불만족에 대한 자료들을 수집하여 이를 토대로 프로그램 개선에 활용
- 2수준 학습평가(learning): 참여자들의 지식, 기술, 태도의 변화를 측정하여 학습 목표의 달성 여부를 평가함으로써 프로그램의 효과성 판단
- 3수준 행동평가(behavior): 프로그램을 통해 습득한 지식과 기술의 현장 적용 정도를 측정하여 직무수행 행동의 변화를 평가하며, 동시에 학습 전이와 적용을 촉진 또는 저해하는 요소 파악
- 4수준 결과평가(result): 프로그램이 조직의 사업성과와 목표 달성에 미친 긍정적 영향 및 기여 정도를 평가함으로써 프로그램에 대한 투자 가치 평가

각각의 수준별로 평가 요소와 질문을 정리하면 다음과 같다.

〈표 3-2〉 Kirkpatrick 4수준 평가 요소 및 질문

구분	요소	질문
1수준	프로그램 내용, 설계, 운영, 강사, 환경 등	• 프로그램의 요소들에 대해 참여자들이 어떻게 인식하거나 느꼈는가? • 프로그램의 내용이 학습 니즈에 얼마나 적합하다고 인식하는가?
2수준	지식, 기능, 태도 습득	• 프로그램 참여자들이 과거에 비해 무엇을 더 알게 되었는가? • 프로그램 전후의 지식과 기술 수준에 의미 있는 차이가 있었는가?
3수준	학습의 전이와 현업에서의 수행	• 프로그램을 통해 학습한 내용이 현업에서의 업무 수행에 얼마나 활용되었는가? • 현업에서의 문제해결이 어느 정도 개선됐는가?
4수준	경영성과에의 기여	• 생산성, 품질 향상, 비용 절감 등 조직의 가시적 성과에 어떤 영향을 미쳤는가? • 어떠한 무형의 이익을 가져다 주었는가?

주: 배을규(2009) 및 장원섭(2021)을 토대로 재구성.

예를 들어, 1수준 반응평가의 경우 다음과 같은 항목으로 참여자 설문조사를 실시할 수 있다. 조사를 완료한 후에는 평균, 표준편차 등 기술통계 정보를 통해 현황을 확인하거나, 차수별, 연도별 비교 등을 통해 개선을 위한 시사점을 도출할 수 있을 것이다.

〈표 3-3〉 반응평가 설문 예시

요소	질문
학습내용	• 본 교육을 통해 어느 정도 학습 목표가 달성되었습니까? • 본 교육에서 다루어진 학습 내용은 얼마나 중요하다고 인식합니까? • 본 교육의 학습 내용을 이해하는 데 어려움은 없었습니까?
내용설계 (구조화)	• 본 교육에서 다룬 학습 내용을 이해하기에 시간은 적절하였습니까? • 본 교육에서 다룬 학습 내용을 이해하기에 활용된 예시는 적절하였습니까? • 본 교육에서 다룬 학습 내용을 이해하기에 충분한 실습이 제공되었습니까? • 본 교육에서 다룬 학습 내용을 위해 적절한 교수매체가 사용되었습니까?
강사스킬 (전달력)	• 강사는 본 교육의 학습 내용을 효과적인 방법으로 전달하였습니까? • 강사는 본 교육의 학습 내용에 대한 전문지식을 충분히 갖추었습니까? • 강사는 학습자의 교육 니즈를 충분히 파악하고 있었습니까?
업무 관련성	• 본 교육에서 다룬 학습 내용은 자신의 담당업무와 관련된 내용입니까? • 본 교육에서 다룬 학습 내용은 업무 현장에서 유용하게 활용할 수 있습니까? • 본 교육에서 다룬 학습 내용은 충분한 능력 개발의 기회가 되었습니까?
교육환경	• 본 교육의 학습활동에서 제공된 지원시설에 대해 만족하십니까? • 교육담당자는 교육생들의 학습 목표 달성을 위해 최선의 노력을 하였습니까?

교수자의 역량이 매우 중요하거나 외부 강사나 신규 강사가 프로그램을 주도하는 등의 경우 이들에 대한 심층 평가가 필요할 수 있으며, 이를 위한 요소와 질문은 다음과 같이 정리하여 활용할 수 있다.

〈표 3-4〉 강사 평가 설문 예시

요소	질문
기본소양	• 강사로서 말끔하고 정숙한 복장을 착용하였습니까? • 강사로서의 매너와 품위를 지킴으로써 학습자와의 신뢰가 형성되었습니까? • 열정을 가지고 성실하게 강의에 임하였습니까?
전문성	• 교육 내용에 대한 전문 지식을 가지고 있습니까? • 교육 내용을 충분히 이해할 수 있도록 체계적인 강의를 하였습니까? • 적절한 사례와 경험담을 통해 학습자의 이해를 도왔습니까? • 수업의 요점과 핵심을 명확하게 짚어가며 진행하였습니까?
상호작용	• 학습자의 흥미를 유발할 수 있는 다양한 학습 방법을 시도하였습니까? • 수업에 적극적으로 참여할 수 있는 분위기를 조성하였습니까? • 학습자의 질문에 적절한 답변과 피드백을 하였습니까?
준비	• 학습자에 대한 사전정보 파악으로 매끄러운 진행을 하였습니까? • 각종 시청각 매체와 유인물 자료를 적절히 활용하였습니까? • 교재 내용과 학습 목표에 충실한 강의를 하였습니까?
전달 스킬	• 태도, 어투, 억양, 어휘사용이 적절하였습니까? • 시선 처리(eye contact), 제스처, 매체 사용 등이 능숙하였습니까?
시간 배분	• 각 모듈별 적절한 시간 배분을 하였습니까? • 교육 시간을 엄수하여 준비된 자세로 강의를 진행하였습니까?

2수준 학습평가는 프로그램이 설정한 학습 목표의 달성 여부를 측정하여 참여자들의 성취도와 프로그램의 효과성을 평가한다. 측정 방법은 다음과 같이 시험, 수행 관찰, 산출물 확인 등으로 다양하며, 학습 목표와 내용에 따라 적절한 방법을 선택해야 한다. 또한 측정 결과를 점수나 평정 기준에 비추어 분석하고, 그 의미를 해석하여 참여자 피드백과 프로그램 개선에 적절히 활용해야 한다.

〈표 3-5〉 학습평가 방법 예시

평가유형	평가방법	내용
시험 평가	선택형 / 단답형 시험	학습 내용과 핵심 사항에 대한 표준적 이해 평가
	서술형 / 논술형 시험	지식에 대한 폭넓은 이해, 사안에 대한 관점과 주장 등을 평가
구두 평가	질의응답	학습 내용의 체화 정도와 함께 순발력과 태도 등에 대해서도 평가
	발표	학습 내용이나 특정 주제에 대한 평가 대상자의 생각을 설명 및 발표하도록 하여 평가
기록 평가	일지 / 저널	일정 기간 참여자의 학습 과정과 결과 등을 기록하여 평가
	평가자 체크리스트	주요 학습 지표에 대해 평가 대상자의 학습 수준을 체크하여 평가
	피평가자 체크리스트	주요 학습 지표에 대해 평가 대상자 스스로 학습 수준을 체크하도록 한 후 그 결과를 평가
과제 평가	사례연구	학습 내용과 관련된 현재 또는 이전의 중요한 사례를 선정하여 그 사례에 대한 분석 및 솔루션 도출 결과 등을 평가
	문제해결	학습 내용과 관련된 과제를 주어진 자원과 정보를 토대로 해결하는 과정과 결과를 평가

	역할연기	학습 내용과 관련된 가상의 상황 속에서 특정 역할을 수행하도록 한 후 기준에 따라 평가
수행 평가	현장 평가	학습 내용과 관련하여 현장에서 일어나는 실제 업무의 수행과 행동을 관찰한 후 기준에 따라 평가
산출물 평가	포트폴리오	학습 내용과 관련하여 평가 대상자가 직접 생산·개발·창작한 결과물을 통해 특정 주제에 대한 학습과 역량을 종합적으로 평가

주. 한국산업인력공단(2021). 국가직무능력표준(NCS) 기반 훈련과정 편성·평가도구 활용 매뉴얼 재구성

　　3수준 행동평가는 학습의 전이와 실무에서의 활용에 초점을 두기 때문에 통상 프로그램 종료 후 일정 기간이 지난 후 실시하게 된다. 현업적용도 평가는 다음과 같이 다양한 측면이 고려되어야 하고, 학습 목표와 근무 여건, 참여자의 업무 특성 등을 고려하여 적절히 문항을 구성해야 한다.

〈표 3-6〉 현업적용도 평가 문항 예시

구분	문항
자기 효능감	나는 업무에 새로운 지식과 기술을 활용할 수 있는 나의 능력에 대해 의심하지 않는다.
	나는 업무에 새로운 지식과 기술을 사용하는 것을 방해하는 장애물을 극복할 자신이 있다.
	나는 어려운 상황에 직면하더라도 배운 것을 잘 활용할 수 있으리라는 자신감이 있다.
메타 인지	나는 학습한 중요한 내용을 다시 찾아내어 사용할 수 있을지 그렇지 못할지 알고 있다.
	나는 새로운 내용의 과제를 수행하기 위해 예전에 배운 것을 이

	용하는 학습 전략이 중요하다는 사실을 알고 있다.
	나는 이해하기 어려운 부분을 만났을 때 그것을 해결하기 위해 어떠한 방법들이 있는지 알고 있다.
적용 동기	교육을 통해 습득한 지식과 기술을 일상 업무에 활용할 수 있다고 생각한다.
	교육을 통해 습득한 지식과 기술을 사용한다면 상사나 동료들로부터 인정과 칭찬을 받을 것이라고 생각한다.
	교육을 통해 습득한 지식과 기술은 내 경력을 쌓는 데 도움이 될 것이라고 생각한다.
전이 설계	교육에서 다루어진 내용은 나의 업무와 직접적으로 관련이 있었다.
	교육에서 업무 수행에 도움이 되는 구체적인 자료들이 제공되었다.
	교육에서 실습과 참여의 기회가 제공되어 실제 업무에 도움이 되었다.
	교육에서 배운 것을 어떻게 업무에 적용할 것인지 그 실천계획이 충분히 다루어졌다.
상사 지원	나의 상사는 내가 교육받은 지식과 기술을 업무에 적용하도록 권장한다.
	나의 상사는 내가 교육에서 배운 것을 업무에 적용하는 방법을 지도해 준다.
	나의 상사는 부하가 자신의 전문능력을 개발하도록 교육에 참여시킨다.
동료 지원	나의 동료들은 새로운 아이디어를 기꺼이 받아들일 준비가 되어 있다.
	나의 동료들은 새로운 지식과 기술을 활용하도록 도와준다.
	나의 동료들은 내가 교육받은 내용을 직무에 적용할 때 나에게 칭찬을 한다.
현업 적용	나는 교육에서 배운 내용을 실제 업무에서 많이 사용하고 있다.
	교육에서 배운 내용 덕분에 나의 업무 수행이 향상될 수 있었다.
	교육을 받고 나서 상사나 동료로부터 업무 수행이 향상되었다는 얘기를 듣는다.

주. 행정안전부(2009). 현업적용도 평가 문항 표준안 재구성

4수준 결과평가는 프로그램 차원의 성과를 넘어 해당 프로그램이 조직 차원의 목표 실현에 얼마나 기여했는지에 초점을 둔다. 곧, 조직 성과를 중심으로 한 프로그램의 정합성과 정당성, 전략적 가치에 대한 평가로 이해할 수 있다. 가령 부서장 리더십 프로그램을 평가한다면 참여자의 리더십 스킬과 현업에서의 리더십 발휘에 변화가 있었는지를 파악함과 동시에, 향상된 리더십으로 인해 구성원들의 조직행동(업무몰입, 혁신행동, 이직의도 등) 및 부서의 운영성과(생산성, 고객컴플레인, 이직률 등)에 긍정적인 변화가 있었는지를 살펴보고 그 결과에 따라 프로그램의 성패를 판단할 수 있을 것이다. 따라서 4수준 평가를 위해서는 조직 차원의 가시적, 비가시적 성과에 대한 종합적 이해가 선행되어야 한다(배을규, 2012).

- 가시적 성과: 결근일, 생산량, 판매량, 결함률, 업무 처리 건수, 사고 건수, 비용, 매출액, 이직률 등
- 비가시적 성과: 숙련도, 직무만족, 업무몰입, 조직몰입, 효능감, 혁신행동, 시민행동, 스트레스, 이직의도 등

또한, 4수준 평가를 위해서는 프로그램 및 조직 성과와 관련된 요소들 사이의 상호 관계와 영향 메커니즘을 합리적으로 추론 및 규명할 수 있어야 한다. 가시적이든 비가시적이든 성과에 대한 평가는 객관적으로 측정되고 과학적으로 검증되었을 때 신뢰성과 설득력이 배가될 것이기 때문이다. 여기서 통계에 대한 이해와 다양한 측정 및 분석 기법의 활용이 매우 유용할 수 있다.

2) 투자회수율(return on investment, ROI) 평가

Phillips와 Phillips(2006)는 재무적 성과에 대한 이해관계자의 관심을 반영한 평가 수준을 추가로 제안하였는데, 핵심은 투자회수율

(ROI)을 산출하는 것이다. 이들이 제안한 5수준 평가 모형은 1수준부터 4수준까지는 Kirkpatrick의 모형과 유사하지만, 5수준에 ROI 평가를 추가하였다는 점이 중요한 특징이다.

ROI 산출을 위한 공식은 다음과 같으며, 비용편익분석(cost-benefit ratio, CBR)과 개념상으로는 유사하나 공식에는 다소 차이가 있다. CBR 공식에서는 분자로 총편익(total benefits)을 사용하고 계산 결과를 비율로 나타내는 데 반해, ROI 공식에서는 총편익에서 비용을 차감한 순편익(net benefits＝benefits－ intervention costs)을 사용하며 결과를 백분율로 나타낸다.

$$\bullet \ \text{ROI(\%)} = \frac{\text{프로그램 순편익(net benefits)}^*}{\text{프로그램 비용(intervention costs)}} \times 100$$

$$^*\text{프로그램 순편익＝편익−프로그램 비용}$$

$$\bullet \ \text{CBR} = \frac{\text{프로그램 총편익(total benefits)}}{\text{프로그램 비용(intervention costs)}}$$

ROI를 산출하는 통상적인 절차는 다음과 같다. 먼저 프로그램을 통해 실현된 편익이 무엇인지 규명하고, 이를 어떻게 측정할 것인지 결정해야 한다. 예를 들어, 생산성 5% 개선, 매출액 7% 증가, 고객 불만 비율 3% 감소 등을 고려할 수 있다. 이렇게 측정된 사업성과에 대한 프로그램의 기여를 분리한 후(다른 요인들로 인한 효과를 차감한 후) 이를 재무적 가치로 환산하고, 동시에 프로그램에 투입된 비용을 모두 산정한다. 이렇게 집계된 수치와 위 공식을 활용하여 ROI를 계산하고, 프로그램 참여자들이 느낀 충족감이나 이들 사이에 형성된 유대 등 재무적 가치로 환산하기 힘든 무형의(intangible) 편익을 추가로 포함하여 평가 결과를 공유한다.

- 데이터를 활용하여 프로그램 이후 향상된 편익 측정
- 향상된 편익에 대한 프로그램 고유의 영향 분리
- 프로그램을 통해 향상된 편익을 재무적 가치로 환산
- 프로그램에 투입된 직·간접 비용 산정
- ROI 계산
- 무형의 편익 추가 고려

가령 1억 원의 예산을 투입하여 50명의 영업사원을 대상으로 시행한 집중교육 프로그램 이후 연간 평균 1인당 600만 원의 영업 실적 향상이 있었다면, 순편익은 2억 원(600만×50명−1억)이고 이를 투입 비용 1억으로 나눈 프로그램의 ROI는 200%가 될 것이다. 그런데 집중교육과 함께 별도의 프로모션이 시행되어 교육에 참여하지 않은 다른 영업사원들도 연간 평균 200만 원의 영업 실적 향상이 있었다면 교육의 고유한 영향은 600만 원이 아닌 400만 원이라 할 수 있고, 그렇다면 프로그램의 순편익은 1억 원(400만×50명−1억)이고 이를 투입 비용 1억으로 나눈 프로그램의 ROI는 100%가 된다. 여기에 영업사원들의 높아진 직무 만족도와 이로 인한 이직률의 감소라는 무형의 편익이 발생한다면 이 또한 프로그램의 효과로 간주될 수 있을 것이다.

이처럼 ROI 평가는 프로그램의 성과를 재무적으로 치환하여 보여준다는 점에서 높은 유용성과 가치를 가지는 평가 방법이다. 하지만 실제 상황에서의 ROI 평가는 위의 예시처럼 간단하지만은 않고, 다양한 데이터와 높은 전문성이 요구되며, 편익을 재무적 가치로 환산하고 프로그램 고유의 영향을 산정하는 과정에서 고도의 합리성과 커뮤니케이션이 필요하다는 점에서 상당한 어려움을 수반할 수 있다.

따라서 이해관계자의 관심과 자원의 투입이 큰 프로그램에 대해 선택적으로 ROI 평가를 시행하는 등, 평가 활동 자체의 타당성과 효율성을 고려하는 것도 중요한 과제이다.

3) 기대편익(return on expectations, ROE) 평가

ROI는 재무적 관점에서 HRD 개입의 성과를 평가한다는 의의에도 불구하고, 실행 자체에 비용이 많이 들고, 개입이 재무적으로 환산된 편익에 미치는 고유의 영향을 분리해내기 어렵다는 점에서 비판을 받아왔다. 이에 대한 대안으로 기대편익분석(ROE)이라는 개념과 모델이 제안되었는데, 이는 HRD 개입에 대해 핵심 이해관계자들이 무엇을 기대하는지에 주목한다. 따라서 ROE 관점은 개입이 종료되었을 때 이러한 이해관계자들의 기대사항들이 충족되었는지를 기준으로 성공 여부를 평가한다.

ROE 기반의 평가는 기본적으로 Kirkpatrick의 4수준 평가 모형을 따르지만, 실행 단계 측면에서는 1수준부터가 아닌 4수준부터, 즉 역순으로 평가가 이루어진다는 점에 주목해야 한다(Kirkpatrick & Kirkpatrick, 2011).

- 조직이 추구하는 궁극적인 목표 달성 여부에 초점을 두고 평가한다(4수준).
- 목표의 달성으로 귀결될 중요한 선행 지표(leading indicators)들을 규명한다.
- 지표의 달성을 위해 요구되는 중요한 행동(critical behaviors)들을 정의하고 이를 평가한다(3수준).
- 중요한 행동들의 발현을 위해 요구되는 동인(required drivers)을 확인한다.
- 동인의 촉진을 중심으로 학습 및 개입이 설계되었는지 평가한

다(2수준).

- 개입에 대한 모니터링 및 필요한 경우에는 수정·보완한다.

궁극적 목표에 대한 합의된 기대사항으로부터 시작해 후속하는 일련의 과업들이 목표와 기대사항과 정렬되도록 한다는 점에서, ROE는 기존 4수준 평가에 전략적 측면을 강화한 진전된 평가 모델이라 할 수 있을 것이다.

4) 순고객추천지수(net promoter score, NPS)

NPS는 기업이 충성도(loyalty) 높은 고객을 얼마나 많이 보유하고 있는지를 나타내는 마케팅 관련 지표로 컨설팅사인 베인앤컴퍼니가 2004년에 처음 소개한 것으로 알려져 있다. NPS는 추천 의향이라는 단 하나의 질문을 통해 상품이나 서비스에 대한 고객의 반복 구매(repeat purchase)나 추천(referral) 의사를 파악하고, 이를 통해 궁극적인 비즈니스 조직의 성과를 예측할 수 있을 것으로 보았다. 인간의 의사결정(구매, 추천)이 통합적 정보처리의 결과라는 점을 감안했을 때 분화된 여러 질문보다 종합적인 하나의 질문이 더욱 강력하고 효과적인 평가 방법일 수 있기 때문이다.

NPS의 산출 공식은 다음과 같으며, 특정 프로그램에 대한 NPS 분석 방법 및 결과를 도식화하면 다음 [그림 3-1]과 같다.

- NPS={(적극적으로 추천하겠다는 고객 수 - 적극적으로 추천하지 않겠다는 고객 수)÷전체 응답자 수}×100

	추천		중립		비추천					
항목	10	9	8	7	6	5	4	3	2	1
본 프로그램을 동료들에게 추천하시겠습니까?	4명	3명	5명		3명		2명		1명	

$$Average = \frac{(10\times4+9\times3+8\times5+6\times3+4\times2+2\times1)}{(4+3+5+3+2+1)}$$
$$= 7.5점$$

$$NPS = \frac{(4+3)-(3+2+1)}{(4+3+5+3+2+1)} = 0.055556 = 6\%$$

⇒ 평균의 함정과 착시현상을 개선

[그림 3-1] NPS를 활용한 설문 및 분석 예시

[그림 3-1]에서 제시한 평균과 NPS 산출 방식은 다음과 같다. 먼저 평균은 각각의 점수와 해당 인원을 곱해 총점을 산출하고 이를 응답 인원 전체로 나누게 된다. 10점 4명, 9점 3명, 8점 5명, 6점 3명, 4점 2명, 2점 1명이므로 총점은 135점이고, 응답 인원이 18명이므로 135÷18=7.5점의 평균을 얻게 된다. 다시 말해, 이 프로그램에 대한 평가 평균은 10점 만점에 7.5점으로 통상적으로 그리 좋지도 나쁘지도 않은 수준으로 해석할 수 있다.

하지만 NPS에서는 적극적 추천자(9, 10), 중립(7, 8), 비추천자(1~6)의 세 구간을 설정한 후, 중립 의견(7, 8)을 제외하고 적극적 추천자(9, 10)와 적극적 비추천자(1~6) 인원만으로 공식의 분자를 산출한다. 다시 말해, NPS 공식에서 분자는 중립 의견인 8점과 7점 응답자 5명은 제외하고, 9점과 10점에 응답한 총 7명에서 6점 이하에 응답한 총 6명을 빼주어 1명이 되고, 이를 분모인 전체 인원 18명으로 나누어주면 1÷18=0.055가 된다. 따라서 NPS 산출 결과는 약 6%에 불과해, 이 프로그램에 대한 참여자들의 추천 의사가 전체적으로 매우 낮다는 것이 확인된다. NPS는 통상적인 평가 방식과 다른 관점에서의 해석을 가능하게 하고, 어떤 경우에는 마이너스 수치가 나타날 수도 있어 경각심을 불러일으킬 수 있다는 점 등 여러 면에서 유용성을 갖는다.

5) 성공사례기법(success case method, SCM)

프로그램을 통해 습득한 지식과 기술이 현업 활용 및 성과 향상으로 연결되는 과정에는 간극이 존재한다. 학습 내용이 활용되지 않거나, 일부 활용되더라도 성과 향상으로 온전히 이어지지 않는 경우이다. 이러한 상황에서 탁월한 전이 수준이나 성과 향상을 보인 참여자와 그렇지 않은 참여자의 실제 사례를 분석하여 프로그램의 효과를 평가하고, 학습 전이와 성과 향상에 관여하는 핵심 요인을 파악하여 프로그램 개선을 위한 가이드라인을 제공하기 위해 성공사례기법(SCM)이 활용될 수 있다(최영준, 이찬, 2011). SCM 적용의 일반적 절차는 다음과 같다(이찬 등, 2013).

- 성공사례 평가 계획
- 효과 모델(impact model)의 개발
- 우수 성과자(혹은 저성과자) 선정
- 우수 성과자(혹은 저성과자) 심층 면담
- 결론 도출

SCM은 지금까지 소개된 다른 평가 모델들과 달리 분석에 있어 질적 접근을 취하고, 일반적이고 평균적인 데이터가 아닌 경험과 의미에 기반한 정보를 수집한다는 특징이 있다. 또한, 다른 평가 방법들과 비교했을 때 다음과 같은 장점을 가진다(Brinkerhoff, 2003).

- 프로그램의 효과를 맥락과 연계하여 이해할 수 있다.

- 프로그램의 효과에 대한 조직 내부 마케팅에 용이하다.
- 성공 스토리를 수집하여 차후 프로그램에 반영하거나 성과 향상 사례를 구축하는 등의 의미와 효용이 있다.
- 의사결정권자들에게 프로그램 지원자(sponsor)로서의 역할과 기여를 간접적으로 교육할 수 있다.

░ 더 알아보기

학습 전이와 SCM

교육 프로그램의 효과와 학습 전이에 관한 다양한 연구를 수행한 결과 일반적으로 참여자 중 학습 내용을 직무에 전혀 활용하지 않는 비율이 15%, 일부 활용하지만 성과 향상에 영향이 없거나 포기하는 비율이 70%, 학습 내용을 직무에 활용하고 구체적이고 긍정적인 결과를 낸다는 비율은 15%에 지나지 않는다고 한다. 하지만 평가는 프로그램과 업무 수행의 개선을 위해 실행되고, A와 B를 C로 이동시키는 데 기여해야 한다. 따라서 바람직한 성과를 내는 C 집단을 발굴하고, 이들의 성과와 핵심 성과 요인을 파악하여 향후 프로그램 및 성과 향상 방안 도출에 활용할 수 있는 SCM은 효과적인 평가 전략이자 피드백 전략이 될 수 있다(Brinkerhoff, 2003).

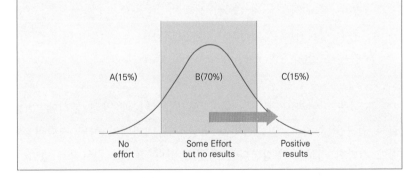

다음은 SCM을 적용한 가상 기업 A의 신입사원 입문교육 평가 방안으로, 단계별 설명과 예시 자료를 제시하였다.

■ 성공사례 평가 계획

SCM을 활용해 가장 효과적으로 프로그램을 평가하기 위한 계획을 수립하는 단계이며, 예를 들어, 〈표 3-7〉과 같은 개요를 중심으로 구체화할 수 있다.

〈표 3-7〉 성공사례 평가 계획 개요

구분	내용
대상 프로그램	• ○○○○년 A기업 신입사원 입문교육
실시 목적	• 입문교육 참가자 중 교육 내용에 대한 높은 현업 활용도를 보인 우수 성과자를 선정하여 신입사원 입문교육의 성과를 평가
주요 이해관계자	• 강사 • HRD 부서 담당자 • 위탁운영 기관의 담당자 • 현업 부서장 • 최고 의사결정권자
시행 시기	• 교육 종료 후 3개월 내

■ 효과모델 개발

효과모델은 성공사례 평가 대상 프로그램의 계획된 효과를 확인하기 위한 일종의 개념 틀에 해당한다. 효과모델 개발을 위해서는 학습 목표와 내용의 검토, 실제 교육 참관 등을 토대로 초안을 작성한 후 이를 프로그램 개발자(설계자), 관련 전문가 등에게 검토를 받아 수정하는 과정을 거치는 것이 바람직하다. 예를 들어, 〈표 3-8〉과 같이 효과모델을 준비할 수 있다.

〈표 3-8〉 신입사원 입문교육 효과모델 구성

주요 지식 및 기술	• 기업 비전과 핵심가치 내재화 • 주요사업의 이해 • 신입직원의 역할과 책임 인식 • 기본 직무지식 이해 • 스트레스 이해와 관리 • 커뮤니케이션 유형 인식과 적용 • 고객 인식과 고객 만족 이해 • 비즈니스 매너와 스킬 • 자기개발 계획의 수립 • 창의성 이해와 업무 적용 • 시간관리 이해와 업무 적용
결정적 행동	• 업무와 관련해 주어진 상황을 잘 이해하고 대처한다. • 주요 사업과 업무에 대한 기본 지식을 갖추고 이를 적절히 활용한다. • 자기관리를 잘하고 전문성 개발을 위해 노력한다. • 동료 및 상사와 원만한 관계를 유지한다. • 열정과 책임감을 갖고 담당 업무를 처리한다. • 현재 일하고 있는 직무에 만족한다. • 오랜 기간 근무하고 싶어한다. • 조직의 일원이라는 소속감을 갖고 있다.
주요 결과	• 조직 및 업무 관련 정보 수집과 활용 능력의 배양 • 업무 관련 상황 파악과 대응 능력 배양 • 새로운 아이디어와 업무 수행 방식의 적극적 제안 • 이직 의도의 감소 • 직무에 대한 만족 • 조직에 대한 애착
경영 목표	• 조기퇴직 감소 • 직원만족도 향상 • 조직몰입도 향상 • 고객만족도 향상

■ 우수 성과자 선정

설문조사 등을 통해 프로그램 종료 후 뛰어난 현업적용이나 직무 성과를 보인 우수 성과자를 사전에 설정한 기준에 따라 선정한다. 예를 들어, 학습전이 수준에 대한 설문조사 결과 5점 만점을 기준으로 평균 4.0 이상인 경우를 우수 성과자 선정의 기준으로 삼거나, 전체 대상 중 상위 약 15%를 우수 성과자로, 하위 15%를 저성과자로 선정할 수도 있다.

설문은 모듈별 교육목표에 대한 인식 수준과 현업적용 정도를 함께 고려하여 구성할 수 있다. 신입사원 입문교육과 관련한 설문이 므로 예를 들어, 〈표 3-9〉의 요소 등을 포함하여 구성할 수 있을 것이다.

〈표 3-9〉 우수 성과자 선정을 위한 설문 구성

모듈	문항
모듈 1. 조직인	나는 구성원으로서의 나의 역할과 책임을 이해하고 있다.
모듈 2. 전문가	나는 일하는 삶의 행복을 위해 전문가로서 성장하려고 노력한다.
모듈 3. 주인의식	나의 목표는 조직의 주인으로서 역량을 강화하고 조직에 기여하는 것이다.

주: 문항은 리커트 5점 척도로 구성.

■ 우수 성과자 심층 면담

선정된 우수 성과자를 대상으로 입문교육 내용을 어떻게 현업에 적용하고 있는지, 그러한 적용이 직무성과 향상에 어떤 영향을 미치는지 등에 대한 인터뷰를 실시하는 단계이다. 인터뷰 내용 구성을 예시하면 〈표 3-10〉과 같다.

〈표 3-10〉 우수 성과자 심층 면담 구성

구분	문항
전이 방법, 시기, 환경	• 교육을 통해 학습한 것을 언제, 어떤 상황에서 적용했는가? • 교육을 통해 학습한 것을 구체적으로 어떻게 적용했는가? • 현업 적용과 관련해 나 외에 관계된 다른 사람이 있는가?
전이의 성과	• 교육이 도움이 되어 얻은 가치 있는 결과는 무엇인가? • 이 결과가 왜 중요한가? • 소속팀에 어떤 긍정적인 영향을 미쳤는가?, 이런 긍정적 영향을 변화라고 한다면 측정 가능한 변화가 있었는가? • 조직의 경영목표나 방침과는 어떤 관계가 있는가?
개인 특성 요인	• 왜 A기업에서 근무하고 싶었는가? • A기업에서 근무하기 이전의 교육이나 사회생활 경험에서 배운 내용 중 나의 업무에 도움이 되었던 것이 있다면 무엇인가? • 교육내용의 현장 적용을 위해 별도의 정보 자원, 인적네트워크, 데이터베이스, 도구나 장비 등 개인적으로 추가 활용한 자원이 있는가? 있다면 무엇인가?
교육 설계 요인	• 신입사원 입문교육의 교육내용이 현장에서 적용할 수 있는 내용으로 구성되어 있다고 보는가? • 교육의 내용과 현재 수행하고 있는 직무와의 관련성은 어느 정도라고 생각하는가?
조직 특성 요인	• 상사의 지원(혹은 지원 부족)이 도움이 되거나 방해가 되었는가? • 동료의 지원(혹은 지원 부족)이 도움이 되거나 방해가 되었는가? • 평소 우리 회사(혹은 나의 소속팀)는 교육 내용의 현업 적용과 학습에 대해 관심이 많고 우호적인 분위기인가? • 교육내용의 현장 적용과 관련해 조직 차원의 인센티브나 보상 등 지원제도가 있는가?
기타	• 우수 성과자로서 성공적인 현업 적용을 위해 HRD 부서에 제안하고 싶은 것이 있다면?

주: Brinkerhoff(2006) 및 이찬 등(2013) 참고하여 재구성.

■ **결론 도출**

입문교육 참가자가 학습한 내용을 현업에 적용하였는가를 포함하여 전체 교육 프로그램의 효과와 가치를 다양한 시각에서 정리하는 단계이다. 예를 들어, 교육 참가자의 몇 %가 성공적으로 적용했고 몇 %가 그렇지 못했는지, 교육의 어떤 부분이 효과적이었고 어떤 부분이 효과적이지 못했는지, 현업 적용의 성공요인과 장애요인은 무엇이었는지 등을 도출하여 스토리와 개선 사항의 형태로 정리한다. 나아가 교육 프로그램의 경영성과에 대한 금전적 가치 등에 대해서도 검토할 수 있다.

3 통합적 평가 모형

많은 평가 관련 이론이나 모형들이 개입의 결과에 초점을 두고 제안되고 있으나, HRD 활동의 형성적, 맥락적 특성을 감안하면 과정과 결과를 모두 고려하는 통합적 접근 또한 중요하게 다루어져야 한다.

1) CIPP(context, input, process, product) 모형

Stufflebeam이 프로그램 평가를 위한 모형으로 제안한 CIPP는 Kirkpatrick의 4수준 평가, Philips의 ROI 등이 개입의 결과에 초점을 두는 것과 달리 시행의 전체 과정과 결과 모두를 평가하려는 접근 방법이다. 따라서 CIPP는 결과에 해당하는 산출(product)뿐만 아니라 상황(context), 투입(input), 과정(process) 및 이들 사이의 관계를 중시하는 종합적인 평가를 강조한다(권대봉, 조대연, 2013).

특히 CIPP는 개입을 위한 전략이나 대안이 실행되기 이전부터의 상황을 평가의 대상으로 삼는다는 점도 주목할 부분이다. 실제로 개입이 요구되는 상황이 있는지, 고안되거나 채택된 개입은 이러한 요구에 적절한 대안인지 등이 평가의 대상이 되는 것이다. 예를 들어, 특정 교육 프로그램의 시행이 타당한 대안인지에 대한 상황 평가를 한다면 다음과 같은 목표 체계에 대해 적절한 답을 할 수 있어야 한다(이기성, 2014).

- 궁극적 목표: 개입을 통해 해결해야 하는 조직의 중요한 문제에 관한 것인가?
- 중간 목표: 궁극적 목표의 달성을 위해 필요한 작업 행동상의 변화에 관한 것인가?
- 즉각적 목표: 중간 목표 달성을 위해 작업 행동 변화에 반드시 수반되어야 하는 지식, 기술, 태도에 관한 것인가?

이러한 상황 평가를 포함하여 CIPP를 구성하는 요소별 실행 취지와 주요 내용은 다음과 같다(Stufflebeam & Shinkfield, 2007).

- 상황(context) 평가: 요구와 기회의 진단, 우선순위·목표·대안 등에 대한 타당성 검토, 호의적 여론 형성 등을 목적으로 실시
- 투입(input) 평가: 목표 달성을 위해 필요한 자원의 투입 및 배분의 적절성을 판단하고, 의사결정권자의 관여와 지지를 확보하며, 실행의 책무성을 강화하기 위해 실시
- 과정(process) 평가: 계획의 이행과 실천 프로세스를 지속적으로 점검하고, 프로그램이 올바르게 진행될 수 있도록 피드백을 제공하며 필요한 수정을 가하기 위해 실시
- 산출(product) 평가: 진행 단계별 및 종료 시 얻게 된 산출물들의 요구 충족 정도와 품질 등을 분석하고, 이를 토대로 프로그램의 성과를 해석 및 판단하기 위해 실시

이러한 CIPP 모형은 조직 내 각종 프로그램에 대한 평가뿐만 아니라, 교육기관의 진반적인 운영이나 정부 차원의 인력양성사업에 대한 평가 등에도 폭넓게 활용되고 있다. 예를 들어, 다수의 교과목을 포함한 대학 커리큘럼에 대한 평가(차봉은, 손민호, 2020) 및 중소기업 핵심직무능력향상 지원사업에 대한 평가(이영민, 2012) 등에 CIPP 모형이 사용되었다.

⁂ 더 알아보기

CIPP 모형을 활용한 평가

신민철과 박성문(2019)은 CIPP 모형을 중심으로 HRD 전담 조직인 서울시 인재개발원의 교육훈련 체계를 평가하였고, 이를 위해 CIPP 요소별로 문항을 개발하여 조사를 시행하였다. 상황(context) 측면에서는 요구, 교육목표, 조직역량, 대내외 여건 등 4개 영역에 대해 다음의 사항이 조사 문항으로 개발 및 제시되었다.

- ✔ 요구: 학습자, 서울시 및 사회적 요구를 교육프로그램에 반영하였는가?
- ✔ 교육목표: 서울시만의 차별화된 인재상을 교육목표에 반영하였는가? 교육목표가 교육 활동을 통해 성취 가능한가? 교육목표 달성을 위한 조직 역량을 갖추었는가?
- ✔ 조직역량: 조직역량의 강점과 취약점은 무엇인가? 미래를 위해 보완해야 할 역량은 무엇인가?
- ✔ 대내외 여건: 대내외 환경적 여건은 어떠한가?

투입(input) 측면에서는 프로그램 기획·설계, 교육내용, 강사역량 등 3개 영역에 대해 다음의 사항이 조사 문항으로 제시되었다.

- ✔ 프로그램 기획·설계: 예산, 강사, 프로그램, 교육환경 등 전반적인 기획이 잘 되고 있는가?
- ✔ 교육내용: 현재 잘 운영되는 프로그램 분야와 상대적으로 취약한 프

로그램 분야는 무엇인가?

✔ 강사역량: 내·외부 강사의 역량은 어떠한가?

과정(process) 측면에서는 운영방법, 지원환경의 2개 영역에 대해 다음의 사항이 조사 문항으로 제시되었다.

✔ 운영방법: 참여자 선발, 수강 규모, 강의 일정 등 프로그램 운영이 적절하게 이루어지고 있는가?

✔ 지원환경: 프로그램 모니터링, 전문가 위원회, 환경 점검 등 지원 수준은 어떠한가? 인재개발원의 시설 인프라 수준은 어떠한가?

산출(output) 측면에서는 만족도, 성취도의 2개 영역에 대해 다음의 사항이 조사 문항으로 제시되었다.

✔ 만족도: 인재개발원에서 만족도 제고와 개선방안 도출을 위해 수행하는 다양한 점검방식의 수준은 어떠한가?

✔ 성취도: 전반적으로 현재 인재개발원의 교육프로그램이 참여자의 역량과 업무 지식의 제고 등에 도움이 되는가?

2) 논리주도 평가(theory-driven evaluation) 모형

논리주도 평가 또한 개입의 전 과정과 이로 인한 결과까지를 모두 평가하려는 접근으로, 여러 요소들 사이의 인과 관계와 영향 요인 등을 종합적으로 고려한 시스템적 평가의 틀을 제공한다(박소연, 2007). 다시 말해, 논리주도 평가는 프로그램의 집행을 통해 결과로 이어지는 논리적 흐름과 이를 둘러싼 조직 내부 환경과 외부 환경의 영향을 고려한 시스템적 모형으로, 이를 도식화하여 정리하면 [그림 3-2]와 같다.

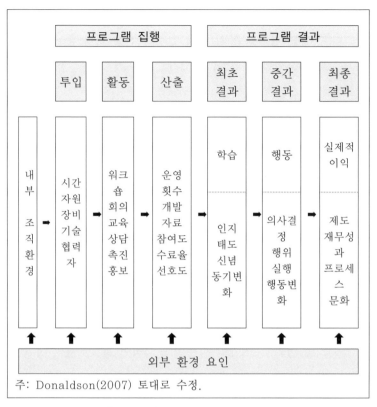

[그림 3-2] 논리주도 평가 모형

예를 들어, 조직문화 개선을 위한 전사 차원의 조직개발 프로젝트에 대해 평가한다면, 집행 측면에서 다음과 같이 투입, 활동, 산출과 관련한 사항들을 다루게 된다.

- 투입: 조직개발 프로젝트의 실행에 투입되거나 소비되는 다양한 인적, 물적, 재정적 자원의 적절성에 대한 평가
- 활동: 전체 조직개발 프로젝트의 일부로 실행되는 다양한 형태의 개입 활동들에 대한 타당성과 정합성 평가

- 산출물: 개입 활동들의 집행과 직접적인 관계가 있는 참여율, 수료율, 만족도 등의 운영 결과와 진행 과정 중 생산되는 다양한 자료들에 대한 품질 평가

또한, 결과 측면에서는 최초, 중간, 최종 단계별로 다음에 대한 평가가 필요할 것이다.

- 최초 결과: 활동의 결과 1차적으로 발생하는 변화에 관심을 두는 단계로, 조직개발 활동의 결과로 나타난 구성원들의 인식과 태도 및 동기 등에 대한 평가
- 중간 결과: 최초 결과인 인식과 태도의 변화에 이어 나타나는 의사결정과 행동에 초점을 두는 단계로, 예를 들어 관리자가 자신의 부서 내에서 조직문화 활성화 방안을 수립하거나 구성원들이 자발적으로 조직문화 개선 활동에 참여하는지 등에 대해 평가
- 최종 결과: 조직개발 활동의 궁극적인 목표로서 구성원 만족도와 이직률, 조직 내 신뢰와 소통, 매출과 이익 등의 변화와 실질적 이익을 평가

이에 더하여, 논리주도 평가는 시장이나 경쟁 현황, 사회적 분위기와 같은 외부 환경이나 조직체계, 부서/팀별 하위문화 등 조직 내부 환경 요인의 영향도 합리적으로 검토해야 함을 분명히 하고 있다.

논리주도 평가는 다른 모형들에 비해 비용효과성이 낮아 실행 가능성을 높이기 위한 개선이 필요하다는 지적도 있다(박소연, 2007). 그럼에도 불구하고 총체적인 시각에서 평가를 설계하여 프로그램의 성공 및 실패 요인을 밝히는 데 유용하고, 평가 활동 자체의 정확성(평가에 대한 평가)을 제고할 수 있다는 점에서 차별성과 활용 가치가 큰 모형이라 할 수 있다.

논리주도 모형을 활용한 평가

박윤희(2015)는 논리주도 평가 모형을 토대로 다음과 같은 항목과 지표
를 활용하여 중소기업 핵심직무능력향상 지원사업의 성과를 평가하였다.

- ✔ 투입: 예산 등 물적자원과 훈련과정 운영 직종 수, 훈련과정 운영
  기관 수, 훈련과정 운영 수 등 인적자원 투입 지표 평가
- ✔ 활동: 학습내용과 학습방법이 중소기업 현장에 부합하는지 등 활동
  지표 평가
- ✔ 산출물: 핵심직무능력향상 프로그램 총 이수 수 등 사업 참여 관련
  산출물 지표 평가
- ✔ 단기성과: 교육 내용, 강사, 시기, 기간, 과정, 장소 등 훈련생 만족
  도 평가
- ✔ 중기성과: 교육훈련 이수자의 직무능력 향상 및 현업적용 정도 평가
- ✔ 장기성과: 중소기업의 생산성 및 경쟁력 제고 효과 평가

4   논의

- 많은 비판에도 불구하고 HRD 현장에서 Kirkpatrick의 4수준
  모형, 그 가운데 1수준 반응평가가 만족도 조사라는 이름으로
  빈번하게 활용되는 이유는 무엇이라고 생각하는가? 비판과 별
  개로 1수준 반응평가는 어떤 강점을 보유하고 있는가?
- 이번 장에 소개된 내용 이 외에 현업적용도 평가를 위한 다른
  방법(대안)이 있다면 무엇인지, 어떤 방식으로 평가를 수행할
  것인지 논의하시오.
- 현업적용도 평가 결과는 조직 성과와 연계하여 활용되어야 한

다. 특정 교육 프로그램의 실행을 가정하고 현업적용도 평가와 연계할 수 있는 조직성과가 무엇인지 논의하시오.

• CIPP나 논리주도 평가 등 통합적 평가 모형의 특징 및 장·단점에 대해 논의하시오.

• 본문에서 CIPP 평가 모형 및 논리주도 평가 모형을 적용한 사례로 언급된 논문들을 찾아 읽고 주요 연구 결과에 대해 논의하시오.

참·고·문·헌

권대봉, 조대연 (2013). HRD Essence: 시스템접근기반. 박영사.

박소연 (2007). HRD 프로그램 평가에의 논리주도적 평가체제 적용가능성. 기업교육과 인재연구, 9(2), 77 – 100.

박윤희 (2015). 논리모델에 근거한 중소기업 핵심직무능력향상 지원사업의 성과 분석. 농업교육과 인적자원개발, 47(4), 99 – 127.

배을규 (2009). 인적자원개발론. 학이시습.

배을규 (2012). HRD 실무자를 위한 교육훈련 프로그램 평가. 학이시습.

신민철, 박성문 (2019). CIPP 평가모형을 활용한 공무원 교육훈련체계 분석: 서울시 인재개발원을 중심으로. 한국인사행정학회보, 18(3), 157 – 180.

이기성 (2014). 인력자원개발론. 학지사.

이영민 (2012). CIPP 평가모형 구성요소에 기초한 중소기업 핵심직무능력향상 지원사업 운영기관 담당자의 교육훈련 성과 인식조사. 산업교육연구, 24, 1 – 20.

이찬, 최영준, 박혜선 (2013). 교육훈련 전이 촉진 및 저해요인에 관한 연구: 성공 사례 기법(Success Case Method)을 중심으로. HRD연구, 15(3), 53-84.

장원섭 (2021). 인적자원개발: 이론과 실천(3판). 학지사.

차봉은, 손민호 (2020). CIPP 평가모형을 적용한 의과대학 교육과정 운영 평가지표 타당화. 교육문화연구, 26(5), 105 – 130.

최영준, 이찬 (2011). Success Case Method를 활용한 직무 현업 적용도 핵심 성공요인 탐색. 직업교육연구, 30(3), 303-326.

한국산업인력공단(2021). 국가직무능력표준(NCS) 기반 훈련과정 편성·평가도구 활용 매뉴얼. 한국산업인력공단.

행정안전부 (2009). 공무원 교육훈련기관 역량강화를 위한 컨설팅: 현업적용도평가 개선방안 수립. 행정안전부.

Brinkerhoff, R. O. (2003). The success case method: Find out quickly what's working and what's not. Berrett-Koehler.

Brinkerhoff, R. O. (2006). Telling training's story: Evaluation made simple, credible, and effective. Berrett-Koehler.

Donaldson, S. I. (2007). Program theory-driven evaluation science: Strategies and applications. Lawrence Erlbaum.

Kirkpatrick, J. D., & Kirkpatrick, W. K. (2011). Creating ROE: The end is the beginning. T+D, 65(11), 60-64.

Kraiger, K., Ford, J. K., & Salas, E. (1993). Application of cognitive, skill-based, and affective theories of learning outcomes to new methods of training evaluation. Journal of Applied Psychology, 78(2), 311-328.

Phillips, P. P., & Phillips, J. J. (2006). Return on Investment (ROI) basics. American Society for Training and Development.

Stufflebeam, D. L., & Shinkfield, A. J. (2007). Evaluation theory, models, & application. Jossey-Bass.

Swanson, R. A., & Holton, E. F. (2001). Foundations of human resource development. Berrett-Koehler.

Wang, G. G., & Spitzer, D. R. (2005). Human resource development measurement and evaluation: Looking back and moving forward. Advances in Developing Human Resources, 7(1), 5-15.

제 **4**장

지표 중심 평가

HRD 평가의 발전을 위한 과제 가운데 하나는 프로그램 중심의 접근을 넘어 거시적이고 전략적인 방향으로 평가 활동의 지경을 확장하는 것이다. 이번 장에서는 조직 내 HRD의 활동 성과와 수준을 다양한 지표를 중심으로 평가하는 접근과 사례를 소개한다.

⠿ 학습 목표

4장의 학습 목표는 다음과 같다.
- 조직의 여건과 특성을 고려하면서 HRD의 활동 수준을 평가하는 다양한 방법을 활용할 수 있다.
- 전략적 관점이 강조된 조직 수준의 평가 모형과 방법을 설명할 수 있다.
- 평가와 관련된 맥락 또는 환경 요인을 어떻게 고려하는지 설명할 수 있다.
- 평가를 통해 확인할 수 있는 결과와 효과를 조직 내에서 다양한 방식으로 구체화하여 적용할 수 있다.

⠿ 핵심 용어

- HR 성과측정표
- 지적 자본 측정
- 전략적 인적자원개발 진단
- 지속가능 HRD 진단
- 인적자원개발 우수기관 인증
- 중소기업 인적자원개발 자가 진단

1 HRD 성과 평가

Swanson과 Holton(2009)은 통상적 의미의 평가라는 주제 대신 HRD의 책무성 체계(accountability system)를 강조하였다. 책무성 체계는 HRD에 대한 조직의 요구에 전략적·종합적으로 부응하는 것으로, HRD 활동에 있어 프로그램 중심의 접근을 넘어 조직의 자원이 효율적으로 투입되고 있는지, 그러한 투입을 통해 바람직한 결과가 효과적으로 달성되고 있는지를 보다 거시적 안목을 가지고 살펴봐야 함을 의미한다.

이런 맥락에서 프로그램 중심 평가와 양립하는 평가의 방향으로 계량적 지수(metrics)를 활용한 접근이 있다. 이는 조직 수준의 주요 지표들을 양적 수치를 활용하여 측정 및 관리하는 방법으로, 프로그램의 품질이나 효과를 판단하는 미시적 접근의 평가에 비해 더욱 거시적인 접근의 HRD 평가라고 할 수 있다.

1) HR 성과측정표(HR scorecard)

Becker 등(2001)은 조직 내 인적자원과 관련한 모든 활동을 비즈니스 전략과 연계하기 위한 구체적인 성과 평가 방법으로 HR 성과측정표를 제안하였는데, 이를 인재·조직개발 활동의 맥락에서 정리해보면 〈표 4-1〉과 같다.

〈표 4-1〉 HRD 성과측정 지표 예시

영역	측정 지표
고성과 업무 시스템	• 핵심인재 비율 • 직원 1인당 역량개발 비용 • 개발 계획을 실행 중인 직원의 비율
HRD 효율성	• HRD 전체 및 부문별 예산 • 매출, 연봉 대비 HRD 예산 비율 • 전체 프로그램의 수 및 프로그램 운영 일수 • 각종 HRD 활동에 참가한 직원의 수 및 비율 • 계획 대비 프로그램 실행 비율 • 적절한 개발 기회를 가질 수 있는 직원의 비율 • HRD 활동 및 프로그램에 사용되는 새로운 자료의 비율 • 사내 개발 및 외부 소싱 프로그램의 비율 • 신입 오리엔테이션에 필요한 시간
성장 기반	• 조직학습의 정도 • 직원이 필요한 정보와 지식에 접근할 수 있는 정도 • 승진 가능한 인력의 비율 • 현재의 직무 이외의 직무 경험을 보유한 인력의 비율

주: Swanson과 Holton(2009) 재구성.

예시된 영역들과 그에 해당하는 측정 지표들은 객관적인 수치로 집계되어 조직의 HRD 활동에 대한 종합적인 현황과 성과를 보여주게 된다. 특히 스코어카드의 주요 지표들을 효과적으로 조직화하거나 대시보드 형태로 시각화하여 제시한다면 HRD 활동과 성과 전반에 대한 관리와 이해관계자 소통에 매우 유익한 수단이 될 수 있다. 또한 계획 대비 실천, 목표 대비 달성, 경쟁사 대비 현황 등 적절한 벤치마크와의 비교 측면에서도 스코어카드는 유용성을 가짐과 동시에 자연스럽게 HRD의 전략적 목표와 책무성을 상기시키고 견인하는 역할도 수행하게 된다.

덧붙여서, 위 표에 제시된 영역들(고성과 업무 시스템, HRD 효율성,

성장 기반) 및 지표들은 선행동인(enabler)이라는 점에서 바람직한 구성원 행동이나 성과 변수와의 관계를 살펴볼 수 있는 데이터로서의 의미도 작지 않다. 예를 들어 HRD 효율성 지표는 전반적인 직원 만족도(employee satisfaction), 유지도(employee retention), 생산성 (employee productivity) 등 핵심적인 직원 관련 성과와의 관계를 통계적으로 살펴보는 데 활용될 수 있다. HRD 효율성의 수준에 따라 조직 또는 관리자의 리더십에 대한 만족도, 직원 이직률 또는 핵심인재 이탈률, 직원 1인당 수익(revenue) 또는 1인당 부가가치(value added) 등의 결과 변수에 어떤 변화가 일어나는지를 분석한다면 HRD 성과 및 우선순위에 대한 더욱 효과적인 관리가 가능해질 것이다.

2) 지적 자본 측정

Roos 등(1998)에 따르면 조직의 총 가치는 재무 자본과 지적 자본의 합으로 정의된다.

총 가치=재무 자본+지적 자본

총 가치를 구성하는 재무 자본과 지적 자본은 다시 다음과 같이 물적 자본과 금전 자본, 인적 자본과 구조적 자본으로 각각 정의된다.

재무 자본=물적 자본+금전 자본
지적 자본=인적 자본+구조적 자본

지적 자본의 요소로서 인적 자본은 조직 구성원 개인이 보유한 역량, 태도, 지적 민첩성 등을 포함하는 개념이고, 구조적 자본은 외부와의 관계, 내부 조직 구조, 개선과 개발 가치 등을 포괄하는 개념으로 이를 정리하면 〈표 4-2〉와 같다.

〈표 4-2〉 지적 자본의 구조

총 가치	재무 자본		
	지적 자본	인적 자본	역량
			태도
			지적 민첩성
		구조적 자본	관계 가치
			조직 가치
			개선과 개발 가치

특히 지적 자본의 한 축인 인적 자본은 HRD와 직결되는 개념으로, 평가를 위해서는 이와 관련한 적절한 지표를 설정하여 측정할 필요가 있다. Roos 등(1998)에 따르면 인적 자본은 조직이 창출하는 가치의 원천으로 구성원의 지식과 기능 등을 포함하는 구체적(hard) 능력을 이르는 역량, 역량과 비교해 추상적인(soft) 개념으로 행동과 동기 등을 포함하는 태도, 변화를 두려워하지 않고 새로운 해결책을 고안해내는 능력으로 적응, 혁신 등을 포함하는 지적 민첩성으로 구성되며, 〈표 4-3〉과 같은 지표들을 활용하여 측정할 수 있다.

〈표 4-3〉 인적 자본의 요소와 측정 지표 예시

요소	측정 지표
역량	• 직원 1인당 교육훈련 시간 • 평균 근속연수 • 특정 학위, 자격, 인증 보유 인력 비율 • 직원들의 정보기술 이해도
태도	• 업무 유형별 투입 시간 • 조직의 전략과 제도에 대한 지지도 • 리더십 지수 • 동기 지수
지적 민첩성	• 직원들이 제안한 새로운 해결책/제품/프로세스 현황 • 직원들이 낸 제안의 실행을 통한 수익 증가 또는 비용

절감액
- (개인 및 집단 차원의) 배경 다양성 지수
- 사업 다각화 지수

참고로, 지적 자본의 다른 한 축인 구조적 자본은 고객 및 협력 사와의 상호작용과 신뢰 등을 반영하는 관계 가치(relationship value), 내부 운영의 효과성과 효율성을 중심으로 한 조직 가치(organizational value), 연구개발과 교육 등 미래를 위한 가치 창출에 초점을 둔 개선 과 개발 가치(renewal and development value) 등으로 구성되며, 다양 한 지표들을 활용하여 측정할 수 있다. 한 가지 유념할 점은 지적 자 본의 성격과 요소는 조직마다 다르게 정의될 수 있다는 것이다. 따라 서 조직의 특성에 부합하는 요소와 지표를 개발하고, 이를 지속적으 로 측정, 평가, 점검, 업데이트해 나가는 접근이 필요하다.

3) 전략적 인적자원개발 진단

이찬 등(2012)은 HRD가 조직의 전략과 효과적으로 연계되어야 하고, 이를 위한 수단의 하나로 HRD 활동을 안내하고 수준을 진단하 기 위한 준거가 필요함을 주장하였다. 이런 맥락에서 선행연구 검토 와 델파이 조사 등을 거쳐 영역 – 과제(항목) – 활동(지표) 구조로 설 계된 전략적 인적자원개발 활동 수준 진단 준거를 제시하였다. 무엇 보다 종합적 진단을 위해 다음의 영역들을 두루 살펴볼 필요가 있다.

- 비즈니스 파트너십
- HRD 전략
- HRD 인프라
- 학습풍토
- HRD 연구

- 요구분석
- 학습활동의 제공 및 관리
- 평가
- 피드백 및 개선

　이들 각 영역에서 수행해야 할 과제들을 진단항목으로 도출하고 이들 과제를 위한 세부 활동들을 진단지표로 설정한다면 체계적 진단이 가능해진다. 전반적으로 각 영역에 대해 다음과 같은 과제들을 상정하고, 과제별로 조직의 특성과 상황을 반영한 지표들을 설정하여 조직 HRD의 전략적 수준을 평가할 수 있다.

- 비즈니스 파트너십: 비즈니스에 대한 이해, 경영진과의 파트너십 형성, 관리자와의 파트너십 형성 등
- HRD 전략: 조직전략과의 연계성, HRM과의 연계성, 전략적 인재 육성 체계, 리더 육성 체계, 직무전문가 육성 체계 등
- HRD 인프라: HRD 부서 전문성, HRD 조직간 협력 체계, HRD 예산, HRD 운영시스템, 강사, 외부자원 관리 등
- 학습풍토: 조직, 관리자, 구성원의 학습 자율성, 학습 지향성 등
- HRD 연구: 이론 및 사례 학습(학습, 지식공유, 네트워킹), 연구 결과의 활용 등
- 요구분석: 경영진, 관리자, 구성원의 수행 분석, 학습 요구분석 등
- 학습활동의 제공 및 관리: 학습활동의 설계 및 개발, 학습활동 모니터링, 현장학습 지원 등
- 평가: 개인수준 평가(만족도, 성취도, 현업적용도), 조직수준 평가(경영성과, ROI) 등
- 피드백 및 개선: 경영진, 관리자, 구성원과의 평가 결과 공유 및 피드백, 개선(학습활동, HRD 전략, 제도) 등

이러한 준거 체계는 HRD가 전략적 차원에서 어떤 활동들을 수행해야 하는지에 대한 종합적 지침이자 그러한 활동들이 잘 수행되고 있는지 객관적으로 평가하는 틀로서 중요한 의미가 있다. 조직의 상황에 부합하는 목표 지표를 선정하고 적절한 달성 기준을 설정하여 KPI로 운영하는 등 HRD의 목표 및 성과를 관리하는 데에도 유용한 수단이 될 수 있다. 다시 말해, 이러한 준거를 토대로 최적화된 진단 도구를 마련하여 HRD 활동의 책무 이행과 전략적 기여에 대한 지속적인 모니터링과 평가, 환류를 시행할 필요가 있다.

4) 지속가능 HRD 진단

기업경영에 있어 경제적 이익 추구를 넘어 사회적 책임을 다하는 지속가능한 경영을 실천해야 한다는 인식이 확산되고 있다. 이러한 인식이 기업 현장에서 실질적으로 구현되도록 유도하기 위해 UN의 글로벌 콤팩트(UN Global Compact), ISO(국제표준화기구)의 ISO26000, GRI(Global Reporting Initiative)의 GRI Standards 등 다양한 지침과 평가 체계가 제시되었다. 동시에 기업들은 국제사회와 정책당국, 시민사회와 고객 등 다양한 이해관계자들의 요구에 부응하여 환경(E), 사회(S), 지배구조(G) 측면에서의 가치 창출에 주목하는 ESG 경영에 나서고 있다(Ahmed et al., 2021).

이러한 흐름은 HRD의 전략적 방향성과 관련하여 중요한 시사점을 제공하고 있으나, 아직 현장의 HRD 평가 실무에서 본격적으로 논의와 적용이 이루어지고 있다고 보기는 어렵다. 달리 말해, 지속가능 경영 및 ESG 경영을 위해 HRD가 수행해야 할 과제들을 규명하고 이를 평가하기 위한 체계적 시도가 요구된다. 이런 맥락에서 김태성과 백평구(2023)는 ESG 경영을 촉진하기 위한 HRD의 실천 영역 – 전략 방향 – 실행 과제의 체계로 지속가능 HRD 진단 준거를 개발하여 제시하였다. 실천 영역은 조직의 인적, 구조적, 사회적 자본 축적의 세 영역으로 설정되었고, 인적 자본 영역의 전략 방향과 과제는 다음과 같다.

- 전사 ESG 역량 향상: ESG 역량을 반영한 전사 교육체계 수립, 조직의 특성에 최적화된 ESG 교육과정 개발·도입 및 운영, ESG 관련 상시 학습 콘텐츠 제공, 학습조직 지원 등 무형식학습 촉진 활동, ESG 경영 관련 구성원 역량 진단 및 요구 분석 등
- ESG 리더십 개발: ESG 경영 원칙과 전략을 반영한 리더 육성 체계 수립, 경영진 및 단위 리더 대상의 ESG 리더십 프로그램 운영, 리더 개인/단위/전사 차원의 ESG 리더십 분석 및 피드백 등
- ESG 전문성 강화: 사내 ESG 전문가 영역별, 단계별 선발 및 양성 체계 수립, 사내 ESG 전문가 양성 프로그램 운영, 사내 ESG 전문가 선발·양성·활동 성과 분석 및 피드백 등

구조적 자본 영역의 전략 방향과 과제는 다음과 같다.

- ESG 가치 공유: 조직의 비전 체계와 ESG 경영의 정렬을 강화하기 위한 핵심 가치 내재화 로드맵 도출, ESG 경영 내재화 활동 추진을 위한 경영진 스폰서십 확보, 사내 규범 체계의 ESG 내재화 모니터링 및 피드백 등
- ESG 변화관리: HRD 부서와 ESG 유관 조직 간 협력 체계 정립, ESG 경영 관련 내외부 평가·보고 대응을 위한 HRD 역할과 책임 재설계, ESG 경영 관련 내외부 평가 결과 분석 및 HRD 차원의 개선안 마련 등
- ESG 성과관리: ESG 경영 관련 HRD 차원의 성과관리 체계 정립, ESG 경영 관련 HRD 성과관리 체계 및 지표(KPI)에 따른 성과관리, ESG 경영 관련 HRD 실천과 조직성과 간 관계 분석 및 피드백 등

사회적 자본 영역의 전략 방향과 과제는 다음과 같다.

- ESG 경영 소통 및 신뢰 구축: ESG 경영 관련 참여와 투명성 제고를 위한 HRD 차원의 커뮤니케이션 기획, ESG 경영 전략 및 실천 현황에 대한 주기별, 사안별, 이해관계자별 맞춤형 정보 공유 및 소통, ESG 경영 관련 실천 활동에 대한 구성원 평가 분석 및 피드백 등
- ESG 기반 조직개발: ESG 경영 실천을 의제로 한 전사 및 단위별 조직개발 활동 기획, ESG 경영 관련 조직개발 활동 추진, ESG 경영 측면에서의 조직문화 진단 및 개선안 마련 등
- 이해관계자 네트워킹: 다양한 외부 이해관계자와의 ESG 학습/협력 파트너십 구축, ESG를 중심으로 한 이해관계자와의 공유 및 협력 활동, ESG 경영 관련 활동에 대한 다중 이해관계자로부터의 평가 분석 및 피드백 등

제시된 진단 준거는 ESG 경영의 조직 내 내재화를 위해 인적, 구조적, 사회적 자본을 축적해야 하고, 이를 위해 구체적 전략 방향의 수립과 적절한 실행 과제의 추진이 필요함을 보여준다. 이는 동시에 ESG 경영과 관련한 HRD의 실천 현황을 분석하고 개선의 지점과 우선순위를 확인할 수 있는 토대가 되어 준다. ESG 경영 외에도 디지털 전환과 같은 새로운 환경이 펼쳐질 때 이처럼 HRD에 요구되는 책무를 규명하고 실천을 점검하기 위한 체계를 정립하는 일은 전략적 HRD 평가를 위해 중요한 의미를 가질 것이다.

GRI Standards, GRI404-1, GRI 404-2

GRI는 1997년 출범 이후 세계적으로 통용되는 기업의 지속가능성 보고 체계를 제정하고 운영하는 기관이다. GRI가 제정한 GRI Standards는 조직 차원에서 지속가능경영을 구체화하는 작업에 활용될 수 있는 가이드라인이자 평가 지표이다. 특히, GRI Standards의 사회적 성과 부문인 GRI 400 섹션의 내용 중 HRD와 직결된 지표로 GRI404-1과 GRI404-2가 있으며, GRI404-1 (임직원 1인당 연평균 교육 시간)에 포함되는 활동들은 다음과 같다.

- 모든 유형의 훈련과 교수 활동
- 임직원에 대해 교육을 목적으로 제공하는 유급 휴가
- 조직이 전액 혹은 부분적으로 외부 교육 프로그램에 대한 비용을 지원해 실시된 교육
- 특정한 주제에 대한 교육

404-2(임직원 역량 강화 및 전환 지원을 위한 프로그램)에 포함되는 역량 강화 프로그램은 다음을 포함한다.

- 조직 내부의 교육 과정
- 외부 교육 프로그램에 대한 비용 지원
- 고용이 보장되는 조건 아래 개발을 위한 안식 휴가 부여
- 퇴직 예정자에 대한 사전 퇴직 계획 수립
- 퇴직 후에도 계속해서 일하고자 하는 직원들에 대한 재교육
- 전직지원(outplacement) 프로그램
- 은퇴 이후의 삶에 대한 교육과 상담 등의 지원

2 HRD 수준 평가

지금까지 조직 차원에서 HRD 활동의 현황과 성과를 평가하기 위한 다양한 개념 정리와 진단 틀을 살펴보았다. 이러한 학술적 결과물들은 범용적인 특성을 가지므로 개별 조직의 실정에 맞도록 적절히 선별, 수정, 보완하여 사용한다면 효과적인 평가에 도움이 될 것이다. 한편, 조직의 HRD 활동을 진단하고 발전을 유도하기 위해 유관기관들도 다양한 지표를 활용한 평가 체계를 운영하고 있다. 여기서는 대표적인 사례로 한국산업인력공단의 인적자원개발 우수기관 인증(Best HRD)과 중소기업 인적자원개발 자가 진단에 대해 살펴본다.

1) 인적자원개발 우수기관 인증

한국산업인력공단이 주관하는 인적자원개발 우수기관 인증은 능력을 중심으로 인재를 채용하여 관리하고 체계적인 교육과 역량개발 기회를 제공하는 등 인적자원 관련 활동이 우수한 기업들에 인증을 부여하는 제도이다. 2023년 현재 대기업, 중소기업, 선취업·후학습 기업 부문으로 구분하여(공공 부문은 한국직업능력연구원에서 평가 주관) 인적자원관리(HRM)와 인적자원개발(HRD)의 역량 및 우수성을 다음과 같은 내용으로 심사한다.

- 인적자원관리: 인사관리 체계 수립, 채용·인사평가·배치·승진 등 인사 운영, 성과목표 관리, 역량개발 제도 운영 등
- 인적자원개발: 인재육성 계획, HRM과 HRD 연계 정도, 교육훈련 참여도 및 교육훈련 투자 정도, 인적자원개발 및 개인 역량개발 평가·피드백 등

구체적인 예시로, 대기업 부문 심사에 활용되는 인적자원개발 (HRD)에 대한 평가 영역과 항목, 지표는 다음 〈표 4-4〉와 같다.

〈표 4-4〉 대기업 부문 인적자원개발(HRD) 심사 기준과 배점

심사영역	심사항목	심사지표
기획 인프라	HRD 기획	• 인적자원개발에 대한 CEO의 의지
		• HRD 활동과 기업 비전/미션/사업전략의 연계성
		• 중장기 능력중심 인재육성체계 수립의 적절성
		• 정기적인 HRD 요구 분석 및 반영 수준
	인프라 구축	• HRM과 HRD 연계성
		• 온·오프라인 교육인프라 활용 수준
		• HRD 조직/담당자 활용 수준
		• 능력중심 역량정의 및 활용 수준
		• e-HRD시스템 구축 정도
	인적자원 개발투자	• 1인당 연간 교육훈련비용
		• 1인당 연간 교육훈련시간
운영	학습 조직화	• 학습조직 활동 설계의 체계성
		• 학습조직 활동의 활성화 수준
	교육 프로그램	• 능력중심의 자체 교육프로그램 개발 정도
		• 강사전문성 및 관리 수준
		• 구성원의 교육훈련 참여 자율성
		• 학습활동 모니터링 및 촉진 수준
	경력개발	• 능력중심의 경력설계지원 수준
		• 개인 경력개발 계획 관리 수준
결과	평가 및 피드백	• 체계적인 평가방법의 활용 수준
		• 평가결과 피드백을 통한 프로그램 개선 효과
	기여도	• 교육목표 대비 실적
		• 인적자원개발의 조직 경영성과에 대한 기여도

주: https://www.hrd4u.or.kr/hrdcert/contents.do?menuNo=0102

기업들이 이러한 제도에 참여하여 인증을 받는 것은 조직 내·외부적으로 상당한 의미를 갖는다. 정부의 근로감독이 일정 기간 면제되거나 공공입찰 시 가점이 부여되는 등의 실질적 혜택이 있음은 물론이고, 인적자원개발을 위한 노력과 성과에 대해 공신력 있는 기관으로부터 객관적인 평가와 인정을 받는 기회이기 때문이다. 인증 여부와 별개로 이러한 지표들을 참고하여 내부 활동을 계획 및 점검하고 개선의 지점을 확인하는 것 또한 전략적 HRD 평가를 위한 효과적인 접근이 될 수 있다.

░ 더 알아보기

인적자원개발 우수기관 인증 제도의 HRM 평가

인적자원개발 우수기관 인증 평가는 인적자원관리(HRM) 400점과 인적자원개발(HRD) 600점을 합쳐 총 1,000점 만점으로 운영되며, 대기업 부문 심사에 활용되는 HRM에 대한 평가 영역과 항목, 지표는 다음과 같다.

심사 영역	심사 항목	심사지표
기획 인프라	인사 계획	• 회사비전(전략)에 근거한 능력중심 인사계획 수립의 적절성
		• 인사계획에 구성원 참여 수준
		• 인사에 관한 정부 시책 반영의 적절성
	인프라 구축	• 인사 관련 사내규정 활용 수준
		• 선발/평가 시 능력중심 역량측정 도구개발 및 활용 수준
		• e-HRM시스템 구축 정도(e-HR 통합시스템 포함)
		• 노사관계의 파트너십 구축 정도

활용	채용	• 부서별 능력중심 인력 수요조사의 적절성
		• 능력중심 채용절차의 적절성
		• 채용인력 유지율
	직원 관리	• 능력중심 핵심인재관리 수준
		• 능력중심의 인재 육성경로 활용 수준
		• 퇴직지원제도의 적절성
평가 보상	성과 평가	• 평가정보 공개 및 피드백 정도
		• 조직의 목표와 개인 목표와의 연계 정도
		• 평가결과에 따른 역량개발 연계 정도
	승진 보상	• 능력중심 승진제도의 공정성
		• 성과평가에 기반한 보상제 시행
		• 복리후생제도 다양성

주: https://www.hrd4u.or.kr/hrdcert/contents.do?menuNo=0102

2) 중소기업 인적자원개발 자가 진단

기업의 형태와 규모 등을 막론하고 인적자원의 개발은 조직의 성과와 성공을 위한 핵심 활동이다. 다만 중소기업에서의 인적자원개발이 단순히 대규모 기업의 축소판으로 간주되지 않아야 한다는 점에서 (Stewart & Beaver, 2004) 중소기업의 여건과 특성을 감안한 계획과 평가가 필요하다. 이런 점에서 한국산업인력공단에서는 중소기업에 특화된 지표를 개발하여 자체적으로 HRD 활동 수준을 진단할 수 있는 도구를 제공하고 있다. 중소기업 HRD 자가 진단 도구는 산업 분류, 종업원 수, 업종과 같은 기업 정보들 외에 총 19개 항목으로 다음과 같이 구성된다(출처: https://www.hrd4u.or.kr/hrd4u/userSurveyNext.do?menuNo=050102).

- 설립목적과 비전, 그리고 이를 달성하기 위한 인력관리전략을 수립
- 중소기업 대상 정부지원제도에 대한 인식
- 경영진 및 관리자의 인력관리(교육훈련 포함)에 관한 관심과 의지
- 체계적인 방법으로 부서별 필요한 인력수요를 수립 및 관리
- 인사(또는 인사정보)관리에 대한 시스템 구축과 활용
- 교육훈련 관리체계 구축과 활용
- HR 전담인력에 대한 교육훈련
- 인적자원개발을 지원하기 위한 정보시스템 구축 여부와 실제 활용 수준
- 우수인력 채용을 위한 시행 방안
- 개인평가와 조직목표 연계
- 교육체계 수립 여부와 활용 수준
- 비정규직 대상 교육훈련 실시
- 교육훈련에 대한 조직문화
- 현재 인력 운영 현황
- 최고경영자(CEO)의 인적자원개발(HRD)에 대한 인식 수준
- 교육이나 학습활동에 대한 교육훈련 평가
- 교육훈련 종료 후 만족도 조사 실시
- 교육훈련 결과의 활용
- 교육훈련 프로그램 이수(또는 결과)를 인사평가에 반영하는 규정 및 제도 시행 여부와 공식적인 반영

본 진단에서는 HRM과 HRD 활동이 명시적으로 구분되지 않고 통합적으로 제시되는데, 대기업과 달리 중소기업에서는 두 기능을 단일 부서나 담당자가 관장하는 경우가 많은 현실이 반영된 것으로 보인다. 진단에 참여한 기업들은 이들 항목 각각에 대해 매우 미진함과 매우 적절함을 기술한 1부터 4 또는 1부터 5까지의 내용 중 자사의

실정에 가장 부합하는 하나를 선택하게 된다. 이러한 진단은 참여 기업들이 정부의 중소기업 HRD 컨설팅 등 지원사업에 참여하기 전 자체 현황을 파악하기 위해 활용하거나, 스스로의 HRD 활동을 계획하고 평가하는 데 유용한 자료로 참고할 수 있다. 또한, 진단 도구의 항목을 필요에 따라 수정, 보완하고 적절한 KPI를 설정하는 방식으로 HRD 활동에 대한 자체적인 목표 관리 및 평가 도구를 개발하여 운영할 수도 있을 것이다.

⠿ 더 알아보기

대한민국 인력개발 성숙도 조사

단위 조직의 HRD에 대한 평가를 넘어 기업 전반의 HRD 현황을 살펴보는 것 또한 벤치마킹 차원에서 넓은 의미의 평가 활동이라 할 수 있다. 한국표준협회에서는 지난 2017년을 시작으로 대한민국 인력개발 실태 및 성숙도 조사를 실시하고 결과를 발표하고 있다. 2019년 이후 실태 조사 영역은 없어지고 2020-2021년부터는 대한민국 인력개발 성숙도 조사라는 명칭으로 HRD 성숙도만 조사하여 발표하고 있다. HRD 성숙도는 전략, 운영, 역량, 인프라, 성과 등 다섯 가지 요소를 기반으로 한 총 55문항으로 측정된다.

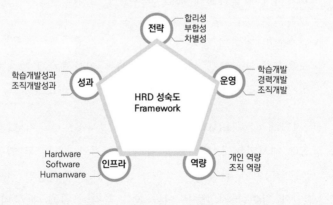

주: https://www.globalnewsagency.kr/news/articleView.html?idxno=245055

참고로, HRD 성숙도 조사의 구성과 주요 내용은 다음과 같다.

구성요소	세부요인	주요 내용
전략	합리성	• 환경과 우선순위를 고려해 합리적으로 HRD 전략을 수립한다.
	부합성	• 조직의 경영 전략과 비전에 부합하여 HRD 전략을 수립한다.
	차별성	• 다른 조직과 차별화된 우수한 HRD 전략을 수립한다.
운영	학습개발	• 기준과 절차에 따라 교육프로그램을 개발하고 운영하며 평가한다.
	경력개발	• 인사제도와 연계된 경력개발 시스템을 통해 조직원의 경력관리를 지원한다.
	조직개발	• 조직 변화를 위한 문화를 형성하며 지속적으로 진단한다.
역량	개인 역량	• HRD 담당자는 기본 역량과 업무에 필요한 직무 역량을 보유하고 있다.
	조직 역량	• 경영진과 부서장은 HRD 리더십을 보유하고 조직원들을 관리, 지원한다.
인프라	hardware	• HRD 활동을 위한 HRD 시스템, 교육훈련 시설과 기자재를 보유하고 있다.
	software	• 인사제도와 연계된 다양한 HRD 제도와 이를 수행하기 위한 충분한 예산을 가지고 있다.
	humanware	• HRD 전담조직과 전담인력을 보유하고 있다.
성과	학습개발 성과	• 직원들은 HRD 성과를 통해 업무 역량이 향상되고 현업에 적용한다.
	조직개발 성과	• HRD 활동을 통해 조직의 가치를 실현하고 조직문화를 형성한다.

- HRD 평가를 위해 지표를 중심으로 한 접근이 왜 필요하고, HRD 전문가들이 이에 관심을 가져야 하는 이유가 무엇인지 논의하시오.
- HRD 활동의 평가를 위한 지표를 구체화하는 데 있어 대기업과 중소기업 등 기업 규모 외에 고려해야 할 다양한 조직의 특성에 대해 논의하시오.
- 특정 기업을 상정한 후 해당 기업에서 지표 중심의 HRD 평가를 수행하기 위한 핵심 요소와 세부 내용을 개발 및 논의하시오.

김태성, 백평구 (2023). ESG 경영 내재화를 위한 지속가능 HRD 진단 준거 개발. HRD연구, 25(2), 251 – 275.

이찬, 최영준, 박혜선, 정보영, 전동원, 박연정 (2012). 전략적 인적자원개발 활동수준 진단준거 개발. 기업교육과 인재연구, 14(2), 155 – 178.

Ahmed, M., Mubarik, M. S., & Shahbaz, M. (2021). Factors affecting the outcome of corporate sustainability policy: A review paper. Environmental Science and Pollution Research, 28, 10335 – 10356.

Becker, B. E., Huselid, M. A., & Ulrich, D. (2001). The HR scorecard: Linking people, strategy, and performance. Harvard Business School Press.

Roos, J., Roos, G., Dragonetti, N. C., & Edvinsson, L. (1998). Intellectual capital: Navigating the new business landscape. 김용구, 권상술 (2004). 지적 자본의 측정과 관리(역). 미래경영개발연구원.

Stewart, J., & Beaver, G. (2004). Researching and practising HRD in small organisations. In J. Stewart & G. Beaver (Eds.), Human resource development in small organisations: Research and Practice (pp. 1 – 4). Routledge.

Swanson, R. A., & Holton, E. F. (2009). Foundations of human resource development(2nd ed.). Berrett-Koehler.

조직의 가치와 목표중심의 HRD평가

제3부

HRD 평가의 분석적 토대

제5장 • 평가 설계

제6장 • 조사 도구

제7장 • 분석 기초

제8장 • 양적 분석과 질적 분석

제 **5** 장

평가 설계

HRD 평가는 튼튼한 이론적 기반과 과학적 방법이라는 두 개의 축을 중심으로 이루어져야 한다. 따라서 지금까지 설명된 이론적 내용뿐만 아니라 방법론적 지식과 기술이 필요하다. 방법론의 핵심은 평가 상황에 가장 적절한 접근법을 선택하고, 그에 부합하는 데이터를 확보하며, 이를 효과적으로 분석하는 것이다.

▌학습 목표

5장의 학습 목표는 다음과 같다.

- 평가와 연구의 유사점과 차이점을 설명할 수 있다.
- 평가의 목적과 상황에 부합하는 적절한 접근법을 선택할 수 있다.
- 데이터의 속성과 원천을 이해하고, 평가 상황에 부합하는 데이터를 수집할 수 있다.
- 다양한 데이터 분석 방법을 이해하고, 평가 상황에 부합하는 방법을 적용하여 분석할 수 있다.

▌핵심 용어

- 학술 연구
- 양적, 질적, 통합적 접근법
- 데이터 수집
- 데이터 속성-경성 데이터와 연성 데이터
- 데이터 원천
- 분석 방법

HRD 평가는 실증적 학술 연구를 수행하는 것과 상당한 공통점을 가진다. 특히, 연구 문제나 평가 과제의 해결을 위해 어떤 접근법을 선택할 것인지, 어떤 데이터를 누구로부터 수집할 것인지, 분석은 어떻게 할 것인지 등을 설계하는 일은 학술 연구자나 HRD 평가자 모두에게 핵심적인 사안이다. 제대로 된 설계 없이 멋진 건축물이 나올리 없고, 설계 역량이 부족한 상태에서 의미 있는 연구나 평가의 결과를 기대하기는 어려울 것이기 때문이다.

물론 HRD 평가와 학술 연구는 많은 공통점과 함께 다음과 같이 서로 구분되는 특성도 가진다.

- 연구는 특정 현상을 규명하여 통합적 지식을 제공하는 이론의 정립이나 개발(또는 기존 이론에 대한 비판과 대안적 명제의 제시)에 기여하고자 한다면, 평가는 관심 사안에 대한 정보를 수집하고 분석하여 이해관계자들에게 유용한 정보를 제공하고 의사결정에 도움을 주고자 하는 목적을 가진다.
- 연구는 도출된 결과가 현상을 제대로 규명한 것인지(내적 타당도), 발견된 결과를 일반화할 수 있는지(외적 타당도), 믿을 만하고 일관성이 있는지(신뢰도) 등을 기준으로 좋은 연구인지 여부가 판단되지만, 상대적으로 평가는 분석을 통해 도출된 지식의 실질적 의미와 효용, 즉 당면 문제에 대한 정확한 판단을 돕고 향후 품질과 성과의 개선에 도움이 되는지 등에 따라 가치가 판단된다.
- 학술 연구자는 학문 분야에 대한 통찰과 연구방법론에 대한 깊이 있는 이해를 바탕으로 지식을 탐구 및 공유해야 하고, HRD 평가자는 분석 능력뿐만 아니라 현장에 대한 경험과 통찰을 바

탕으로 결과를 해석하고, 문제의 원인과 대안을 규명하며, 이해 관계자와 건설적인 커뮤니케이션의 장을 만들 수 있어야 한다.

이렇듯 실천 현장에서의 평가는 목적과 수행의 기준, 요구되는 역량 등에서 학술 연구와 차이가 존재한다. 하지만 HRD 평가의 관점에서는 이를 차이로서가 아니라 개발의 지점으로 이해할 필요가 있다. 다시 말해, 과학적이고 신뢰할 수 있는 분석과 평가를 위해 HRD 전문가는 유능한 컨설턴트로서의 역량뿐만 아니라 탁월한 연구자로서의 역량을 겸비해야 한다. 특히, 분석 가능한 데이터의 증가와 분석 기술의 지속적인 발전에 발맞추어 HRD 전문가의 연구 방법 및 데이터 분석 역량의 중요성은 갈수록 강조될 것이다.

2 평가 설계의 핵심 요소

체계적인 평가 설계를 위해 실증 연구에 활용되는 방법론을 참고할 필요가 있다. 특히, 연구방법론에서 설명하는 접근법, 데이터, 분석 방법 관련 내용은 평가 설계에 있어서도 핵심이 되는 사항이다.

1) 접근법

연구 및 데이터 분석을 위한 접근은 인식론, 데이터의 성격, 분석 방법 등에 따라 크게 양적(정량적) 접근과 질적(정성적) 접근으로 구분되고, 때로는 이들을 혼합한 접근을 취할 수도 있다.

▪ 양적(quantitative) 접근과 질적(qualitative) 접근

양적 접근은 논리적 실증주의(positivism)에 근거하여 현상에 대한 이해, 해석 및 추론을 위해 경험적 데이터를 사용한다. 다시 말해, 양적 접근은 객관적 실재가 존재한다는 전제하에 연역적 가설을 수립한 후 실제 데이터를 분석하여 가설을 검증하는 방식으로(성태제, 시기자, 2020), 다음과 같은 특징을 갖는다.

- 객관성
- 측정 및 조사를 통한 경험적 근거
- 가설의 참과 거짓 검증
- 결과의 일반화

양적 접근에서는 일반적으로 수치화된 정량적 데이터를 분석의 대상으로 삼는다. 따라서 운영 과정 수, 참석 인원, 금액 등 원래부터 정량 데이터인 경우는 정제하여 그대로 분석에 활용하면 되지만, 구성원의 인식이나 역량과 같은 추상적 개념들에 대한 양적 접근을 위해서는 이들을 측정 가능한 개념과 구성 요소들로 전환하는 절차가 필요할 수 있다. 연구나 평가에서는 흔히 설문지나 검사 도구를 활용하여 이러한 절차를 수행하고, 이에 대한 통계적 분석 결과를 활용하여 다시 개념적 해석과 추론을 시도하게 된다. HRD 평가에서 양적 접근을 통해 분석하게 되는 데이터에는 다음과 같은 것들이 있다.

- HRD 실천 관련 예·결산 및 운영 데이터
- 인식이나 태도, 선호 등에 대한 조사 데이터
- 인지능력이나 수행에 대한 검사 데이터
- 조직, 팀, 구성원 차원의 각종 성과 관련 데이터

이러한 양적 데이터는 산술, 그래프, 통계 등을 활용하여 집계 및 요약, 시각화, 설명과 추론 등의 분석으로 이어진다. 그리고 이러한 분석은 다음과 같은 정보로 처리되어 이해관계자와 공유된다.

- HRD 실천 전반에 대한 스코어카드
- 핵심 지표를 중심으로 한 대시보드
- 설정 목표, 전년도 실적, 외부 벤치마크 등과의 비교 분석 결과
- HRD 실천과 조직 내 주요 KPI 사이의 상관 및 영향 관계 분석 결과

양적 접근과 달리 질적 접근은 구성주의(constructivism)에 기반을 두고 있으며, 인간 행동과 관계적 상호작용 및 맥락의 이해에 초점을 맞춘다. 질적 접근은 실재가 객관적으로 존재한다기보다 개인에 의해 해석되고 구성된다는 철학적 입장에 근거하여 상황 속에서 사람들이 어떻게 생각하고 행동하는지를 귀납적으로 발견하려 하며, 다음과 같은 특징을 갖는다.

- 주관성
- 참여·비참여 관찰 및 상황의 탐구
- 동기와 역학의 발견
- 맥락적 의미의 해석

질적 접근에서는 통상 행위자의 말이나 행동 및 다른 사람이나 환경과의 상호작용에 주목하여 이들에 대한 관찰과 기록, 대화 등을 분석의 대상으로 삼는다(백상용, 2006). 따라서 객관적(objective)이라기보다는 주관적(subjective)이거나 간주관적인(inter-subjective) 자료로부터 내용과 의미를 도출하고, 상황과 맥락을 고려한 해석을 시도하게 된다. HRD 평가에서 질적 접근의 대상이 되는 자료에는 다음과 같은 것들이 있다.

- 설문을 통한 열린 의견조사 자료
- 행동 및 상호작용 패턴 등에 대한 참여·비참여 관찰 자료
- 개별 또는 집단 인터뷰 자료
- 성공·실패 사례 자료

이러한 질적 자료는 핵심어 도출, 유사한 의미끼리의 분류, 주제 또는 감성 분석, 사례 분석 등으로 이어지고, 분석 결과는 다음과 같이 다양한 형식으로 이해관계자와 공유된다.

- 직접 인용 문구 또는 표현
- 사안에 대한 세부 기술, 이미지 또는 영상 편집물
- 도출된 핵심 주제 또는 공통적인 경험의 속성
- 성공·실패 사례의 의미와 특징, 교훈 등

양적 접근과 질적 접근은 각기 다른 특성과 관점을 가지고 있으나, 상반되는(conflicting) 것이라기보다 상보적인(complementary) 관계로 이해할 수 있다. 따라서 평가의 객관성과 정확성을 확보함과 동시에 상황과 맥락에 맞는 분석과 해석을 위해 두 접근법을 혼합하여 사용하는 것이 효과적일 수 있다.

▨ 더 알아보기
양적 접근 vs. 질적 접근

이론적 관점, 기본 가정, 목적, 설계/절차, 데이터 수집 방법, 분석 방법, 보고서 형식 등에서 양적 접근과 질적 접근의 차이를 정리하면 다음과 같다.

	양적 접근	질적 접근
이론적 관점	논리적 실증주의 (positivism)	구성주의(constructivism)
기본 가정	객관적 실재, 연구방법과 결과 중시, 구성개념(변수)의 측정과 통제 가능, 외부인의 관점	구성된 실재, 연구내용과 과정 중시, 구성개념(변수)에 대한 통제 불가능, 내부인의 관점
목적	구성개념(변수)들 간의 관계 규명, 이론과 가설 검증, 분석 결과의 일반화	참여자의 관점 이해, 가설과 기초 이론의 발견, 의미의 해석
설계/ 절차	연역적, 사전 결정, 구조화, 형식적(연구 시작 전에 가설을 세우고 그것을 검증하기 위해 사전에 연구 설계를 하고 구조화된 절차에 따라 연구 수행)	귀납적, 점진적, 직관적, 융통성(사전에 가설을 세우고 검증하는 방식을 따르지 않고, 융통성 있게 연구 수행)
데이터 수집 방법	측정, 설문, 검사, 시험	문서, 관찰 및 기록, 녹음 및 녹화, 사진, 인터뷰
분석 방법	수치적 정량화, 통계 분석	내러티브 및 주제 분석
보고서 형식	탈맥락적, 객관적, 통계적 보고서	기술(묘사)적, 탐색적, 맥락 지향적, 해석적, 이야기체의 보고서

■ **통합적(mixed) 접근**

분석의 대상, 데이터의 특성, 결과의 용도, 이해관계자의 관심 등에 따라 양적 접근과 질적 접근을 조합한 통합적 접근이 시도될 수 있다. 통합적 접근은 양적 접근을 통한 객관적이고 과학적인 분석과 질적 접근을 통한 맥락적이고 현장감 있는 이해를 상보적으로 활용하려는 것으로, 대체로 다음의 네 가지 유형으로 구분된다(Creswell & Clark, 2007).

- 삼각법형(triangulation): 하나의 사안에 대해 양적, 질적 데이터를 동시에 수집하여 서로의 분석 결과를 비교, 검증, 확장함으로써 정확성과 완결성을 강화하는 유형
- 내장형(embedded): 전반적으로 양적(또는 질적) 접근으로 진행되는 연구의 특정 일부 지점에서 질적(또는 양적) 접근을 부차적, 보조적으로 활용하는 유형
- 설명형(explanatory): 양적 분석 후 의미 있거나 의외의 결과가 나온 부분에 대해 질적 자료를 추가로 수집하여 설명과 해석을 강화하는 유형
- 탐색형(exploratory): 분석하고자 하는 사안에 대한 이론적 틀이나 측정 도구가 없는 경우, 질적 탐색을 통해 개념적 토대를 마련하고 이를 활용하여 이어지는 양적 접근을 수행하는 유형

유형에 대한 이해와 함께 양적 및 질적 데이터의 수집 시점과 비중, 그리고 이들을 어떻게 정교하게 접목할 것인지도 중요하게 고려되어야 한다. 단순히 양적, 질적 데이터를 모두 수집했다는 사실만으로 제대로 된 통합적 접근이라고 할 수는 없기 때문이다. 이러한 이해를 토대로 HRD 평가에서는 다음의 예시와 같은 통합적 접근을 취할 수 있을 것이다.

- 삼각법형: 참여자 전체를 대상으로 리커트 척도의 설문조사를 시행함과 동시에, 몇몇 적극적인 참여자들에게 그들의 참여 동기, 실제 경험, 성공 요인 등에 대한 정보 청취

- 내장형: 교육 참여자들의 지식과 기술의 획득 정도를 지필 검사로 측정함과 동시에, 온전한 파지와 숙련이 필요한 일부 항목에 대해 이들의 수행을 관찰 및 기록
- 설명형: 성과 향상 워크숍 시행으로부터 일정 기간 후 참가자들의 현업에서의 정량적 성과 지표들을 분석하고, 이들 중 특별히 탁월한(저조한) 수행자들을 대상으로 실제 업무 상황에서 워크숍 내용의 전이를 촉진하거나 방해하는 요인들이 무엇인지에 대해 인터뷰
- 탐색형: 프로그램 시행으로 초래된 유무형의 가치에 대해 이해관계자들과 심층 토론 후 이를 토대로 프로그램의 ROI 산정

질적, 양적, 통합적 접근 중 "가장 좋은" 것은 없다. 다만 특정 상황에 가장 적합한 접근이 있을 뿐이다. 따라서 HRD 전문가는 평가 상황에 부합하는 효과적인 접근 방법을 선택하고 이를 적절히 활용할 수 있도록 각각의 특성 및 장단점을 이해하고 활용 방법에 대한 역량을 갖추는 것이 중요하다.

2) 데이터

접근법을 결정했다면 그에 상응하는 자료, 즉 데이터를 확보해야 한다. 데이터에 기반하지 않은 분석은 경험이나 직관일 수 있으나 과학이라 하기는 어렵고, 실제적 근거를 동반하지 않은 논리나 주장은 설득력이 떨어질 수밖에 없다. 따라서 적절한 데이터를 찾아 확보하는 일이 과학적 분석의 출발점이며, 이 단계에서의 성과가 평가의 성패를 결정적으로 좌우한다.

■ 데이터 수집

양적, 질적, 통합적 중 어떤 접근을 취하든 HRD 평가는 조직이

라는 체제 속에서 이루어지는 활동이라는 점을 유념할 필요가 있다. 체제 내에는 다양한 요인들이 공존하고 HRD도 이러한 요인들과 영향을 주고받게 되는데, 예를 들어, 개인을 대상으로 특정 활동을 시행했더라도 그 영향은 해당 개인뿐만 아니라 그가 속한 팀이나 조직 전체에까지 미칠 수 있다. 따라서 평가 데이터를 수집함에 있어 분석 단위를 이해하는 일은 매우 중요하다. 일반적으로 HRD 평가의 분석 단위(평가의 기본 요소)는 개인, 집단, 조직 수준으로 구분되지만 때로는 사회적 수준까지 고려해야 한다.

- 개인 수준: 개인의 인지·정서·행동 경향 및 변화되거나 향상될 수 있는 지식, 기술, 태도와 관련
- 집단 수준: 조직 내 부서나 팀, 비공식 집단과 같은 여러 개인 간의 상호작용, 업무 프로세스, 하위문화와 관련
- 조직 수준: 조직 전체 차원의 구조, 메커니즘, 성과, 문화와 관련
- 사회적 수준: 조직의 사회적 역할 및 상호 영향과 관련

분석 단위에 대한 검토가 끝나면 본격적으로 데이터 수집이 시작된다. 만약 양적 접근법이 선택되었다면 해당 평가와 관련이 있는 데이터를 기존 자료나 사내 시스템 등에서 추출하거나 설문이나 테스트 등의 측정을 통해 정량적 데이터를 확보해야 한다. 이러한 방법은 비교적 적은 비용과 시간을 들여 대규모 데이터를 수집할 수 있고, IT 시스템과 온라인 기술을 활용한다면 일련의 과정을 더욱 효과적으로 진행할 수 있다는 장점이 있다. 물론 이러한 장점을 극대화하기 위해서는 측정 도구의 개발과 테크놀로지의 활용 등에 있어 역량을 발휘해야 한다.

양적 접근에서 중요한 결정 사항 중 하나는 얼마나 많은 정보원으로부터 데이터를 수집할 것인가이다. 해당 평가의 상황과 관련한

사람 전체, 즉 모집단(population)을 대상으로 할 것인지, 일부 표본 (sample)을 대상으로 데이터를 수집한 후 그에 대한 분석 결과를 전체에 대한 추론에 활용할 것인지 적절히 결정해야 한다. 나아가 표본으로부터 데이터를 수집하기로 한다면 표본을 어떻게 선정할지, 표본의 크기는 어떻게 할지 등에 대해서도 면밀하게 검토하여 오류를 적절히 통제하고 결과의 타당성을 제고해야 한다(김태성 등, 2023).

반면 질적 접근법이 선택되었다면 해당 평가와 관련이 있는 사람들을 대상으로 의견조사를 하거나 이들에 대한 관찰, 인터뷰 등을 시행하여 정성적 데이터를 확보해야 한다. 일반적으로 여기서는 양적 접근보다 비교적 소수의 인원을 대상으로 하지만 의미와 맥락성이 담긴 방대한 자료가 수집된다. 따라서 조사지, 관찰기록지, 질문지 등 자료 수집 도구의 개발 및 수집된 자료의 관리와 분석에 상당한 노력을 기울여야 한다.

질적 접근에서도 얼마나 많은 정보원으로부터 자료를 수집할지는 중요한 이슈이다. 즉, 임의 또는 의도적으로 선정된 일부만을 대상으로 할지 가능한 모든 정보를 누락 없이 수집할 수 있을 때까지, 즉 데이터의 포화(saturation) 상태에 다다를 때까지 대상을 확대할지의 문제이다. 이는 분석의 효율성과 효과성의 교환관계에 대한 고려이자, 양적 접근의 표본과 모집단의 관계에서처럼 오차 또는 오류의 가능성을 얼마나 감내할 것인지와 관련한 결정 사항이다. 따라서 정확한 분석과 치우치지 않는 결과 도출을 위해 평가의 상황에 부합하는 적절한 판단이 요구된다.

▪ 데이터 속성

어떤 데이터는 구하기 어렵고 획득에 시간과 비용이 많이 드는 반면, 어떤 데이터는 쉽게 구해서 사용할 수 있다. 어떤 데이터는 직접적이고 명백한 의미를 제공하지만, 어떤 데이터는 높은 수준의 분석과 해석 없이는 말 그대로 그저 자료(data)일 뿐 어떠한 유용한 정보(information)나 의미(knowledge)도 제공하지 않는다. 따라서 데이터의 유형과 속성에 대한 이해, 특히 효과적인 HRD 평가를 위해 경성(hard) 데이터와 연성(soft) 데이터의 의미를 이해할 필요가 있다.

오늘날 조직에서는 사업 운영 및 성과 관리의 과정에서 방대한 데이터가 생성된다. 구성원의 인사, 교육 및 각종 활동 데이터 또한 시스템을 통해 지속적으로 축적 및 업데이트된다. 이처럼 활동의 결과로 산출된 정량적 데이터를 일반적으로 경성 데이터라 하며, 예를 들면 다음과 같은 것들이 있다.

- 재무 및 회계 데이터
- 제조 라인의 생산 및 결함 데이터
- 시장점유율 데이터
- 영업 실적 데이터
- 고객 불만 데이터
- 구성원 인사 데이터
- 구성원·팀 성과 평가 데이터
- 구성원 교육 이력 데이터
- 외부 기관으로부터의 각종 평가 데이터
- 사회 공헌 활동 실적 데이터

이러한 데이터는 조직의 일상적인 운영과 활동에 대한 객관적인 실체를 보여줌과 동시에 어느 부분에 문제가 있는지에 대한 정보도 내포하고 있다. 조직은 이러한 실체를 적절하게 해석하고, 이미 발생하였거나 차후에 발생할 수 있는 잠재적인 문제를 포착하여 해결하기 위해 다양한 기법과 축적된 통찰력을 활용한다. 또한, 다음의 예시와 같이 조직 차원의 활동이 의도한 효과로 이어졌는지 알아보기 위해 적합한 경성 데이터를 선별하여 분석하기도 한다.

- 조직 전반에 걸친 변화 추진 활동 이후 월별/분기별/연간 수익 및 수익성의 변화
- 새로운 품질관리 시스템 도입 이후 생산 라인에서의 불량률 추세
- 고객 상담 프로그램 시행 전후의 불만/반품/환불 접수의 변화
- 가족친화 프로그램을 시행한 영업 지점과 미시행한 지점들에서의 이직률 추이
- 사회공헌 캠페인 전후의 기부 참여율 또는 기부금 액수 변화

경성 데이터는 각종 사내 정보시스템과 보고서, 구성원들의 컴퓨터, 클라우드 등 도처에 존재한다. 무수히 많은 데이터가 분석을 위해 대기 중이라 해도 과언이 아니다. 따라서 어떤 데이터가 어디에 존재하는지, 이를 어떻게 선별하고 확보할 것인지에 대한 이해와 경험이 평가를 위한 중요한 역량이라 할 수 있다.

한편, HRD 평가에서 인식 및 태도와 관련한 연성 데이터는 경영이나 운영과 관련한 경성 데이터만큼이나 중요하다. 많은 경우 연성 데이터는 경성 데이터의 선행 지표(leading indicator)이자 동인(enabler)으로 작용하기 때문이다. 실제로 조직에서는 인식과 행동의 변화가 궁극적으로 더 나은 성과로 이어진다는 전제하에 다양한 활동들이 전개된다. 따라서 HRD 실천은 종종 다음과 같은 사항들을 성과의 주요 준거(criteria), 또는 대리 지표(proxy)로 보고, 평가를 위해 이러한 연성 데이터를 확보하여 분석하게 된다.

- 구성원의 업무 역량
- 구성원의 직무만족 및 조직몰입
- 구성원의 조직문화에 대한 인식

- 리더의 리더십 유형과 수준
- 리더와 구성원 간 관계
- 조직/부서 내 구성원들의 사기
- 조직/부서 내 신뢰 및 의사소통에 대한 인식
- 조직 체계의 효과성 및 공정성에 대한 인식
- 구성원의 조직시민행동

주의를 기울이면 이러한 사항들은 다양한 형태의 언어·비언어적 표현, 사람들 사이의 상호작용, 사무실이나 작업장의 분위기 등 일상 속에서의 관찰을 통해 어느 정도 파악이 가능하다. 하지만 좀 더 정확하고 체계적인 데이터 확보를 위해서는 진단이나 설문, 인터뷰 등의 방법을 활용한 의도적인 데이터 수집이 필요하다. 아래 예시와 같이 HRD 실천의 효과를 평가하기 위해 상응하는 준거, 또는 변인들에 대한 연성 데이터가 필요할 수 있다.

- 자기개발 포인트 제도에 대한 구성원 만족도
- 직무 교육 내용의 습득 정도 또는 학습 성취도
- 입문교육에 대한 신입사원의 인식과 경험
- 리더십 코칭 시행 후 리더와 구성원 간 관계 양호도
- 부서 워크숍 이후 구성원들의 사기 및 의사소통 수준
- 조직 문화 캠페인 전후의 조직 신뢰 수준
- 조직의 사회책임경영에 대한 구성원의 인식

기본적으로 이러한 데이터는 질적 형태와 양적 형태를 모두 띨수 있고, 분석도 데이터의 형태에 따라 질적, 양적 분석이 모두 가능하다. 그런데 만약 양적 분석을 계획한다면 개념에 대한 조작적 정의 (operational definition)와 하위 요인의 규명 및 이를 토대로 한 측정 도

구의 개발이 필요할 수 있다. 구성원 만족이나 조직 신뢰와 같은 추상적 개념을 양적으로 분석하기 위해서는 이들을 객관적인 측정이 가능하도록 전환해야만 적절한 정량 데이터를 확보할 수 있을 것이기 때문이다. 따라서 연성 데이터를 활용한 양적 분석을 위해서는 개념에 대한 이론적 검토, 측정 도구 개발과 타당성 분석 등에 대한 지식과 기술이 반드시 수반되어야 한다.

※ 더 알아보기

구성개념, 변수, 가설의 관계

양적 접근의 중요한 특징 중의 하나는 가설을 세우고 이를 검증한다는 점이다. 질적 접근은 자료로부터 의미를 도출하는 귀납적 방식을 따르나, 양적 접근은 구성개념을 수치적으로 정량화한 변수를 활용하여 미리 가설을 세우고 이를 데이터를 통해 검증하는 방식으로 연구를 수행한다. 따라서 연구와 평가에 있어 양적 접근을 위해서는 구성개념, 변수(variable), 가설(hypothesis) 등의 용어에 대한 명확한 이해가 필요하다.

양병화(2016)는 구성개념과 변수, 가설의 관계를 다음과 같이 설명하였다. 예를 들어, '지능'의 개념을 '인간의 총체적인 지적 역량 또는 능력'이라고 정의한다면 이는 구성적 정의에 해당하고, '언어 능력, 수리능력, 공간능력을 포함하는 IQ 검사 점수로 해석 가능한 점수 체계'라고 정의한다면 이것은 조작적 정의에 해당한다. 다시 말해, 특정 개념은 구성적 정의에 의해 포괄적이고 일반화된 개념으로 정의되고, 이러한 구성개념을 측정이 가능하도록(measurable) 조작적으로 정의(operational definition)한 것이 변수가 된다. 변수는 가설 수립의 구체적인 대상이며, 구성개념들 간의 관계는 변수들 간의 관계로 설명되고 가설로 진술된다. 예를 들면, 구성적으로 정의된 지능과 학업성취는 IQ 점수와 학점으로 조작적으로 정의되고, 가설은 'IQ 점수와 학점은 긍정적 관계가 있을 것이다.' 또는 'IQ 점수에 따라 학점에 차이가 있을 것이다'와 같이 조작적으로 정의된 변수들의 관계로 진술된다.

나아가, 변수는 하나(예측 변수, predictor)가 다른 하나(준거 변수,

criterion)에서의 변화를 설명하거나 예측하는 관계에 있을 수 있다. 이때 전자는 예측 변수 또는 독립 변수라고 하고, 후자는 준거 변수 또는 종속 변수라고 한다. 위의 예시에서 IQ 점수는 예측 변수이고, 학점은 준거 변수에 해당한다.

가설은 일반적으로 이론적 근거에 기반하여 변수들 간의 관계로 수립되고 실증적 분석을 통해 진위가 검증된다. 하지만 이론적으로는 타당해 보임에도 불구하고 실증적 근거가 불충분하거나 일관되지 않아 가설을 설정하기에 적절치 않은 경우도 있다. 이럴 때는 가설의 검증이라기보다 좀 더 탐색적인 연구가 필요할 수도 있고, 따라서 가설이 아닌 연구문제의 형식으로 시작하는 것이 더 바람직할 수도 있다. 예를 들어, 'IQ 점수와 학점은 어떠한 관계가 있을 것인가?' 또는 'IQ 점수에 따라 학점에 차이가 있을 것인가?'와 같은 연구문제를 설정하고 분석을 통해 이에 대한 대답을 찾아가는 것이다.

▪ 데이터 원천(data source)

적절한 데이터를 확보할 수 있느냐의 여부가 분석과 평가의 성패를 결정한다. 따라서 신뢰할 수 있는 데이터의 원천이 되는 사람, 부서, 시스템을 정확히 인지하고 이들에 대한 접근성을 확보하는 것이 중요하다. 데이터의 원천은 다음과 같이 다양하다.

- 참여자, 퍼실리테이터, 운영자
- 리더, 관리자, 구성원
- 의사결정권자
- 관련 부서(IT, 재무, 운영, 인사, 영업 등)
- IT 시스템(성과관리시스템, 인사정보시스템, 학습관리시스템 등)
- 전문 컨설턴트, 타사 HRD 전문가
- 고객, 경쟁사, 해외 벤치마킹 데이터
- 정부 기관, 협회, 연구소 등에서 공유하는 데이터
- 인터넷, 소셜 미디어

이러한 데이터 원천으로부터 질 좋은 정보를 시기적절하게 확보하기 위해서는 기술적 전문성뿐만 아니라, 평소에 사회적, 정치적 위상과 신뢰 관계를 구축해 두어야 한다. 인터뷰나 문의에 응하거나, 설문에 참여하거나, 시스템에서 필요한 자료를 추출하여 제공하거나, 이외의 어떤 방식이더라도 데이터를 제공하는 입장에서는 소중한 시간과 노력을 투입해야 하고, 때로는 번거로운 절차를 거쳐야 하는 일이기 때문이다. 따라서 데이터의 원천에 대한 접근성을 높이고 이들과 원만한 네트워킹을 통한 사회적 자본을 축적하는 것은 HRD 평가를 위해 매우 중요하다.

동시에, 조직 내의 데이터 거버넌스에 대한 폭넓은 이해도 필수적이다. 대부분의 조직은 데이터의 수집과 관리에 대한 정책과 프로세스를 가지고 있기 마련이고, 아무런 체계나 절차도 없이 임의로 데이터 원천에 접근할 수는 없기 때문이다. 중요한 조직 정보나 구성원 개인 정보와 관련된 법적, 윤리적 문제를 예방하고, 데이터의 보관과 사용, 파기 등에 있어 적절한 관리가 필요하기 때문이기도 하다(이재진, 2020). 이처럼 데이터 거버넌스에 대한 숙지는 위험과 시행착오를 최소화하며 필요한 데이터를 확보할 수 있는 효과적인 경로와 방법을 알려줄 것이다.

▪ 데이터 수집 시 고려사항

효과적인 데이터 수집을 위해서는 수집 과정에서 겪을 수 있는 다양한 문제들에 대해 적절히 고려하고 대응할 수 있어야 한다. 다음은 데이터 수집 시 유의해야 할 사항들이다.

- 체계적 데이터 수집: 데이터는 분석을 염두에 두고 설계되고 수집되어야 한다. 잘 고안된 방법을 통해 체계적으로 수집된 데이터는 분석이 용이하고 효과적인 결과의 도출로 이어지는

데 반해, 그렇지 못한 데이터는 분석에 비효율을 초래할 뿐만 아니라 타당하고 신뢰할 수 있는 결과로 이어지기 어렵다. 조직 내에서의 데이터 수집은 그 자체로서 하나의 개입이자 전문적인 활동이라는 점에서 초점이 없고 비체계적인 데이터 수집은 HRD에 대한 신뢰의 실추로 이어지게 된다.

- 효과와 효율의 균형: 때로는 한 가지 방법만으로 데이터를 수집하기도 하지만 가끔은 다양한 방법으로 여러 형태의 데이터를 수집해야 할 수도 있다. 원론적으로 데이터가 많을수록 분석의 정확성은 높아지나, 데이터 수집 또한 자원의 투입을 전제로 하는 것이므로 경제성과 효율성 측면을 고려해야 한다. 반대로 효율성을 추구하다 분석에 필요한 충분한 데이터를 수집하지 못한다면 분석 결과 자체가 의미 없게 될 수도 있다. 그러므로 효과성과 효율성의 균형을 유지하는 것은 데이터 수집에 있어 매우 중요한 고려사항이다.

- 신뢰 구축과 소통: 수집할 수 있는 데이터의 양과 질은 HRD 전문가의 조직 내 위상이나 커뮤니케이션 능력과 밀접한 관련이 있다. 언급하였듯이 데이터 수집은 자원의 투입을 수반하는 개입 활동으로, 의사결정권자 및 조직 내 관련 부서를 포함한 이해관계자들과 데이터 수집에 참여하는 많은 사람들의 지지와 동의가 필요하다. 조직 내 기존 데이터를 수집하거나 이에 접근하기 위해서도 해당 부서나 담당자의 협조가 필수적이다. 따라서 HRD 전문가는 평소 조직 내 신뢰와 협력적 관계망을 구축해야 하고, 데이터 수집 시 효과적인 소통 능력을 발휘해야 한다.

- 윤리와 절차의 준수: 데이터 수집에 따르는 절차의 준수 및 윤리적 엄격성이 지켜져야 한다. 데이터 수집 과정 중 또는 그 결과로 개인 정보 유출, 조직 기밀 누출, 정보보호 관련 법령이

나 규정 위반 등의 문제가 발생한다면, 이는 HRD의 신뢰와 위상을 심각하게 훼손할 뿐만 아니라 징계나 소송 등 더욱 심각한 문제로 귀결될 수도 있다.

3) 분석 방법

평가가 정량적 데이터를 활용한 양적 접근으로 설계된다면 분석도 그에 부합하는 방법으로 선택되어야 한다. 간단한 분석은 사칙연산으로도 가능하겠으나, 스코어카드나 대시보드를 만드는 등 분석작업이 고도화될수록 기술통계와 정보 시각화 방법이 유용해진다.

- 기술통계: 데이터의 특성과 의미를 요약하여 설명하는 데 효과적이며 대표적으로 분포, 합계, 평균, 분산, 표준편차, 중위수, 최빈수, 최대값, 최소값 등 도출
- 정보 시각화: 데이터의 특성과 의미를 직관적으로 제시하는 데 효과적이며 대표적으로 수량, 분포, 비율, 관계 등 구현

분석 데이터가 전체가 아닌 부분, 즉 모집단이 아닌 표본집단으로부터 수집된 것이라면 이에 대한 분석 결과를 토대로 전체에 대한 추론을 시도해야 할 수 있다. 특히, HRD 실천의 성과를 각종 벤치마크와 비교하거나, 중요한 변수들과의 상관이나 영향 관계 등을 평가하려면 다양한 추론통계 방법의 활용이 필수적이다.

- 집단간 비교: t검정, 분산분석, 교차분석 등
- 변수간 관계: 상관분석, 회귀분석, 로지스틱회귀분석, 경로분석 등

나아가 변수들 사이의 관계를 살펴볼 때는 분석이 단일 수준과 단일 시점에서만 이루어지지 않을 수 있다는 점도 유념해야 한다. 예

를 들어, 자기개발 활동이 업무몰입에 긍정적으로 작용했는지 그 효과를 평가할 때, 주요 분석 단위는 구성원 개인이지만 팀이나 부서 등 집단 수준의 요인이나 그보다 더 상위인 조직 수준의 요인까지도 함께 검토하는 다층(multi-level) 분석이 필요할 수 있다. 개인적 활동과 별개로 이들이 속한 팀이나 조직 관련 요인도 의미 있는 영향을 미칠 수 있기 때문이다. 연장선상에서, 시간의 경과에 따라 영향 관계가 지속되거나 변화하는지도 분석의 대상일 수 있고, 이럴 때는 데이터의 반복 측정과 이에 대한 종단적(longitudinal) 분석이 적절한 방법일 수 있다. 이처럼 양적 분석 방법은 다양하고 각각의 용도와 의미도 다르므로 평가의 목적에 가장 적절한 방법이 무엇인지 신중하게 검토하고 설계에 반영해야 한다.

한편, 정성적 데이터를 활용한 질적 접근의 평가를 하게 된다면 분석 또한 그에 맞는 방법이 활용되어야 한다. 일반적으로 질적 분석은 의견조사나 인터뷰 등을 통해 수집된 텍스트 데이터를 체계적으로 정리한 후 반복하여 숙독하고, 의미 있는 내용을 기술하거나 분류하며, 이에 대한 깊이 있는 해석을 시도하는 절차를 따른다. 의견조사 내용의 행간이나 인터뷰 상황에서의 비언어적 행위 등도 추가적인 분석의 대상이 될 수 있다.

이러한 절차와 과정을 통한 질적 분석은 핵심어나 핵심 표현의 도출, 주제·유형·체계 등에 따른 범주화, 공통의 경험을 관통하는 의미 해석, 집단의 가치와 문화의 기술 등의 귀납적 결과로 이어진다. 최근에는 양적 방법 및 테크놀로지와 결합하여 단어 출현 빈도에 따른 워드클라우드 생성, 핵심어들 사이의 의미연결망 및 하위 클러스터 분석, 단어의 느낌과 연결한 감성 분석 등도 활발히 시도되고 있다. 양적 분석만으로는 이해하기 어려운 단면과 깊이를 보여주는 것이다. 따라서 상황에 따른 적절한 분석 방법의 선택과 양적·질적 분석의 시너지에 대한 검토는 평가 설계의 중요한 과업이자 HRD 전문가의 역량이 요구되는 지점이라 할 수 있다.

3 논의

- HRD 평가에 있어 양적 접근과 질적 접근의 차이점 및 장단점에 대해 논의하시오.
- 양적 접근과 질적 접근에 적절한 분석 상황을 각각 제시하고, 왜 해당 접근이 적절한지에 대해 논의하시오.
- HRD 평가에 있어 통합적 접근법의 장점과 단점에 대해 논의하시오.
- 특정 HRD 활동을 상정하고, 평가를 위해 어떤 경성 데이터와 연성 데이터가 필요할 것인지 논의하시오.

참·고·문·헌

김태성, 장지현, 백평구 (2023). 시나리오 기반의 jamovi 통계분석(2판). 박영
  스토리.

백상용 (2006). 질적연구의 의미와 한계: 양적연구와의 비교를 통하여. 정보
  시스템연구, 15(1), 239-254.

성태제, 시기자 (2020). 연구방법론(3판). 학지사.

양병화 (2016). 심리학 및 사회과학을 위한 조사와 통계분석. 학지사.

Creswell, J. W., & Clark, V. L. P. (2007). Designing and conducting mixed
  methods research. Sage.

제 **6** 장

조사 도구

평가 설계가 완료되면 실질적인 자료 수집 및 이를 위한 조사 도구의 개발이 필요하다. 평가의 목적에 부합하는 데이터를 효과적으로 확보하기 위해서이다. 또한 조사 도구의 타당도와 신뢰도 확보에 대한 이해와 고려도 매우 중요하다.

🎲 학습 목표

6장의 학습 목표는 다음과 같다.

- 평가의 목적에 부합하는 데이터 수집 방법을 결정할 수 있다.
- 조사 도구 개발을 위한 주요 사항들을 이해하고 실제 평가 시행을 위한 도구 개발에 활용할 수 있다.
- 조사 도구 개발 시 응답자 안내 사항을 윤리적 이슈 등을 고려하여 작성할 수 있다.
- 온라인 플랫폼을 활용하여 설문을 작성하고 참여자를 대상으로 시행할 수 있다.
- 타당도와 신뢰도의 개념을 이해하고 분석에 적용할 수 있다.

🎲 핵심 용어

- 기존 데이터, 설문조사, 인터뷰, 초점집단인터뷰, 관찰
- 타당도
- 신뢰도
- 전이가능성, 사실성, 일관성

1 조사 도구 개발

평가 설계에 뒤따르는 실질적인 작업은 평가의 목적에 부합하는 자료를 수집하는 일이다. 따라서 어떤 방법으로 데이터를 수집할 것인지의 결정과 그에 따른 적절한 도구의 개발은 평가 실무에서 매우 중요한 활동이다.

1) 데이터 수집 방법

데이터 수집에는 다양한 방법이 있지만, 일반적으로 HRD 평가에 자주 사용되는 방법들은 다음과 같다.

- 기존 데이터: 조직에는 전략, 관리, 운영 및 행정 측면에서 이미 많은 데이터가 존재한다. 따라서 HRD 전문가는 조직의 업무 프로세스와 정보 시스템에 대한 이해를 기반으로 어떤 데이터를 어떻게 확보할 수 있을 것인지 안목과 경험을 축적해 나가야 한다.
- 설문조사: 설문조사는 단기간 내에 많은 참가자로부터 데이터를 수집할 수 있는 효율적인 방법으로 광범위하게 활용된다. 설문조사는 온라인이나 지필 형태로 실시할 수 있고, 유형(예: 객관식, 주관식) 및 측정 방법(예: 복수 응답, 순위, 평정 척도)을 상황에 맞게 결정할 수 있다. 설문조사는 언뜻 쉬워 보일 수 있지만, 타당하고 신뢰할 만한 문항들을 구성하고, 참여를 촉진하여 응답률을 높이며, 결과를 적절하게 분석하는 데에는 전문적인 지식과 기술이 필요하다.
- 인터뷰: 인터뷰는 특정 현상에 대한 질적(정성적) 정보와 심층적인 이해를 얻고자 할 때 도움이 되는 데이터 수집 방법이다.

분석하고자 하는 내용과 인터뷰 참가자 등을 종합적으로 고려하여 구조화(structured), 반구조화(semi-structured), 비구조화(unstructured) 인터뷰를 설계할 수 있고, 대면, 전화 및 다양한 통신 기술을 활용해 수행할 수 있다. 인터뷰를 통한 효과적인 데이터 수집을 위해서는 고도의 의사소통 역량이 필요하고, 방대한 질적 데이터의 관리 능력 또한 필수적이다.

- 초점집단인터뷰(focus group interview, FGI): 초점집단인터뷰는 특정 현상에 대한 경험이나 관심을 공유하는 소그룹의 사람들과 함께 진행된다. 이 방법은 개인 인터뷰에서와 유사한 질적(정성적) 데이터뿐만 아니라, 그룹 내 상호작용을 통해 풍부한 맥락과 관계 정보까지 제공할 수 있다. 효과적인 FGI 시행을 위해서는 참여와 소통을 촉진하는 기술이 필수적이며, 때로는 갈등 관리 기술도 필요하다. FGI는 가상공간에서 실행되거나 설문조사의 형태로 수행될 수도 있지만, 상호작용과 맥락의 공유 등이 중요하다는 점에서 물리적 장소에서 대면 소통을 통해 수행될 때 더욱 효과적이라 할 수 있다.

- 관찰: 관찰은 실제 현장에서 이루어지는 행동 데이터 수집에 목적을 두고, 양적 데이터(예: 관심 행동의 횟수 측정)나 질적 데이터(예: 관심 행동의 기술)를 수집하는 방법이다. 관찰을 통한 자료 수집 시 호손효과(Hawthorne effect), 즉 사람들은 자신들이 관찰되고 있다는 사실을 알면 평소와 다르게 행동할 수 있다는 점에 유의해야 한다. 따라서 참여적(participatory) 관찰이든 비참여적(non-participatory) 관찰이든 어떤 경우라도 현장의 일상에 방해나 간섭이 없도록 세심한 노력을 기울여야 한다. 관찰은 단일 연구원에 의해 수행될 수도 있고 지침과 프로토콜에 따라 연구팀에 의해 수행될 수도 있다.

위에서 소개한 방법 외에도 검사, 성공 또는 실패 사례 수집, 공공 데이터 검색, 인터넷 및 (소셜) 미디어 검색 등 다양한 데이터 수집 방법이 있을 수 있다.

2) 조사 도구 개발 방법

조직 내 각종 시스템으로부터 경성 데이터를 추출하는 것과 달리 사람들의 인식이나 의견, 행동 등 연성 데이터를 수집하기 위해서는 별도의 조사 도구가 필요할 수 있다. 조사 도구는 응답자로부터 사안에 대한 반응을 체계적으로 구하기 위해 고안되며, 대표적으로 인지적 측면 또는 정의적 측면의 조사로 분류된다(성태제, 시기자, 2020). 따라서 자료 수집과 평가의 초점이 어디에 있는지에 따라 적절한 조사 유형을 결정해야 한다.

- 인지적 조사: 응답자의 지식이나 능력에 초점을 두고 최대 수행(maximum performance), 즉 수행 능력을 조사
- 정의적 조사: 응답자의 생각이나 관점, 가치 등에 초점을 두고 전형적 수행(typical performance), 즉 사고와 행동의 패턴을 조사

수집하고자 하는 데이터와 조사 유형이 결정되면 도구 개발 단계로 이어지는데, 조사 내용과 형식 모두에서 타당성과 효과성을 확보하기 위해 문헌 검토, 초안 개발, 사전 조사 등의 절차를 거치는 것이 바람직하다.

- 문헌 검토: 조사하고자 하는 내용과 관련된 문헌과 기존 자료에 대한 검토를 의미하며, 이를 통해 개념 정의, 주요 요소, 세부 사항 등에 대한 체계적 정리

- 초안 개발: 문헌 검토 내용과 전문가적 지식을 활용하여 도구 구조 및 문항 초안 개발
- 사전 조사: 초안 작성 후 소수의 응답자를 통해 질문 내용, 언어 구사, 응답 형식과 배열의 적절성 등을 점검 및 수정하기 위해 시행

조사 도구는 통상 응답자의 답변을 유도하는 질문들을 포함하게 되며, 질문 유형은 크게 개방형과 폐쇄형으로 구분된다. 개방형은 응답자가 제한 없이 자유롭게 응답할 수 있도록 고안된 질문으로 다채로운 사실과 관점들을 발견할 수 있어 탐색적 목적으로 활용된다. 하지만, 응답자가 불성실하게 응답하거나 응답 자체를 피할 수 있는데 개방형 질문 자체가 부담감을 줄 수 있기 때문이다. 또한 응답 결과를 코딩하거나 해석하는 과정에서 상당한 시간과 노력이 필요하고 통계와 같은 정량적 분석이 어렵다는 특성이 있다. 개방형 조사의 전형적인 방법으로 인터뷰가 있으며, 이는 크게 세 가지 유형으로 시행된다 (유기웅 등, 2018).

- 구조화 인터뷰: 인터뷰 질문지를 사전에 준비한 후 모든 응답자에게 동일한 질문 순서와 내용을 적용해 진행하는 방법으로 인터뷰어의 자율성은 낮으나 인터뷰 결과의 체계화가 용이하다는 특성을 가짐(비구조화된 인터뷰에 비해 응답 결과의 신뢰도가 높지만 조사하고자 하는 주제에 대한 깊이 있는 탐구에 제한이 있어 타당도는 낮은 것으로 간주)
- 비구조화 인터뷰: 구조화 인터뷰와 달리 질문의 순서, 내용, 형식 등을 정하지 않은 채로 상황에 따라 자유롭게 응답자와 상호작용하면서 자료를 수집하는 방법으로 심층적인 질문이 가능하지만 면접 결과의 체계화는 어렵다는 특성을 가짐(구조화

된 면접에 비해 응답 결과의 타당도는 높지만 신뢰도는 낮은 것으로 간주)
- 반구조화 인터뷰: 구조화와 비구조화 인터뷰가 절충된 형태로 인터뷰를 가이드할 공통 또는 핵심 질문을 사전에 준비하지만 응답자의 반응이나 상황에 따라 추가 질문을 하는 등 유연성을 허용하는 특성을 가짐

　폐쇄형 질문은 단답형 또는 제시되는 몇 개의 선택지 내에서 어느 하나를 선택하도록 하는 방식으로 비교적 대규모 데이터의 수집, 처리, 분석이 용이하다는 장점을 갖는다. 단, 자신의 생각을 정확히 반영하는 내용이 없더라도 어느 하나의 응답을 선택해야 하는 응답자의 딜레마가 있을 수 있고, 중요한 선택지가 누락되는 경우 분석 결과에 치명적인 오류가 발생할 위험이 있다. 일반적으로 폐쇄형 질문은 설문조사에 자주 사용되고 유형으로는 단답형 외에도 양자택일형, 선다형, 체크리스트형, 서열형, 평정형, 어의차이형 등이 있으므로 상황에 따라 적절한 방법을 선택해야 한다.

- 양자택일형: 예/아니오, 찬성/반대와 같은 형식의 이분형 응답 범주를 가짐
- 선다형: 보통 3-5개의 응답 중 하나를 선택하도록 하며 때로는 응답 범주에 기타를 포함하기도 함
- 체크리스트형: 선다형 질문과 유사하나 상대적으로 더 많은 응답 범주를 가지며 복수의 응답을 선택하도록 하는 경우도 많음
- 서열형: 제시된 응답 범주들에 대해 우선순위에 따라 순서를 정하도록 함
- 평정형: 질문에 대해 강도를 달리하는 답변을 순서대로 나열한 후 선택하도록 하는 방법으로 흔히 리커트(Likert) 척도와 유사

한 의미로 통용

• 어의차이형: 질문에 대한 대답으로 좋음/나쁨, 수동적/능동적 등 서로 대비되는 형용사를 양극단에 배치하고 두 형용사 사이에 여러 단계의 수준을 두어 선택하도록 하는 방법

※ 더 알아보기

평정형 vs. 어의차이형

평정형과 어의차이형은 응답자에게 정도의 차이를 표시하도록 한다는 점에서 유사성이 있으나 답변의 구조와 분석 방법 등에서 차이가 있다. 예를 들어, 직무 관련 교육 프로그램을 평가하기 위해 다음과 같이 평정형과 어의차이형 질문을 고안할 수 있다. 평정형은 응답자들에게 다음과 같이 질문을 하고 전혀 아니다(1)에서 매우 그렇다(5) 중 적절한 답을 선택하도록 한 후 응답 결과를 취합하여 정량적 분석을 시행할 수 있다.

	1. 전혀 아니다	2. 아니다	3. 보통	4. 그렇다	5. 매우 그렇다
프로그램의 내용은 업무 수행에 실질적인 도움이 되는 내용이었다.					
프로그램의 강사진은 전문성과 경험이 풍부하였다.					
프로그램은 밝고 우호적인 분위기에서 운영되었다.					

어의차이형은 응답자들에게 '프로그램은 전반적으로 어떠하였는가?'와 같이 질문을 하고 양극단의 형용사 사이에서 적절한 답을 선택하도록 한 후 응답 결과를 취합하여 프로파일 분석을 시행할 수 있다.

	1	2	3	4	5	6	7	
유익한								무익한
유능한								무능한
유쾌한								불쾌한

한편, 조사 도구는 다양한 요소와 질문 문항으로 구성될 수 있으며, 이들의 배열과 순서를 정할 때 다음의 사항을 고려할 필요가 있다.

- 논리적 순서에 따라 질문 항목 체계화
- 동일한 척도의 항목들은 모아서 배열
- 일반적이고 포괄적인 질문, 보다 구체적인 질문, 가장 세부적인 질문의 순으로 진행
- 응답자가 흥미와 편안함을 느낄 만한 질문들을 먼저 제시하고 민감한 질문 또는 개방형 질문은 가급적 뒤에 배치
- 앞의 질문과 응답이 뒤의 질문에 대한 응답에 영향을 미치는 이전효과 유의

질문의 내용과 표현에 있어서는 다음의 사항들에 유의해야 한다.

- 모호하거나 다양하게 해석이 가능한 용어 사용 지양
- 특정한 응답을 기대하거나 촉구하는 듯한 표현 유의
- 하나의 질문 속에 사실상 둘 이상의 내용이 내포된 이중질문 지양
- 필요한 응답의 누락이나 제시된 응답들 간 중복이 없도록

응답 범주 점검
- 도덕과 양심 등을 암시하는 표현으로 규범적 응답을 유도하지 않도록 주의

데이터 확보를 위한 조사는 의무적, 공개적으로 시행될 수도 있으나 자발성과 익명성을 전제로 이루어지는 경우도 많다. 만약 후자의 경우라면 다음의 사항들을 추가로 고려해야 하고, 응답자 안내 시 관련 내용을 포함할 필요가 있다.

- 자발적 참가: 조사 참여 여부는 개인의 결정 사항이며, 처음부터 참여하지 않거나 중간에 참여를 중단할 자유가 있음
- 비밀 보장: 개인 정보 및 비밀에 속하는 사항은 철저히 보호되어야 하고, 응답자와 응답 결과가 특정되거나 공개되지 않아야 함
- 평가자의 의무: 수집된 정보를 해당 평가 외의 목적으로 사용하거나 다른 사람에게 임의로 제공하지 않아야 함
- 보상: 필요한 경우 조사 참여에 따르는 보상의 지급을 검토할 수 있음

░ 더 알아보기

Google Forms를 활용한 조사지 개발

일반적으로 조사지는 인쇄하여 배포하고 수거하는 과정을 거치는 전통적인 지필 방식과 사내 시스템이나 온라인 플랫폼 등 테크놀로지를 활용하는 방식으로 개발할 수 있다. 최근에는 무료 또는 유료로 이용 가능한 다양한 설문 플랫폼이 시중에 소개되고 있으며, 참고로 구글에서 제공하는 폼즈(forms.google.com)에 접속한 후 조사지를 개발할 수 있는 간단한 방법을 소개한다.
구글폼즈 접속 후 새로운 템플릿을 열면 아래와 같은 화면이 나오며, 오른

편 아이콘을 활용하여 질문을 추가하거나 가져와 문항을 구성할 수 있고, 제목, 동영상, 이미지, 섹션도 쉽게 추가할 수 있다.

질문 유형도 다양하게 선택할 수 있는데 디폴트로 객관식 질문이 설정되어 있으나 해당 부분을 클릭하여 체크박스, 드롭다운 등의 선택이 가능하고 단답형과 장문형의 주관식 질문도 만들 수 있다. 또한, 우측 상단의 '보내기' 버튼을 클릭하면 설문 링크가 생성되어 다른 사람의 이메일이나 SNS 등에 공유할 수 있다.

조사가 종료된 후 응답자들의 응답은 시스템 내에서 직접 확인하거나 엑셀 파일로 다운받아 분석이 가능하므로 지필 방식에 비해 시간과 비용을 현저하게 줄이면서도 코딩 오류를 방지하는 등의 많은 장점이 있다.

한편, 질문에 대한 응답을 요구하는 것이 아닌 분석 사안에 대한 조사 대상자의 행동을 관찰하는 방법으로 데이터를 수집할 수도 있다. 관찰은 행동 발생 시점과 관찰 시점의 일치 여부에 따라 직접 관찰과 간접 관찰, 관찰 대상이 관찰 사실을 인지하고 있는지 여부에 따라 공개적 관찰과 비공개적 관찰로 구별된다. 또한, 관찰의 방법으로는 분석 사안과 관련한 사건이나 행동을 있는 그대로 기술하는 일화기록법, 특정 행동의 일정 시간 내 출현 빈도를 수집하는 시간표집법, 특정 행동 및 그 행동의 전후 사항에 대해 기록하는 사건기록법, 행동을 특성이나 정도에 따라 분류하여 기록하는 체크리스트나 평정척도법, 비디오녹화법 등이 있으며(정현영, 정은희, 2010), 객관적인 관찰과 체계적인 분석을 위해서는 각 방법에 부합하는 정교한 관찰 도구의 개발과 필요한 경우 기계장치의 효과적인 활용이 요구된다.

2 타당도와 신뢰도

데이터 분석의 결과는 타당하고 신뢰할 수 있어야 한다. 타당도는 측정과 분석이 의도한 목표에 부합하는지와 관련이 있고, 신뢰도는 그 결과가 시간과 장소에 상관없이 얼마나 일관되고 정확한지와 관련이 있다. 이를 위해서는 사용된 데이터가 적절한 것이어야 하고, 데이터의 적절성은 조사 도구의 적절성과 연결된다.

1) 타당도(validity)

데이터 분석의 결과가 타당성을 가지기 위해서는 적합한 질문과 함께 적절한 응답자 선정과 변수에 대한 통제가 필요하다. 여기서 적절한 응답자 선정과 변수의 통제는 연구 결과의 외적 타당도와 내적 타당도에 대한 것이고, 적합한 질문은 연구 도구의 내용적 측면에서의 타당도에 대한 것이다.

■ 외적 타당도(external validity)와 내적 타당도(internal validity)

외적 타당도는 연구의 결과를 얼마나 일반화할 수 있는지와 관련이 있다. 반면, 내적 타당도는 특정 사안을 분석할 때 이 사안에 영향을 미칠 수 있는 다른 외래 변수들을 얼마나 잘 통제하여 해당 사안에 집중했는지와 관련이 있다.

- 외적 타당도: 분석 대상의 규모가 크지 않다면 모집단 전체를 대상으로 분석을 할 수도 있겠으나 일반적으로 그렇게 하기는 쉽지 않고, 따라서 연구자는 모집단을 대표할 수 있는 표본을 추출하기 위해 노력한다. 표본이 모집단을 잘 대표하고 있다면 표본에 대한 분석 결과를 모집단에 일반화할 수 있을 만큼 외적 타당도가 확보되었다고 할 수 있기 때문이다. HRD 분야의 연구나 평가는 외적 타당도 확보에 어려움을 겪는 경우가 많은데, 이는 현실적으로 체계적인 확률 표집의 과정을 거쳐 표본을 구성하기가 쉽지 않기 때문이다. 하지만 이런 이유가 타당하지 않은 결과를 정당화할 수는 없으므로 대표성 높은 적절한 표본을 선정하기 위한 주의와 노력이 요구된다.
- 내적 타당도: 변수들 사이의 관계를 살펴볼 때 이들 간의 고유

한 관계를 규명하기 위해서는 관계에 영향을 미칠 수 있는 외래 요인들을 통제해야 결과의 내적 타당도를 확보할 수 있다. 예를 들어, 실험을 통해 어떤 개입의 효과를 검증하고자 한다면 개입을 받는 실험 집단과 그렇지 않은 비교 집단은 실험 전에 모든 조건이 동일하도록 해야 하고, 개입 외의 다른 요인들이 결과에 영향을 미치지 않도록 관리해야 한다. 또한, 실험 설계에서의 통제와 달리 통계적인 통제를 통해서도 내적 타당도를 확보할 수 있다. 인간을 대상으로 한 연구는 윤리적인 문제로 실험 설계에서의 통제가 쉽지 않고, 평가 실무에서도 실험보다 조사를 통한 연구가 더 많이 이루어지므로 통계적인 방법을 통해 외래 요인들을 통제하고 내적 타당도를 확보하는 방법에 더욱 주목할 필요가 있다. 다수의 외래 요인들을 통제하기위한 대표적인 통계 방법으로는 공분산분석과 다중회귀분석 등이 있다.

HRD 평가에 있어 분석 대상의 범위, 특성, 규모 등을 적절히 선정하는 것은 타당성 확보를 위한 중요한 출발점이다. 또한, 관심을 둔 요소들뿐만 아니라 해당 상황에 관여할 수 있는 요소들을 종합적으로 고려하고 통제하여 분석 결과의 설명력과 내적 타당도를 충분히 확보할 수 있어야 한다.

■ 내용 타당도(content validity), 준거 타당도(criterion-related validity), 구인 타당도(construct validity)

우리는 가끔 원래 알고자 하는 것이 있는데 그와 관련이 없는 질문을 하는 실수를 범한다. 서울을 가야 하는데 부산으로 가는 길을 물어보는 것이다. 이럴 때는 대답에 대한 분석이 아무리 정교하더라도 그 결과를 타당하다 할 수는 없을 것이다. 따라서, 여기에서의 타당도는 어떤 측정 도구(질문, 설문, 진단 등)를 통해 수집한 데이터로 올바른 결론 또는 추론을 내릴 수 있는지와 관련이 있다. 이는 언뜻 측정 도구가 타당한지 살피는 듯하나, 더 엄밀히 말하자면 도구 자체가 아니라 해당 도구를 사용해 얻은 결론 및 추론이 타당한가를 의미한다(이종성, 1996).

어떠한 의미이든 타당도는 '있다' 또는 '없다'라고 답할 수 있는 것이 아니므로 연구자는 최선을 다해 타당함의 증거들을 찾으려 노력해야 한다(김수영, 2017). 이런 맥락에서 측정 도구를 통해 수집한 데이터가 타당한지를 어떻게 판단할 것이냐에 따라 내용 타당도, 준거 타당도, 구인 타당도로 구분할 수 있다(이종성, 1996).

- 내용 타당도: 내용 타당도는 측정 도구의 내용과 형식의 적절성과 관련된 타당도이다(이종성, 1996). 이는 설문지 등 조사 도구가 측정하는 내용이 적절한지, 의도하는 내용을 논리적으로 측정하는지, 문항들이 측정 및 검사하고자 하는 내용의 대표성을 가지는지 등과 관련이 있다. 또한, 도구의 형식 측면에서 용어의 정확성, 응답 지침의 명확성은 물론 인쇄 상태나 활자의 크기 등도 내용의 이해와 직결된다는 점에서 중요하게 고려되어야 한다. 측정 도구의 내용 타당도가 확보되지 않으면 이를 활용한 분석 또한 타당한 결과를 기대하기 어렵기 때문이다. 일반적으로 도구의 내용 타당도 검증은 해당 분야의 전문가에게 검토를 받거나 목표 응답자 중 일부에게 사전 조사를 시행하는 등의 방식으로 이루어진다.
- 준거 타당도: 측정 도구로부터의 측정 및 검사 결과가 준거가 되는 다른 도구의 해당 결과와 상응하는 정도를 의미한다(이종성, 1996). 준거 타당도에는 다른 방식의 도구로 측정한 결과와의 연관성을 보는 공인 타당도(concurrent validity)와 미래의 측정 결과와의 연관성을 보는 예측 타당도(predictive validity)가

있다.

- 공인 타당도와 예측 타당도: 공인 타당도 검증의 예로, 조직 구성원의 직무 역량 측정을 위해 그 구성원이 자가 평가한 결과를 리더가 평정한 결과와 비교하는 상황을 생각할 수 있는데, 이렇듯 같은 것을 측정하는 데 다른 방법을 택하여 비교함으로써 공인 타당도를 검토할 수 있다. 또한, 기존의 도구를 대체할 새로운 측정 도구를 고안할 때도 기존 도구와의 비교를 통해 새로운 도구의 공인 타당도를 검증할 수 있다. 한편, 예측 타당도의 예로는 기업의 신입사원 채용 과정에서 시행되는 직무적성검사를 들 수 있다. 직무적성검사를 하는 이유는 여기서 높은 점수를 보인 지원자가 입사 후 높은 직무수행능력을 보일 것이라 기대하기 때문이고, 실제로 그러한지를 보기 위해 직무적성검사 점수와 입사 후 인사 평가에서 직무수행능력 평가 점수를 비교함으로써 직무적성검사의 예측 타당도를 확인할 수 있는 것이다. 일반적으로 준거 타당도(공인 타당도와 예측 타당도)는 모두 측정 도구와 준거 도구를 통한 검사 결과 간 상관계수를 검토하는 방식으로 이루어진다.
- 구인 타당도: 구인 타당도는 구성 타당도 또는 개념 타당도라고도 하며, '자아효능감(self-efficacy)', '조직몰입(organizational commitment)'과 같은 추상적인 개념을 측정하는 것과 관련이 있다. 즉, 구인 타당도는 어떠한 구성개념을 조작적으로 정의하여 구성한 도구가 그 구성개념을 얼마나 잘 측정하였는지와 관련한 타당도이다. 앞서 기술하였듯이 타당하다는 판단은 절대적인 기준이 있는 것이 아니다. 따라서 연구자가 측정하고자 했던 구성개념을 측정 도구가 얼마나 제대로 측정하는지 검토하는 구인 타당도는 이론적 토대나 기존 유사 사례의 검토, 내용 타당도와 준거 타당도 검증 등 다양한 방법과 여러 유형의

증거를 통해 검토된다(이종성, 1996).

- 수렴 타당도(convergent validity)와 판별 타당도(discriminant validity): 수렴 타당도는 특정 개념을 측정하기 위한 문항들이 측정하고자 하는 해당 개념으로 잘 수렴하는지, 판별 타당도('변별 타당도'라고도 함)는 측정하고자 하는 개념이 다른 개념과 얼마나 잘 구분되는지와 관련이 있다. 수렴 타당도와 판별 타당도는 구인 타당도와 밀접하게 관련되어 있어 구인 타당도의 하위 타당도로 간주되기도 한다(김수영, 2017). 수렴 타당도와 판별 타당도는 개념적 구분과 함께 통계적 요인분석을 통해서도 확인할 수 있다. 같은 개념(요인)을 측정하는 문항들끼리의 상관이 높고, 해당 요인에 대한 측정 문항들의 요인부하량(또는 요인계수)이 높으면 수렴 타당도가 높다고 볼 수 있다. 또한, 같은 개념을 측정하는 문항들끼리의 상관은 높은데 다른 개념을 측정하는 문항들과의 상관이 낮고, 결과적으로 다른 개념(요인)들과의 상관이 낮을 때 판별 타당도가 높다고 할 수 있다.

이들 타당도 개념들은 서로 연관된 개념이며, 구인 타당도를 검증하기 위해서는 내용 타당도와 준거 타당도를 포함해 다양한 방법으로 여러 유형의 증거들을 찾아가는 노력이 필요하다. '조직몰입'이라는 구성개념을 측정하는 도구를 새로 개발한다고 가정해보자. 새로운 도구의 구인 타당도를 확보하기 위해서는 여러 절차의 검토가 요구된다. 첫째, 이론적 근거를 기반으로 한 조작적 정의하에 측정 문항들을 구성하고, 이 문항들이 조직몰입을 잘 측정하고 있는지 전문가들로부터 내용 타당도를 검토받아야 한다. 둘째, '조직헌신', '조직충성도'와 같이 조직몰입과 유사한 개념을 측정하는 도구가 있다면 이런 기존 도구들과의 상관 계수를 검토함으로써 준거 타당도를 확보하기 위해 노력할 수 있다. 셋째, '경력몰입', '업무몰입' 등 다른 개념을 측정하는 도구들과의 상관 계수를 검토하여 이들과 상관이 낮은지를 살펴보는 방법으로 판별 타당도를 검토하고, '조직몰입'을 측정하는 문항들끼리의 높은 상관과 이 측정 문항들에서 높은 요인 부하량이 나타나는지를 검토하여 수렴 타당도를 검토할 수도 있다.

HRD 평가에 있어 측정 도구의 타당성에 대한 개념은 매우 중요하다. 앞서 언급했듯이 이는 도구 선택의 실수를 넘어 분석과 결과 전체를 무의미하게 만들 수 있는 심대한 문제이기 때문이다. 취지에 정합하는 연구와 평가를 위해 타당성에 대한 이론적 이해와 통계적 테크닉의 겸비가 요구된다.

▒ 더 알아보기

요인분석(factor analysis)

구인 타당도는 요인분석을 통해서도 검토된다. 요인분석은 측정 모형(measurement model)이라고도 불린다. 요인분석에서 요인(factor)은 구인(construct), 차원(dimension), 또는 잠재 변수(latent variable)라고도 불린다. 잠재 변수는 실제 값을 가지고 있지 않아 직접 관찰되지 않는 개념적인 변수로, 하나 이상의 관찰 변수(observed variable)들에 의해 측정 및 추정될 수 있다고 가정된다. 관찰 변수는 지표 변수(indicator variable) 또는 측정 변수(indicator)라고도 하며, 쉽게 설문지나 진단지의 문항들을 떠올리면 된다. 예를 들어, Allen & Meyer(1990)는 '조직몰입'이 '정서적(affective) 몰입', '규범적(normative) 몰입', '지속적(continuance) 몰입'으로 구성되고, 이들 구성요인은 각각 8개씩의 문항으로 측정된다고 조작적으로 정의하였다. 이 중 '정서적 몰입'을 측정하는 문항의 한 예는 '나는 정말로 이 조직의 문제가 내 문제처럼 느껴진다.'이고, 이를 포함한 8개 문항에 대해 동의하는 정도를 응답(관찰)하게 되어 있다. 여기서 조직몰입은 상위 개념이고, 정서적, 규범적, 지속적 몰입은 조직몰입을 구성하는 하위 개념들이자 모두 직접 관찰될 수 없는 잠재 변수들이다. 하지만 조작적으로 정의된 관찰 변수(문항)들로 이들 잠재 변수를 측정할 수 있게 된다.

요인분석의 방법으로는 탐색적 요인분석(exploratory factor analysis, EFA)과 확인적 요인분석(confirmative factor analysis, CFA)이 있다. EFA는 잠재 변수의 수나 구조를 예측하기 어렵거나, 이론적·실증적 근거에 논란의 여지가 있어 관찰 변수들과 잠재 변수의 관계에 대한 가설을 세우기가 어렵거나, 측정 도구를 신규 개발하거나 기존의 도구들을 조합하여 재구성하고자 할 때 활용될 수 있다. 또한, EFA는 구조방정식 등 복잡한 통계 검증 시 모형 적합도를 위해 관찰 변수를 줄이거나 문항 묶음(parceling)을 해야 하는 경우에도 활용된다. EFA는 SPSS나 SAS를 통해 주로 분석되지만, MPLUS나 R을 통해서도 가능하다.

CFA는 관찰 변수들과 잠재 변수의 관계, 잠재 변수들 간의 관계에 대한 근거가 충분할 때 확인적으로 요인 구조를 검토하는 분석 방법이다. 관찰 변수들과 잠재 변수 간 관계가 이미 정해진 상태에서 이러한 요인 구조가 적합한지 확인하는 분석으로, EFA는 분석 후에 어떤 관찰 변수가 어떤 잠재 변수에 묶이는지 확인할 수 있다면, CFA는 관찰 변수와 잠재 변수와의 관계 및 잠재 변수들 간의 관계도 분석 전에 정해져 있다는 점에서 차이가 있다. CFA는 구조방정식을 분석할 수 있는 LISREL, AMOS, MPLUS 등의 통계 패키지에서 할 수 있고, R을 통해서도 가능하다.

오랜 세월에 걸쳐 여러 연구에서 사용되어 온 도구라면 타당화 연구를 통해 구인 타당도가 충분히 검토되었을 수도 있고, 그렇지 않더라도 잠재 변수와 관찰 변수들 간의 관계에 대한 근거가 충분히 축적되었을 수 있다. 이러한 측정 도구를 사용할 때는 CFA를 통해 요인의 타당도와 신뢰도를 검토하는 것만으로도 충분하다. 그러나 잠재 변수와 관찰 변수들 간의 관계에 대한 가설의 근거가 불충분하거나 논란의 여지가 있다면 EFA, 또는 EFA와 CFA의 단계적 적용 등을 통해 구인 타당도를 확보하려는 노력이 필요하다(Gerbing & Hamilton, 1996; Steenkamp & van Trijp, 1991).

2) 신뢰도(reliability)

통계 분석은 일관성이 있어야 신뢰할 수 있다. 다국적 기업에서 전 세계 모든 직원을 대상으로 시행한 업무몰입 관련 조사에서 설문의 내용이 직원의 문화적 배경에 따라 다르게 이해되었다면 그 데이터의 분석 결과를 쉽게 신뢰할 수는 없다. 같은 직원들에게 시간 간격을 두고 조사를 시행했는데, 시행 회차에 따라 그 결과가 매우 일관되지 않게 나오는 경우 역시 그 데이터를 기반으로 한 분석 결과를 신뢰하기 어렵다.

신뢰도를 타당도와 비교하면 그 의미가 좀 더 명확해진다. 타당도는 측정하거나 분석해야 할 것을 제대로 측정하거나 분석했는지와 관련한 것이라면, 신뢰도는 정확하고 일관되게 측정하거나 분석했는지와 관련한 것이다. 예를 들어, [그림 6-1]에서 과녁의 중심은 측정하거나 분석해야 하는 목표이고, 점들은 평가자가 얻은 정보들을 상징한다. 여기서 점들이 과녁의 중심에 가까우면 얻은 정보가 목표에 부합하여 타당도가 높다는 뜻이고, 과녁의 중심에 가까운 정도와 관계없이 점들이 모여 있을수록 얻은 정보가 일관되어 신뢰도가 높다는 것을 의미한다. 따라서, 점들이 과녁의 중심에 가장 가까우면서도 서로 밀도 있게 모여 있는 (4)가 타당도와 신뢰도가 모두 높은 경우인 반면, (3)은 점들이 한 곳에 집중되어 있지만 측정 및 분석의 목표에 정확히 부합하지 않아 신뢰도만 높고 타당도는 낮은 경우이다. (2)는 점들이 과녁의 중심에 위치하지 않아 타당도가 매우 낮고, 또한 다소 퍼져 있어서 신뢰도가 높다고 볼 수 없는 경우이고, (1)은 점들이 과녁 중심에 거의 없으면서 넓게 퍼져 있어 타당도와 신뢰도 모두 매우 낮은 경우이다. (1)에 대해 과녁을 중심으로 퍼져 있어서 신뢰도는 매우 낮지만 타당도는 어느 정도 있다고 항변할 수도 있지만, 정보에 일관성이 없다면 이는 유용한 정보라 할 수 없고 따라서 타당도 또한 매우 낮다고 보는 것이 더 적합하다. 즉, 타당도와 무관하게 신뢰도는 높을 수 있지만, 신뢰도는 낮은데 타당도만 높은 경우는 없다고 봐야 할 것이다.

(1) 신뢰도와 타당도가 모두 낮음　(2) 신뢰도와 타당도가 모두 낮음

(3) 신뢰도는 높지만 타당도가 낮음　(4) 신뢰도와 타당도가 모두 높음

[그림 6-1] 신뢰도와 타당도

　신뢰도는 반복 측정 시 유사한 결과를 일관되게 얻게 되는 정도로 이해할 수도 있다. 신뢰도 제고를 위한 자료 수집 및 분석 방법은 다음과 같이 다양하며, Cronbach의 α(알파)계수가 가장 보편적으로 활용된다.

- 검사-재검사 방법: 같은 측정 도구를 시간 간격을 두고 같은 집단에 반복 시행한 후 결과의 유사성을 검토하는 방법
- 동형 검사 방법: (검사-재검사 방법의 경우 중복 시행으로 인한 피검사자들의 학습 효과로 인해 검사 결과에 왜곡이 생길 수 있으므로) 동일하게 설계된 두 개의 도구를 조건이 동일한 두 집단에 동시에 적용하여 결과의 유사성을 검토하는 방법

• 내적 일관성(internal consistency) 방법: 측정 도구의 문항을 전
반부와 후반부로 나누어 분석 결과의 유사성을 평가하는 반분
법(split-half procedure), 데이터 세트에서 특정 구인을 측정하는
문항들 간 내적 일관성(internal consistency)을 평가하는 Cronbach
의 α 계수, 쿠더리차드슨 방법(Kuder-Richardson approach) 등
이 있음

결론적으로, 평가의 타당도와 신뢰도를 확보하기 위해 평가자는
측정하거나 분석하고자 하는 것이 무엇인지 명확하게 정의할 수 있어
야 하고, 타당하고 신뢰할 수 있는 측정 도구들에 대한 안목과 적절한
분석 방법을 적용할 수 있는 역량을 갖추어야 한다.

3) 질적 접근에서의 타당도와 신뢰도

질적 연구의 타당도와 신뢰도에 대해서는 상반된 관점이 존재한
다. 하나는 질적 연구의 타당도와 신뢰도를 논하는 것 자체가 불필요
하다고 보는 관점으로, 이러한 입장에서는 주관적 이해와 해석적 탐
구를 추구하는 질적 연구에서 연구자의 이해와 해석을 보편적으로 수
용할 수 있도록 하는 절차나 방법은 없다고 본다(Smith, 1989).

이와 달리 질적 연구에서도 타당도와 신뢰도를 고려해야 한다고
보는 관점도 있다. 다만, 질적 연구는 실체에 대한 가정, 세계관, 패러
다임이 양적 연구와 근본적으로 다르기 때문에 타당도와 신뢰도의 개
념 또한 달리 이해되어야 한다고 본다(Lincoln & Guba, 1985). 이런 관
점에서 외적 타당도 대신 전이 가능성(transferability), 내적 타당도 대
신 사실성(truth value), 신뢰도 대신 일관성(consistency)과 같은 개념이
제시된다.

- 전이 가능성: 양적 연구에서 외적 타당도는 연구 결과를 전체 모집단, 또는 다른 대상이나 상황에도 일반화될 수 있는지에 관한 것이지만, 질적 연구에서는 치밀한 자료 수집과 상세한 맥락 정보를 제시함으로써 결과에 대한 사용자 입장에서의 성찰과 전이 가능성에 주목
- 사실성: 양적 연구에서 내적 타당도는 객관적 현상의 핵심을 보여주는지에 관한 것이지만, 질적 연구에서는 해당 현상을 사람들이 어떻게 이해하는지 종합적인 실체를 들여다보는 것에 주목
- 일관성: 양적 연구에서 신뢰도는 얼마나 일관된 데이터를 얻을 수 있느냐에 관한 것이나, 질적 연구에서의 신뢰도는 질적 데이터에 대한 연구자의 결과 해석이 얼마나 객관적이고 일관되는지에 주목

3 논의

- 임의의 조사 상황을 가정한 후 양자택일형, 선다형, 체크리스트형, 서열식, 평정식, 어의차이형 등 다양한 유형을 활용하여 질문을 고안해보시오.
- 고안한 질문들을 구글폼즈 등 온라인 서베이 플랫폼을 활용하여 개발한 후 데이터를 수집해보시오.
- 학술 연구와 달리 HRD 평가 실무에서 설문조사나 인터뷰 등을 실시할 때 추가로 안내하거나 고려할 사항이 무엇인지 논의하시오.

참·고·문·헌

김수영 (2017). 제7장 측정모형. 구조방정식 모형의 기본과 확장: MPLUS 예 제와 함께. 학지사.

성태제, 시기자 (2020). 연구방법론(3판). 학지사.

유기웅, 정종원, 김영석, 김한별 (2018). 질적 연구방법의 이해(제2판). 박영 스토리.

이종성 (1996). 교육연구의 설계와 자료분석. 교학연구사.

정현영, 정은희 (2010). 중학교 특수학급 교사의 관찰법과 포트폴리오 평가 실태. 특수아동교육연구, 12(1), 223-248.

Allen, N. J., & Meyer, J. P. (1990). The measurement and antecedents of affective, continuance and normative commitment to the organization. Journal of Occupational Psychology, 63(1), 1-18.

Gerbing, D. W., & Hamilton, J. G. (1996). Viability of exploratory factor analysis as a precursor to confirmatory factor analysis. Structural Equation Modeling, 3(1), 62-72.

Lincoln, Y., & Guba, E. (1985). Naturalistic inquiry. Sage.

Smith, J. K. (1989). The nature of social and educational inquiry. Ablex.

Steenkamp, J. B. E. M., & van Trijp, H. C. M. (1991). The use of LISREL in validating marketing constructs. International Journal of Research in Marketing, 8(4), 283-299.

제 7 장

분석 기초

데이터가 평가에 어떻게 활용되는지 이해하고 나면 실제로 적절한 데이터를 획득하고 특정 상황에서 그 데이터가 무엇을 의미하는지 분석하고 판단해야 한다. 이 장에서는 데이터와 통계 분석의 기초에 대해 살펴본다.

⁑ 학습 목표

7장의 학습 목표는 다음과 같다.

- 분석을 위한 데이터의 유형과 척도의 개념을 설명할 수 있다.
- 모집단과 표본의 개념을 이해하고 분석 상황에 부합하는 적절한 표집 방법을 선택할 수 있다.
- 통계 분석을 위한 기본적인 개념들을 이해하고 설명할 수 있다.

⁑ 핵심 용어

- 명명 척도, 서열 척도, 등간 척도, 비율 척도
- 모집단과 표본
- 확률표집과 비확률표집
- 모수치와 통계치
- 기술통계와 추리통계
- 모수통계와 비모수통계
- 중심경향, 변산, 분포

일반적으로 데이터는 분석하고자 하는 변수의 본질적 특성에 따라 양적 특성을 가진 변수는 연속형(continuous) 데이터로, 질적 특성을 가진 변수는 범주형(categorical) 데이터로 수집된다. 예를 들면, 키, 몸무게, 연령, 임금 등은 양적 변수이자 연속형 데이터이고, 출생지, 성별, 종교 직업, 인종, 교육 방법 등은 질적 변수이자 범주형 데이터이다. 양적 변수는 '크고 작고', '많고 적고', '높고 낮고', '세고 약하고' 등과 같이 연속선상에서 수치로 나타낼 수 있지만, 질적 변수는 정도나 양으로 나타낼 수 없고 속성에 따라 분류하는 형식으로 나타내게 된다. 따라서 평가자는 분석에서 고려할 변수들을 연속형 데이터로 처리할 것인지, 또는 범주형으로 처리할 것인지 결정해야 한다.

1) 척도

범주형 변수는 명명 척도와 서열 척도로, 연속형 변수는 등간 척도와 비율 척도로 측정된 데이터인데, 측정 수준으로 정렬하면 명명 척도, 서열 척도, 등간 척도, 비율 척도의 순서로 볼 수 있다. 수준이 올라갈수록 변수가 좀 더 정밀하게 측정되고, 분석의 결과 측면에서도 더욱 정교한 정보를 제시한다. 각 척도에 대한 설명은 다음과 같다.

- 명명(nominal) 척도: 하나 이상의 유목으로 분류하여 이름이나 숫자를 부여하는 척도로서, 여기서 숫자는 크고 작음, 높고 낮음 등의 정도를 나타내는 것이 아니다. 예로는 성별, 인종, 종교, 지역, 직업 등이 있다.
- 서열(ordinal) 척도: 등급이나 서열을 매기기 위해 숫자를 부여하는 척도로서, 척도 단위 사이에 등간성이 존재하지 않는다.

학급에서의 성적 등수가 예가 될 수 있는데, 1등과 2등, 2등과 3등은 각각 1등씩 차이가 나지만, 1등과 2등의 점수 차이와 2등과 3등의 점수 차이가 동일함을 의미하지 않는다. 다른 예로, 학력은 질적 변수이지만 초졸, 중졸, 고졸, 대졸과 같이 서열을 정할 수 있으므로 이 역시 서열 척도로 볼 수 있고, 호텔 등급이나 사회 계층도 질적 변수이지만 상·중·하 등으로 서열을 세울 수 있으므로 서열 척도의 예가 될 수 있다.

- 등간(interval) 척도: 연속선상에서 동일한 간격을 나타내기 위해 숫자를 부여하는 척도로서, 척도 단위 사이에 등간성이 존재한다. 또한, 아무것도 없음을 의미하는 절대 영점이 없고 임의로 어떤 수준을 정하여 0으로 정한 임의의 영점을 갖는다. 등간 척도의 예로는 시험 점수와 온도를 들 수 있다. 시험 점수에서 90점과 70점의 20점 차이는 70점과 50점의 20점 차이와 동일하므로 등간성을 갖고, 0점은 시험 점수가 없거나 해당 시험이 측정하는 내용에 대한 지식이 절대적으로 전무하다는 뜻이 아니라 해당 시험에서 0점을 얻었음을 의미하는 임의의 영점이다. 물가 지수나 주가 지수, 심리·정서·태도와 관련한 구성개념을 조작적으로 정의하여 5점 또는 7점의 리커트 방식을 적용한 경우도 등간 척도의 예라 할 수 있다.
- 비율(ratio) 척도: 절대 영점을 가진 등간 척도이다. 등간 척도와 마찬가지로 척도 단위 사이에 등간성이 존재하면서 아무 것도 없음을 의미하는 절대 영점을 갖는다. 비율 척도의 예로는 무게, 길이, 임금, 연령 등이 있다.

앞 장에서 살펴보았듯이 HRD 평가를 위해서는 종종 설문지와 같은 조사 도구를 개발하여 다양한 데이터를 수집하게 되는데, 척도의 유형에 따른 질문 문항의 예는 다음의 표에 제시된 바와 같다. 문항들은 모두 폐쇄형 질문 유형에 속하고, 특히 예1부터 4까지는 선다형, 예6은 평정형, 예5와 7은 단답형에 해당한다.

〈표 7-1〉 척도 유형에 따른 측정 문항 예시

유형	척도	측정 문항 예시
범주형	명명	예1. 귀하의 성별은 무엇입니까? ① 남성 ② 여성 예2. 귀하의 거주 지역은 어디입니까? ① 서울특별시 ② 인천광역시 ③ 부산광역시
	서열	예3. 귀하는 몇 학년입니까? ① 1학년 ② 2학년 ③ 3학년 예4. 귀하의 직급은 무엇입니까? ① 사원 ② 대리 ③ 과장 ④ 차장 ⑤ 부장
연속형	등간	예5. 귀하의 지난달 고객 평가점수는 100점 만점 중 몇 점이었습니까? ( )점 예6. 귀하는 현재의 일에 어느 정도 만족합니까? ① 전혀 만족하지 않는다. ② 만족하지 않는다. ③ 그저 그렇다. ④ 만족한다. ⑤ 매우 만족한다.
	비율	예7. (조사 시점인 XX년 X월 X일을 기준으로) 귀하가 입사한 이후 휴직 기간을 제외하고 현재까지 근무한 기간은 총 얼마입니까? ( )년 ( )개월

2) 데이터 변환

때로는 어떤 변수가 본래 양적 또는 질적 특성을 가지는지와 무관하게 연속형 데이터로 처리할 것인지, 아니면 범주형 데이터로 처리할 것인지 선택해야 하는 경우가 있다. 예를 들어, 성별과 같은 범주형 변수는 데이터 값이 정도와 양을 의미하는 것이 아니므로 속성에 따라 임의의 기호나 값으로 분류할 수 있으나 필요한 경우 0과 1의 값을 갖는 더미 변수로 변환하여 연속형 변수를 취급하는 것과 같은 방법으로 분석에 활용할 수 있다.

이와 달리 변수의 본질적 특성이 양적이어서 연속형 데이터로 수집했음에도 불구하고 불가피하게 범주형 데이터로 변환해야 할 때도 있다. 대표적으로 데이터의 분포가 정규 분포를 나타내지 않을 때가 그러한 경우에 해당된다. 예를 들어, 소득 수준, 기업 규모 등은 평균을 중심으로 좌우 대칭으로 고르게 분포된 정규 분포가 아닌 작은 값에 많은 사례가 모여 있는 멱함수 분포를 나타내는 경우가 많다. 때로는 원시 데이터(raw data)에 자연로그나 로그를 취해주면 정규 분포에 가깝게 변환이 되기도 하지만 그렇지 못할 때도 있다. 자동차 영업 사원의 월간 실적을 판매 대수로 측정할 때 1대도 팔지 못하거나 1~2대를 판 영업 사원이 대부분일 때가 그러한 경우이다. 이때의 영업 실적은 정규 분포를 나타내지 않아 연속형 데이터로 분석하기 적절하지 않고 정규 분포로의 변환도 어려워 결국 '있다', '없다'와 같은 범주형 데이터로 분석하는 것이 적절한 선택이 될 수 있다.

〈표 7-2〉 데이터 입력 및 변환 방법

데이터	척도	입력 및 변환 방법
범주형	명명	자료 입력 시 최초 입력은 선택 항목에 부여된 숫자 그대로 입력하지만, 통계 분석을 위해 명명 척도와 서열 척도로 측정된 변수는 질적 변수에 해당하므로 0과 1의 값만 갖는 더미 변수로 변환하여 분석하는 것이 좋다. 남성과 여성처럼 두 개의 집단으로 구분되는 경우는 하나의 더미 변수를 생성하면 되고, 거주 지역 등 세 개 이상의 집단으로 구분되는 경우는 총 집단의 수가 n개일 때, n−1개의 더미 변수를 생성하면 된다.
	서열	
연속형	등간	정도와 양을 측정한 연속형 데이터는 입력한 숫자 그대로 통계 분석할 수 있다. 단, 모수통계의 경우 정규 분포를 가정하므로 데이터가 멱함수 분포와 같이 지나치게 편포되어 있다면 정규 분포에 가깝도록 데이터 값을 변환하는 것이 좋다. 정규 분포로의 데이터 변환 전략이 불가능한 경우에는 범주형 데이터로의 변환도 고려해볼 수 있다.
	비율	

한편, 연속형인 데이터를 범주형으로 취급하려 할 때는 유의할 점이 있다. 가령, 특정 역량이 직무 성과에 영향을 미치는지를 분석하고자 할 때 역량 수준이 높은 집단과 낮은 집단으로 나누어 직무 성과를 비교하는 경우를 생각해볼 수 있다. 이렇게 범주화하여 비교하는 것이 불가능하지는 않으나, 역량 수준을 등간 척도로 측정하여 분석하는 것이 더 바람직하다. 본질적으로 역량은 '높다'와 '낮다'로 단순하게 구분할 수 있는 것이 아니고, 인위적으로 범주화할 경우 한 범주 내에서의 개인 간 차이를 무시하는 것이 되어 더 정밀한 정보를 사용할 수 없게 되기 때문이다. 또한, 역량 수준을 고·저 또는 상·중·하로 구분했을 때 구분의 근거와 기준이 부족하다는 문제에도 부딪히게 된다.

데이터는 분석되기 위해 존재하고, 뛰어난 평가자는 파편적인 경험이 아닌 데이터를 기반으로 객관적인 사실을 파악하여 그 의미를 발견한다. 평가의 전 과정은 과학적으로 이루어져야 하고, 평가자의 주관적인 판단에 의존해서는 곤란하다. 예를 들어, 질적 분석은 특정 현상의 맥락적 의미를 탐구하고, 양적 분석은 데이터에 내재된 현상의 핵심을 파악하고 검증한다는 차이가 있지만, 둘 다 체계적이고 과학적인 분석이어야 한다는 점에서는 차이가 없다. 따라서 올바른 평가를 위해서는 분석에 대한 기초를 튼튼히 할 필요가 있으며, 특히 양적 분석을 위해서는 통계에 대한 이해가 매우 중요하다.

1) 표본(sample)과 표집(sampling)

질적 분석에서는 상대적으로 분석의 대상이 되는 집단이 작거나 특수성을 가지는 반면, 양적 분석은 대상 집단이 크고 구성원들의 특성도 다양하여 때로는 해당 집단의 일부만을 추려 살펴본 후 그 결과를 활용하여 목표 집단에 대한 합리적 추론을 해야 할 경우가 있다. 이처럼 양적 분석을 위해 전체(모집단)로부터 일부(표본)를 추출하는 것을 표집이라 하며, 관련하여 몇 가지 용어를 이해할 필요가 있다.

▪ 모집단(population) vs. 표본(sample)

모집단은 연구나 평가의 대상이 되는 전체를 의미하고, 표본은 모집단으로부터 추출되어 모집단을 대표하는 대상의 군집을 의미한다. 예를 들어, 우리나라 제조업 종사자들의 조직몰입 수준을 살펴본다고 할 때 연구대상이 되는 모집단은 우리나라 제조업 종사자 모두이다. 그러나 모집단을 대상으로 연구를 수행하는 것은 현실적으로 불가능에 가깝고 엄청난 비용과 시간을 수반할 것이다. 또한, 많은 시간이 소요된다는 것은 수집 중 모집단의 구성이 바뀔 수도 있다는 것을 의미한다. 제조업을 떠나는 종사자와 새로 진입하는 종사자들이 생길 것이기 때문이다. 따라서 모집단을 연구하는 합리적인 방법은 모집단을 대표하는 대상을 일부 추출하는 것이다. 임의표집 또는 다른 적절한 방법을 통해 추출된 500명을 분석한다면 제조업 종사자 모두에 대해 상당한 추론이 가능할 것이기 때문이다, 이때 추출된 제조업 종사자들을 표본이라 하고, 500명을 표본의 수 또는 표본 크기라 한다.

■ 확률표집(probability sampling) vs.
비확률표집(nonprobability sampling)

확률표집은 확률 이론에 근거하여 모집단의 모든 개체들이 동일한 확률로 선택되고 각 개체가 표본에 포함되는 사건은 상호 독립적으로 이루질 것이라는 가정하에 임의표집으로 이루어진다(이종성 등, 2007). 확률표집을 하는 이유는 모집단에 대한 대표성을 높여 분석 결과의 일반화 가능성, 즉 외적 타당도를 높이기 위한 것이다. 표본은 모집단의 일부만을 포함하기 때문에 표본오차가 발생할 수밖에 없고 이것이 분석 결과의 일반화를 제한하는데, 확률표집은 모집단의 모든 대상이 표본으로 선택될 가능성이 같으므로 이러한 표본오차의 영향을 줄일 수 있다(양병화, 2016).

확률표집으로는 단순임의표집(simple random sampling), 층화표집(stratified sampling), 군집표집(cluster sampling) 등이 있다. 한편, 확률표집이 불가능하거나 모집단을 정확히 정의하기 어려운 상황, 모집단이 적거나 특이한 사건을 연구할 때는 편의표집(convenience sampling), 판단표집(judgment sampling), 눈덩이표집(snowball sampling) 등의 비확률표집을 한다(양병화, 2016). 분석 결과의 외적 타당도 확보를 위해서는 확률표집이 바람직하지만 현실적으로 확률표집이 어려운 경우가 많기 때문이다. 따라서 평가자는 평가 목적과 평가의 여건 및 상황에 따라 가장 적절한 표집 방법을 선택해야 한다. 또한, 비확률표집이 불가피한 경우에는 표본의 규모를 최대한 키우는 등의 표본오차 최소화를 위한 적절한 조치를 취할 수 있어야 한다(양병화, 2016).

░ 더 알아보기

확률표집

방법	의미	예시
단순임의표집	모집단의 모든 대상이 표본으로 선택될 확률이 모두 동일한 상태에서 표본을 추출하는 방법이다.	카드를 잘 섞어 패 돌리기, 제비뽑기 등과 같은 원리이며, 표본의 크기를 정하고 모집단 명부에 일련번호를 부여한 후 난수표나 카드를 이용하여 표본의 크기만큼 추출한다.
층화표집	모집단을 구성하는 몇 개의 층 혹은 집단으로부터 표본을 임의표집하는 방법으로 동등층화법, 비례층화법, 불비례층화법 등이 있다. 각각의 층이나 집단의 비율이 비슷하여 동등 비율로 표집하는 방법이 동등층화법, 각각의 층이나 집단의 비율이 달라 이를 고려하여 표집하는 방법이 비례층화법, 특정 층이나 집단을 집중적으로 조사할 필요가 있어 가중치를 부여함으로써 비율 조절을 하는 방법이 불비례층화법이다.	10대, 20대, 30대, 40대 연령대별로 모집단의 구성 비율이 비슷할 때 각 연령대별로 동일 비율로 표본을 추출하면 동등층화법, 모집단의 연령대별 구성 비율이 달라 그 비율에 따라 표본을 추출하면 비례층화법, 특정 연령대에 가중치를 부여하여 더 많은 비율로 표본을 추출하면 불비례층화법을 적용한 것이다.
군집	군집 표집은 개인이나 개별 사례가 아닌 집단을 표집하는	전국의 임금 근로자가 모집단이라면, 먼저 시·도(광역 지

표 집	방법으로 최종적인 표집 단위가 상위 집단에 속해 있다면 이 상위 집단을 먼저 표집하는 방법이다. 만약 표집 단위가 속해 있는 상위 집단이 여러 수준이라면 몇 단계에 걸쳐 아래 단위의 집단을 순차적으로 표집할 수도 있다. 그리고 가장 아래 수준의 집단을 확인한 후 그 집단 내 모든 표집 단위들을 표본으로 선정할 수도 있지만, 그 집단 내 표집 단위들 중 단순임의표집을 할 수도 있다.	자체) 단위 표집을 하고 다음 단계에서 시·군·구(기초 지자체) 단위 표집을 할 수 있다. 다시 말해, 모집단이 우리나라 임금 근로자이고 시·군·구가 최종적인 하위 단위라고 가정한다면, 시·군·구의 상위 집단은 시·도이므로 먼저 시·도별로 시·군·구를 표집하고, 다음으로 시·군·구 내 임금 근로자를 표본으로 선정한다. 이때 임금 근로자 모두를 표본으로 선정하거나 이들 중 일부를 임의표집할 수도 있다.

비확률표집

방법	의미	예시
편 의 표 집	조사자가 접촉이 가능한 대상의 자료를 수집하는 방법으로 우연적(accidental) 표집이라고도 한다.	조사자의 사정상 확률 표집이 어려워 지인들을 통해 직간접적으로 조사 대상자를 접촉하여 조사하는 경우가 편의표집의 대표적 사례에 해당한다. HRD 분야의 많은 연구들이 기업 종사자들을 대상으로 하면서 확률표집의 현실적 어려움으로 편의표집을 택하는 경우가 많다.
판 단 표 집	전문가의 지식 또는 판단에 의해 표본을 선정하는 방법이다. 유목적적 또는 의도적(purposive) 표집이라고도 한	입시제도 개편을 위해 학부모, 학생들의 입장을 모으고 수렴하기 위한 조사를 하는데 입시 전문가라고 알려진 대학

	다. 연구 초기에 사전 조사를 하거나, 표본 수를 많이 확보하기 어려울 때, 양적 접근보다는 질적 접근을 하는 것이 더 의미가 있다고 판단될 때 유용한 방법이다.	교수가 사교육 과열 지구로 알려진 특정 지역의 학부모와 학생들을 조사하는 것이 적합하다는 의견을 주었다. 이에 따라 그 특정 지역에서 표본 추출을 하였다면 판단표집에 해당한다.
눈덩이표집	작은 눈덩이를 굴려 큰 눈덩이를 만들 듯이 접촉 가능한 소수의 대상자를 찾아 조사를 하고, 그 대상자가 소개한 유사한 표본을 찾아 조사하는 방식으로 표집하는 방법이다. 특이한 사건이나 현상에 대해 조사할 때 적합한 방법이다.	약물 중독자나 범죄 피해자 등 접촉하기가 쉽지 않은 대상자들을 조사하고자 할 때 우선 접촉 가능한 소수의 대상자를 조사하고, 그들로부터 다른 대상자들을 소개받아 조사하였다면 눈덩이 표집이라 할 수 있다.

▪ 모수치(parameter) vs. 통계치(statistic)

모수치는 모집단과 관련한 값을, 통계치는 표본과 관련한 값을 말한다. 모수치는 모집단이 지니고 있는 속성을 의미하는데, 모집단이 대단히 크면 실제로 모수치를 알기는 어려울 수 있지만 그럼에도 그러한 속성은 엄연히 존재한다고 이해되어야 한다(성태제, 2014). 통계에서 모수치는 평균을 μ(뮤)로, 표준편차는 σ(시그마)로 표기한다.

통계치는 모집단으로부터 추출된 표본의 속성을 의미하며, 통계량(measures) 또는 추정치(estimates)라고도 한다. 통계에서 통계치는 평균을 $\overline{X}$, 표준편차는 s로 표기한다. 예를 들어, 어떤 교육 프로그램에 참여한 100명의 근로자에 대해 100점 만점의 테스트를 시행한 결과 70점의 평균 점수가 나왔다고 가정해보자. 100명의 근로자가 모든 프로그램 참여자인 경우, 이 값은 그 자체로 모수치이다. 그러나 100명의 근로자가 1000명의 프로그램 참여자로부터 표본 추출되었다면

이 평균값 70은 하나의 통계치이다.

2) 통계 유형

통계는 분석의 목적 및 분석하고자 하는 데이터의 속성 등에 따라 여러 용어로 이해된다. 대표적으로 분석의 목적에 따라 기술통계와 추리통계, 데이터의 속성에 따라 모수통계와 비모수통계로 구분되며, 각각의 구분에 따라 다양한 분석 기법이 활용된다.

■ 기술통계(descriptive statistics) vs.
추리통계(inferential statistics)

기술통계는 수집된 데이터를 간단하고 편리하게 제시하여 데이터를 구성하는 대상들의 속성을 이해하고 설명하기 위한 통계이다. 모집단의 규모가 크지 않아 분석 데이터가 모집단 전체로부터 온 경우라면 이에 대한 기술통계는 모집단의 속성을 설명해줄 수 있지만, 표본으로부터의 데이터를 기술통계로 제시하는 것은 표본의 속성에 대한 설명일 뿐 모집단의 속성을 예측해주지는 않는다. 반면, 추리통계는 표본으로부터 얻은 데이터를 가지고 모집단의 속성을 추정하는 통계이다. 그러므로 표본으로부터의 결과를 사용하여 모집단에 대한 이해를 넓히거나 예측을 한다(성태제, 2014). 정리하면, 기술통계는 수집된 표본 데이터의 특성을 그림, 도표, 수치로 요약하고 제시하는 통계이고, 추리통계는 표본으로부터의 추정치를 이용하여 모집단의 모수를 추정하거나 모수에 대한 가설을 검정하는 통계이다(우형록, 2015).

예를 들어, 우리나라 고등학교 1학년의 수학 학업 성취도를 알고자 할 때 추출된 표본으로부터 평균 60, 표준편차가 18이 나왔다고 가정하면, 평균 60과 표준편차 18은 표본에 대한 기술통계이고 우리나라 고등학교 1학년 전체의 평균이 60인지를 검증하기 위한 분석을 한다면 이는 추리통계이다. 추리통계는 본질적으로 표집 오차를 수반하므로 적절한 분석과 추론 기술을 요구한다. 이렇듯 모집단의 평균에 대한 추정을 포함하여 상관분석, 집단 간 차이를 추정하기 위한 분산분석, 설명과 예측 관계를 추정하기 위한 회귀분석은 물론, 더 정교한 고급 통계 모형을 적용하여 나온 추정치로부터 모수를 추정하거나 모수에 대한 가설을 검증하는 통계는 추리통계에 해당한다.

■ 모수통계(parametric statistics) vs. 비모수통계(non-parametric statistics)

데이터가 연속형인지 범주형인지에 따라 통계 분석 방법도 달라질 수 있다. 예를 들어, 기술통계에서 연속형 데이터는 수리적 연산을 통해 평균과 분산 등의 통계치로 데이터의 특성을 간단히 제시할 수 있는 반면, 범주형 데이터는 범주별로 분류하고 빈도나 비율을 요약하여 제시해야 한다. 추리통계에서는 데이터의 유형에 따라 모수통계와 비모수통계 중 어떤 분석 방법을 적용할 수 있는지가 결정된다. 여기서 기준은 준거 변수의 데이터 유형이며, 준거 변수의 데이터가 연속형이면 모수통계 분석을 시행하게 된다.

모수통계는 피어슨(Pearson)의 적률상관분석, 분산분석, 회귀분석 등 다양한 통계 분석 방법을 포함하며, 모집단의 데이터가 정규 분포여야 한다는 가정을 가진다. 준거 변수의 데이터가 범주형이면 비모수통계 분석을 해야 하는데, 비모수통계는 모수에 대한 가정을 전제하지 않으며 모수통계보다 검증력이 약하다. 비모수통계 분석은 카이제곱(χ^2) 검정, 로지스틱 회귀분석 등을 포함한다.

3) 중심경향과 분포

수집된 데이터를 요약하고 제시하는 기술통계만으로도 현상을 이해하는 데 도움이 되는 경우가 많다. 또한 모집단의 특성을 추리하고 가설을 검증하는 심층 분석에 있어서도 데이터의 핵심적 속성을 이해하기 위한 기술통계 분석은 필수적이다. 데이터를 이해하기 위한 가장 기본적이고 직관적인 기술통계 방법은 표 또는 그래프에 빈도를 표시하는 것이고, 특히 연속형 데이터의 경우 중심경향(central tendency), 변산(variability) 및 분포(distribution)를 살펴볼 필요가 있다.

■ 중심경향(central tendency)

수집한 데이터가 어떤 값을 중심으로 몰리는 경향이 있는지를 하나의 수치로 요약한 것이 중심경향 측정치들이다. 이것들은 전체로서 데이터 세트를 이해하고 표현하는 데 사용된다(우형록, 2014).

- 평균(mean): 데이터 세트의 모든 사례의 값들을 더한 후 전체 사례 수로 나눈 값이다. 자연과 인간 사회에서 발견되는 많은 현상의 측정치들은 평균을 중심으로 좌우 대칭의 정규 분포를 나타내는 경우가 많으며, 따라서 평균은 통계에서 가장 자주 사용되는 중심경향 측정치이다.
- 중위수, 중간값(median): 데이터 세트를 절반으로 나누어 정중앙에 위치하는 값이다. 중위수를 적용하는 예로 과세 기준을 정할 때를 들 수 있다. 사회의 소득 분포를 보면 저소득자가 많고, 고소득자는 소수이지만 이들의 소득은 매우 높게 나타나는 것이 일반적이다. 따라서 소득의 평균으로 과세 기준을 잡게 되면 불합리하게 높은 수준의 기준이 형성되므로 소득의 순위에서 중간에 위치한 중위수로 과세하는 것이 더 합리적이다.
- 최빈수, 최빈값(mode): 데이터 세트에서 가장 많은 빈도수를

나타내는 사례의 값이다. 최빈값을 적용하는 예로는 신발과 옷 사이즈를 들 수 있다. 신발이나 옷을 생산하는 제조업체가 생산량을 결정할 때는 시장에서 잠재적 고객 수가 가장 많이 몰려 있는 사이즈의 제품을 택하여 생산하려 할 것이고, 이 경우 최빈값을 활용하는 것이 유익할 것이다.

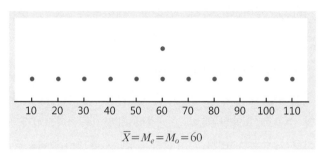

$$\overline{X} = M_e = M_o = 60$$

[그림 7-1] 자료 A의 분포

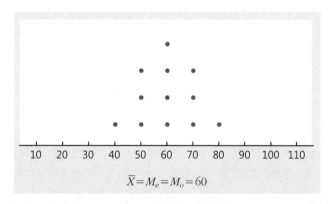

$$\overline{X} = M_e = M_o = 60$$

데이터 세트 A와 B 모두 평균, 중간값, 최빈값은 60으로 동일하지만, 값들이 평균으로부터 떨어진 거리를 의미하는 분산과 표준편차는 데이터 세트 A가 더 크다고 할 수 있다. 이와 같이 값들이 평균으로부터 떨어진 거리는 결국 자료들이 흩어진 정도인 변산을 의미한다.

[그림 7-2] 자료 B의 분포

기하평균

일반적으로 평균을 산출할 때 가장 많이 활용되는 방식은 산술평균이다. 하지만 매출 증가율, 인구 증가율 등 일정 기간 동안의 평균적인 변화의 비율을 산출하는 데에는 기하평균이 유용하다. 가령 기업A의 영업 1년차 매출이 1억이고, 2년차 매출이 2억이며, 3년차 매출이 16억이었다고 할 때 3년 평균 매출 증가율은 얼마일까? 영업 1년차부터 3년차까지의 시간 간격은 두 구간이고(1-2년차, 2-3년차), 구간별 매출 증가율은 각각 200%와 800%이며, 이를 산술평균하면 (200%+800%)/2=500%가 나온다. 하지만 이처럼 평균 매출 증가율을 500%로 적용하면 실제와 차이가 발생한다. 1년차 매출 1억원을 기준으로 산술하면 2년차 매출은 5억원, 3년차 매출은 25억원이 되기 때문이다. 따라서 이런 경우 산술평균이 아닌 다음과 같은 공식을 활용한 기하평균이 정확한 계산 방법이 된다.

$$기하평균 = \sqrt[n]{a_1 \times a_2 \times a_3 \times ... \times a_n}$$

본 예시에서 양수는 200과 800으로 2개(n=2)이고 두 양수의 곱에 대한 n제곱근이 기하평균이다. 즉, 200×800=160,000의 제곱근은 400이 되므로 기업A의 3년간 평균 매출 증가율은 400%가 된다. 따라서 400%를 연차별로 대입해 보면 1년차 1억에서 2년차 4억, 3년차 16억이 산출되어 실제 3년차 매출과 일치함을 알 수 있다. 만약 4년차까지의 평균 매출 증가율을 구하고자 한다면 세 양수를 곱한 값의 3제곱근으로 기하평균을 구하면 된다.

■ 변산(variability)과 분포(distribution)

추리통계에서 변산과 분포는 중요한 의미를 갖는다. 앞서 피어슨의 적률상관분석, 분산분석, 회귀분석 등 많은 통계 분석 방법들이 모수통계에 속해 있음을 설명하였다. 그리고 모수 통계는 데이터의 정규 분포에 대한 가정을 전제한다는 점도 밝혔다. 그러므로 본격적인 통계 분석에 앞서 데이터의 분포가 검토되어야 한다.

분포를 검토하기 위해서는 데이터 세트를 대표하는 값들인 중심경향 측정치들뿐만 아니라 변산의 정도를 함께 확인해야 한다. 변산은 데이터 세트의 값들이 어떻게 퍼져 있는지 또는 뭉쳐 있는지를 알려주는 것으로, 그래프와 같은 시각적 자료나 사분위수 범위, 분산, 표준 편차 등의 값을 통해 이해할 수 있다. 또한, 분포는 변산 데이터들을 체계적으로 정리한 것으로 정규(normal) 분포, 편향(skewed) 분포, 다중모드(multimodal, 최빈값이 두 개 이상으로 분포의 모양에서 봉우리가 두 개 이상인) 분포 등 다양한 모양이 있다. 정규 분포는 단봉(unimodal, 최빈값이 하나여서 분포의 모양에서 봉우리가 한 개인)의 좌우대칭 종 모양으로 나타낸다. 편향 분포에서는 봉우리(최빈값)가 오른쪽 또는 왼쪽으로 기울어져 있으며, 다중모드 분포는 두 개 이상의 여러 봉우리로 그려진다.

분포의 모양과 특성을 시각적으로 파악하기 좋은 그래프는 히스토그램이다. 또한, 분포가 오른쪽이나 왼쪽으로 치우진 편향 분포인지를 나타내는 왜도(skewness)와 평균을 중심으로 값들이 집중되어 있는지 넓게 퍼져 있는지를 나타내는 첨도(kurtosis)와 같은 통계치를 통해서도 분포의 형태를 파악할 수 있다.

유사한 중심경향 및 변산 값을 갖는 데이터 세트라 할지라도 분포의 모양은 다양하게 나타날 수 있다. 모양이 다르다는 것은 그 의미 또한 다르다는 것이므로 평가자는 본격적인 분석에 앞서 반드시 데이터 세트의 분포를 확인해야 한다.

[그림 7-3] 정규 분포, 편향 분포, 다중모드 분포(왼쪽부터)

3 논의

- 특정 HRD 활동에 대한 평가 상황을 가정한 후 분석에 필요한 변수를 모두 설정하고 각 변수는 어떤 척도로 수집되어야 할지 논의하시오.
- 기술통계와 추리통계가 적절한 분석 상황을 각각 제시하고, 왜 해당 통계 분석 방법이 적절한지 논의하시오.
- 평균, 중위수, 최빈수가 쓰이는 적절한 상황을 각각 제시하고, 왜 해당 값의 사용이 적절한지 논의하시오.

참·고·문·헌

성태제 (2014). 현대 기초통계학: 이해와 적용(7판). 학지사.

양병화 (2016). 심리학 및 사회과학을 위한 조사와 통계분석. 학지사.

우형록 (2015). SPSS, 엑셀 2013으로 풀어 쓴 통계해례. 책다움미디어.

이종성 등 (2007). 사회과학 연구를 위한 통계방법(4판). 학지사.

제 **8** 장

양적 분석과 질적 분석

과학적 연구 방법과 분석 기술은 수집한 데이터를 활용하여 현
상을 이해하고 해석할 수 있도록 도와준다. 데이터가 흩어져 있
는 이야기 조각들이라면, 분석 기술은 이 조각들을 결합하여 의
미 있는 정보와 지식으로 전환해 주는 도구이다.

░ 학습 목표

8장의 학습 목표는 다음과 같다.

- 분석하고자 하는 양적 데이터를 기술통계를 활용하여 효과적으로 요약할 수 있다.
- 주요 추리통계 분석 방법의 핵심 내용을 설명할 수 있다.
- 비교, 관계, 영향 등을 분석하기 위한 적합한 추리통계 방법을 선택할 수 있다.
- 평가의 대상이 되는 현상이나 집단을 심층적으로 파악하기 위한 적합한 질적 분석 방법을 선택할 수 있다.

░ 핵심 용어

- 정보의 요약
- 집단 간 비교
- 변수 간 상관관계
- 변수 간 영향 관계의 설명과 예측
- 내용분석
- 문화기술
- 사례연구

양적 분석

HRD 평가와 연구에 있어 양적 접근을 활용한다면 통계를 살펴보지 않을 수 없다. 통계를 활용한 양적 데이터 분석은 크게 정보의 요약, 집단 간 비교, 변수 간 상관관계 분석, 변수 간 영향 관계의 설명과 예측 등으로 범주화할 수 있다.

1) 정보의 요약

대용량 데이터의 특성과 의미를 요약하고, 체계적으로 구조화하며, 효과적으로 제시하기 위해 기술통계를 이용한다. 프로그램 평가를 위해 참여자 전체를 대상으로 설문을 시행하였다면 이를 집계하고 대푯값을 활용하여 결과를 요약할 필요가 있다. HRD와 관련한 중요한 지표들에 대해 스코어카드나 대시보드를 개발하는 경우에도 데이터의 효과적 요약과 시각화를 위해 기술통계가 활용되어야 한다. 예를 들어, 구성원의 업무몰입 향상이 중요한 KPI이고 이에 대한 성과를 평가한다면, 모든 구성원의 업무몰입 수준을 일일이 보여주는 대신 평균 몰입 수준이나 전년도 평균 수준과의 비교 정보를 그래프와 함께 제시하는 것이 훨씬 더 효과적일 것이다.

이처럼 기술통계는 크고 복잡한 데이터를 직관적 이해가 가능한 수준으로 변환할 수 있는 효과적인 방법이다. 개념이 비교적 어렵지 않고 계산기나 엑셀 등을 통해 쉽게 분석이 가능한 것도 장점이다. 기술통계의 예로는 데이터의 개수, 평균, 분산과 표준편차, 중위수, 최빈수, 표준화 점수(원점수를 평균이 0, 표준편차가 1인 z분포상의 점수로 변환하여 도출하는 z점수, z점수를 평균 50, 표준편차 10인 분포로 변환시킨 T점수 등) 등이 있고, 이러한 수치 정보를 시각 정보로 구현한 각종 그래프(히스토그램, 산포도 등)를 포함한다.

한편, 기술통계는 수치와 그래프를 활용하여 데이터를 이해, 요약, 표현하는 데 유용하나 해당 데이터 너머의 정보와 지식을 주는 데에는 한계가 있다. 가령, 일부 인원에 대한 설문조사 결과가 프로그램 자체의 품질이나 조직 구성원 전체의 의견을 의미한다고 볼 수는 없다. 이럴 때는 아마도 모집단 전체를 조사하여 분석하거나 다른 효과적인 방법의 모색이 필요할 것이다. 다시 말해, 표본으로부터의 데이터를 기술통계로 제시하는 것이 모집단의 속성을 예측하는 것은 아니며 이를 위해서는 추리 또는 추론통계의 활용을 검토할 필요가 있다.

> ░ **더 알아보기**
>
> **분포, 평균, 표준편차, z점수, T점수**
>
> 다음 그림은 분포, 평균, 표준편차, z점수, T점수와 이들을 어떻게 상호 간의 관계 속에서 이해할 수 있는지 일목요연하게 보여준다. 그림과 같이 정규 분포는 단봉이면서 평균을 중심으로 좌우가 대칭인 형태를 나타낸다. 원점수를 전체 평균으로 빼서 중심화(centering) 교정을 하면 평균이 0이 되고, 좌우로 1 표준편차만큼 갈 때마다 분포가 차지하는 각각의 비율과 누적 비율은 그림에서 확인할 수 있는 바와 같다. 예를 들어, 평균을 중심으로 양쪽이 각각 50%씩을 차지하고, 전체 모집단 중 평균으로부터 표준편차 1과 −1 사이에 각각 34.13%씩, 총 68.26%의 사례가 분포하고 있음을 알 수 있다. 표준편차 3과 −3 사이에는 전체 사례의 99.72%가 존재하고, 누적 비율로 보았을 때 평균에서 3 표준편차만큼 큰 위치는 전체 사례의 약 99.9%에 해당한다. 참고로, 분산은 표준편차를 제곱한 값을 의미한다.
>
> 표준화 점수로서 z점수는 평균을 0, 표준편차를 1로 변환한 점수이며, 원점수에서 평균을 뺀 값을 표준편차로 나눈 값이다. 원점수만으로는 해당 점수가 전체에서 몇 번째이거나 전체의 몇 %에 속하는지 별도의 계산을 하기 전에는 알 수 없으나, 표준화 점수를 보면 이를 쉽게 알 수 있다는 장점이 있다. 물론 통계 분석에 있어 각기 다른 점수들을 표준화하여 동일한 기준으로 만드는 데 사용할 수 있다는 점도 빼놓을 수 없다. T점수는

z 점수에 10을 곱한 다음 50을 더한 값이며, 각각의 식은 다음과 같다.

✔ z점수=(원점수-평균)÷표준편차
✔ T점수=z×10+50

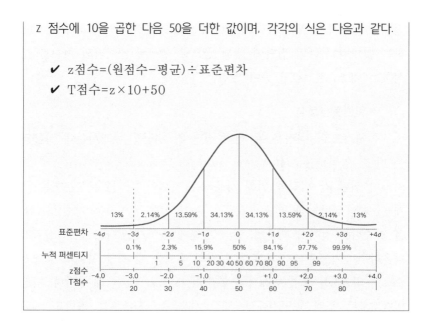

2) 집단 간 비교

HRD 전문가는 특정 프로그램이나 제도의 효과를 평가하기 위해 프로그램 전후, 또는 프로그램 참여자들과 비참여자들 사이의 성과를 비교해 볼 수 있다. 예를 들어, '새로운 영업 담당자 교육 프로그램이 고객 불만을 줄이는데 효과적이었는가?'와 같은 분석을 위해 프로그램 참가자 20명과 비참여자 20명 각각의 평균 고객 불만 건수를 통계를 사용하여 비교할 수 있다. 다른 조건들이 모두 같다고 할 때(다른 조건들이 동일하거나 통제되었을 때), 참가자 집단의 고객 불만 건수 평균이 유의미하게 낮으면 프로그램이 효과적이었다고 말할 수 있을 것이다.

이렇듯 집단 간 평균의 차이가 통계적으로 유의미한지를 보기 위해 사용될 수 있는 비교적 간단한 분석 방법이 t검정(t-test)이다(우형록, 2015). t검정은 모집단의 평균 등 벤치마크와 표본집단의 평균을 비교하는 단일표본 t검정, 위 예시의 관심 집단과 통제 집단처럼 두 집단을 비교하기 위한 독립표본 t검정, 교육 전후의 시험 점수를 비교하는 것처럼 하나의 집단에 대해 쌍으로 생성된 데이터의 차이를 분석하는 대응표본 t검정 등이 있다.

■ **일원분산분석**

통계적으로 t검정은 두 개의 집단 간 평균을 비교하는데 사용되는 반면, 일원분산분석(one-way analysis of variance, ANOVA)은 세 개 이상의 집단 간 비교를 위해 사용되는 기법이다. 일원분산분석은 세 개 이상의 집단들의 평균이 모두 차이가 없을 것이라는 가설(영가설)을 검증하는 것이기 때문에, 만약 평균에 차이가 있다는 분석 결과가 나온다면(영가설이 기각되면) 어떤 쌍의 집단들 간 평균 차이가 통계적으로 유의한지를 보기 위해서 사후검정(post hoc test)을 해야 한다. 가장 일반적으로 통계 패키지에서 자주 사용되는 사후분석 기법은 쉐페(Scheffe), 본페로니(Bonferroni), 투키(Tukey), 게임스하웰(Games–Howell) 등이 있다.

░ **더 알아보기**

일원분산분석과 단순선형회귀분석의 관련성

사실상 분산분석은 아래에서 설명하게 될 회귀분석과 작동 원리가 유사하다(류성진, 2013). 일원분산분석에서 비교하고자 하는 집단들은 예측 변수로서 범주형 데이터에 해당하고, 평균 비교를 위한 값들은 준거 변수로서 연속형 데이터에 해당한다. 예를 들어, 경력 초기 근로자들을 대상으로 1년차, 2년차, 3년차 세 개의 집단 간에 조직사회화의 수준에 차이가 있는지를 알아보고자 한다면, 일원분산분석을 적용하여 집단 간 비교를 할 수도 있지만, 단순회귀분석의 회귀식에 범주형 데이터인 연차를 예측 변수로,[1]

---

1) 경력은 가급적 연속형 데이터로 측정하여 사용하는 것이 바람직하다. 여기서는 일원분산분석과 단순회귀분석과의 관련성을 설명하기 위해 연차를 학교의 학년처럼 구분되어 있다고 가정하여 범주형 데이터라 하였다.

조직사회화를 준거 변수로 대입해도 거의 유사한 분석 결과를 얻게 된다.

상기 사례의 경우 일원분산분석을 통해 세 개의 집단 간 조직사회화 수준이 차이가 있는지를 확인한 후, 사후 검정을 통해 어떤 집단들 간의 평균 차이가 통계적으로 유의한지 확인할 수 있다. 반면, 단순회귀분석에서는 세 개 연차 집단을 각각 더미 변수로 변환한 후 한 집단을 참조 집단으로 하여 다른 두 집단의 더미 변수를 회귀식에 대입하며, 이때 각 더미 변수의 회귀 계수는 참조 집단과의 평균 차이를 의미한다. 구체적으로, 1년차를 참조 집단(참조 집단 선정은 평가자가 가장 관심을 두는 집단)으로 설정한 후, 2년차이면 1 아니면 0으로 코딩한 2년차 더미 변수와 3년차이면 1 아니면 0으로 코딩한 3년차 더미 변수 등 총 두 개의 더미 변수를 회귀식에 대입한다. 회귀분석 결과 각 더미 변수의 회귀 계수는 조직사회화에 대한 참조 집단과의 평균 차이를 나타낸다. 예를 들어, 2년차 더미 변수의 회귀 계수가 1.2이고 이 계수가 통계적으로 유의하다면, 2년차의 조직사회화 수준이 1년차의 조직사회화 수준보다 평균 1.2만큼 높다고 해석할 수 있다.

■ 다원분산분석

일원분산분석은 범주형 예측 변수가 하나이고 연속형 준거 변수가 하나인 경우에 적용된다면, 다원분산분석은 범주형 예측 변수가 두 개 이상인 경우 활용된다(류성진, 2013). 예측 변수가 두 개라면 이원분산분석(two-way ANOVA), 세 개라면 삼원 분산분석(three-way ANOVA)이 될 것이다. 다원분산분석은 각각의 예측 변수가 준거 변수에 영향을 미치는지를 검증(주효과 검증)할 수 있을 뿐만 아니라, 예측 변수들 간의 상호작용이 준거 변수에 대해 영향을 미치는지도 검증(상호작용 효과 검증)할 수 있다(류성진, 2013).

예를 들어, 위의 연차별 3개 집단 간 조직사회화 수준의 차이를 비교하고자 했던 일원분산분석에서 성별 간 차이까지 보고자 한다면 이원분산분석을 하면 된다. 이때 예측 변수는 연차와 성별, 두 가지이다. 첫 번째 분석에서 이 두 예측 변수와 이들 변수 간 상호작용항이 준거 변수인 조직사회화에서 통계적인 차이가 있었는지를 확인할 수 있다. 그런데 성별은 두 개의 집단으로 나뉘므로 첫 번째 분석에서 두 집단 간 차이를 확인할 수 있지만, 연차는 세 집단으로 나뉘기 때문에 사후 검정이 필요하다. 통계적으로 연차 간 차이가 유의미하게 나왔다면, 사후 검정을 통해 어떤 연차들 간의 쌍에서 평균의 차이가 있었는지 확인할 수 있다. 또한, 연차 변수와 성별 간의 상호작용 항도 통계적으로 유의미한 것으로 확인되었다면 이 역시 사후 검정을 통해 구체적인 분석 결과를 확인할 수 있다.

더 알아보기

다원분산분석과 다중선형회귀분석의 관련성

다원분산분석은 여러 범주형의 예측 변수들이 준거 변수에서 차이를 만드는지를 확인하기 위한 것으로, 여러 범주형의 예측 변수를 대입한 다중회귀분석과 크게 다를 바 없다(류성진, 2013). 다시 말해, 연차와 성별이라는 범주형 데이터의 예측 변수들을 다중 회귀식에 대입하여 분석하면 각 예측 변수가 준거 변수에 차이를 만드는지 여부를 동일하게 검증할 수 있다.

다만 앞서 설명하였듯이 연차와 성별을 회귀식에 대입하여 분석하고자 할 때는 이들을 더미 변수로 변환하여 대입하는 것이 좋다. 성별은 두 개의 범주로 나뉘므로 남성이 1, 여성이 0인 하나의 더미 변수[2)]이지만, 연차는 세 개의 집단으로 설정되었으므로 한 연차를 참조 집단으로 하고 나머지 두 집단을 더미 변수로 변환하여 회귀식에 대입한다. 앞의 〈더 알아보기〉에서 설명하였듯이 더미 변수의 회귀 계수는 준거 변수에 대한 참조 집단과의 평균 차이를 의미한다.

---

2) 또는 반대로 여성이 1, 남성이 0으로 코딩해도 무관하지만, 코딩 값을 어떻게 부여했는지에 따라 전혀 다른 해석이 가능하므로 연구자나 평가자는 어떻게 코딩하였는지를 논문이나 평가 보고서에 반드시 제시하고, 올바르게 해석해주어야 한다.

■ 공분산분석

공분산분석(analysis of covariance, ANCOVA)은 연속형 데이터의 공분산(covariates)을 통제했을 때, 범주형 데이터의 예측 변수가 연속형 데이터의 준거 변수에 미치는 영향을 검증하는 분석 방법이다(류성진, 2013). 즉, 공분산분석을 통해 검토하고자 하는 예측 변수와 준거 변수 간의 관계에 영향을 미칠 수 있다고 판단한 제3의 변수, 즉 외래 변수(extraneous variable)의 공분산을 통제함으로써, 예측 변수가 준거 변수에 미치는 좀 더 고유한 영향력을 검증할 수 있다.

예를 들면, 앞의 연차와 조직사회화의 사례에서 평가자가 연차뿐만 아니라 내적동기에 따라서도 조직사회화에 차이가 있을 수 있다고 판단했다면, 이 내적동기의 수준을 측정한 연속형 데이터의 공분산을 통제할 수 있다. 이렇게 하면 연구자나 평가자는 내적동기를 통제함으로써 연차의 조직사회화에 대한 좀 더 고유한 영향력을 검증할 수 있게 된다. 공분산분석은 한 개 이상의 범주형 데이터의 예측 변수들과 한 개 이상의 연속형 데이터의 통제 변수들의 공분산을 통제하여 연속형 데이터 준거 변수에 대해 분석하는 것도 가능하다.

> ※ 더 알아보기
>
> 공분산분석과 다중선형회귀분석의 관련성
>
> 공분산분석도 작동 원리에 있어 다중회귀분석과 다를 바 없다(류성진, 2013). 공분산분석은 범주형 예측 변수들과 연속형 통제 변수들이 연속형인 하나의 준거 변수에 차이를 만드는지 확인하는 분석 방법이다. 마찬가지로 연속형인 여러 예측 변수들을 회귀식에 대입하여 서로의 공분산을 통제하면서 연속형 데이터인 준거 변수에의 영향을 분석하는 방법이 다중선형회귀분석이다.
>
> 예를 들어, 연차와 조직사회화 분석에서 평가자가 성별, 내적동기, 교육 참여 시간을 함께 고려해야 한다고 판단했다면, 연차를 제외한 나머지 요

인들을 통계적으로 통제해야 한다. 이때 채택할 수 있는 분석 방법은 공분산분석과 다중선형회귀분석이다.

3) 변수 간 상관관계 분석

관심 있는 두 가지 요소가 상관이 있는지를 이해하기 위해서는 그 관계가 얼마나 유의한지 검토해야 한다. 예를 들어, '직원 의사소통과 생산성이 서로 상관이 있는가?'와 같은 질문에 답하기 위해 각 직원의 의사소통 및 생산성 수준에 대한 데이터를 수집한 후 두 요소가 함께 변화하는지 검토할 수 있다. 이때, 의사소통 수준이 올라감에 따라 생산성이 높아지면 이 둘은 상관이 있다고 말할 수 있다. 이것은 잠정적으로 생산성 향상을 위해 직원 간의 의사소통을 장려해야 할 필요가 있음을 나타낸다.

하지만 여기서 앞서 살펴보았던 상관관계(correlation)와 인과관계(causation)의 차이에 주의해야 한다. 인과관계 측면에서, 직원 간의 적극적인 의사소통으로 인해 생산성이 향상될 수 있지만, 역으로 생산성 향상이 직원 간의 의사소통을 촉진했을 수도 있다. 따라서, 원인에 해당하는 예측 변수와 결과에 해당하는 준거 변수가 무엇인지 기존 연구를 검토하여 논리적 근거를 찾거나, 실증적으로 검증이 필요하다. 즉, 축적되어 온 이론과 연구들이 논리적·실증적으로 두 변수의 인과성을 지지해야 한다. 또한, 예측 변수라 생각했던 것이 준거 변수라 생각했던 것보다 시간적으로 먼저 일어났고, 둘 사이에 밀접한 관계가 있으며, 동일한 조건이라면 다른 어떤 요인이 아닌 예측 변수로 인해 준거 변수에 변화가 있었음이 실증적으로 증명되어야 한다. 따라서 단지 상관관계 분석의 결과로 두 변수 간에 인과관계가 있다고 주장하기는 어렵다.

통계적으로 Pearson의 상관분석이 상관관계 검토에 가장 널리 사용되는 방법이다. 상관관계 분석을 위해 확인하는 상관계수 r은 두 변수 간의 공분산을 두 변수의 표준편차로 나누어 −1부터 1까지의 범위 내 값을 갖도록 표준화한 통계량으로, r의 절대값이 크면 클수록 두 변수 간 상관의 정도가 높다고 할 수 있다(우형록, 2015).

※ 더 알아보기

상관분석, 분산분석, 회귀분석의 관련성

일반적으로 분산분석이 범주형 데이터의 예측 변수와 연속형 데이터의 준거 변수 간의 관계를 검토하는 분석 방법이라면, 상관관계 분석은 두 변수 모두 연속형 데이터인 경우 채택되는 분석 방법이다. t검정, 일원분산분석이나 상관분석의 공통점은 두 변수 간의 관계를 검토하는 데 있어 여타의 다른 요인들을 고려하거나 통제하지 않는 분석 방법이라는 점이다.

덧붙여서, 선형회귀분석은 연속형의 준거 변수에 대해 하나 또는 여러 예측 변수들과의 관계를 분석하는 방법인데, 범주형이든 연속형이든 단 하나의 예측 변수가 대입된 상태로 하나의 연속형 준거변수에 대해 분석하는 단순선형회귀분석의 결과는 일원분산분석이나 상관분석과 거의 유사한 분석 결과를 제시한다.

---

4) 변수 간 영향 관계의 설명과 예측

두 가지 요인들 사이에 상관관계가 발견되면 한 요인(예측 변수)이 다른 요인(준거 변수)에서의 변화를 설명하거나 예측하는지, 만약 그렇다면 얼마나 설명하고 예측하는지 궁금할 수 있다. 이를 위해 다양한 분석 방법들이 존재하고, 기술의 발전과 함께 분석 도구들 또한 정교하게 진화하고 있다.

■ 회귀분석

어떤 예측 변수가 어떤 준거 변수를 얼마나 설명하고 예측하는지를 규명하고자 하는 경우는 평가에서뿐만 아니라 실생활에서도 수시로 발생한다. 예를 들어, '규정 준수 캠페인에 투자한 금액이 위반율을 줄이는가? 어느 정도까지 줄이는가?'와 같은 질문에 답하기 위해 지난 몇 년간 캠페인에 지출한 금액과 위반율에 대한 데이터를 수집할 수 있다. 수집된 데이터의 분석 결과, 투자 금액과 위반율의 관계가 긍정적인 것으로 밝혀지면, 해당 투자는 바람직한 성과를 달성했다고 판단할 수 있다.

통계적으로 선형회귀분석이 이러한 검토에 널리 사용되는 방법이다. 선형회귀분석에는 단순선형회귀분석(하나의 예측 변수와 하나의 준거 변수)과 다중선형회귀분석(여러 예측 변수와 하나의 준거 변수)이 있다. 단순선형회귀분석은 하나의 예측 변수만을 포함하는 회귀분석으로 예측 변수와 준거 변수의 관계를 규명할 때, 이 두 관계에 영향을 미칠 수 있는 여타의 변수들(외래 변수들)을 통제하지 않는다. 상기 사례에서는 캠페인에 지출한 금액이 유일하게 회귀식에 투입된 예측 변수이고 위반율이 준거 변수인 것이다. 따라서 단순선형회귀분석은 이 두 변수 간의 고유한 관계를 규명하는 데 한계가 있다. 다시 말해, 단순선형회귀분석은 r^2을 통해 예측 변수가 준거 변수를 어느 정도 설명하는지, 즉 두 변수가 얼마나 강력한 관계를 가지는지 확인할 수 있다는 장점은 있으나 한편으로는 단순 상관분석과 크게 다를 바 없다고 할 수 있다.

이와 달리, 평가자는 관심의 초점인 캠페인 지출 금액 이외의 다른 요인들을 위반율에 대한 잠재적 예측 변수로 분석에 포함할 수 있다. 즉, 캠페인 지출 금액과 위반율의 관계에 영향을 미칠 수 있는 다른 잠재 요인들의 영향을 통제함으로써 이 두 변수 간의 고유한 관계를 보다 세밀하게 규명할 수 있는데, 이때 적용하는 분석 방법이 다중선형회귀분석이다. 예를 들어, 규정 준수 캠페인과 함께 위반에 따른 처벌 체계도 강화되었는데 이를 고려하지 않고 캠페인 투자만을 예측 변수로 투입하여 위반율에 대한 긍정적 효과를 발견했다면, 이 효과가 캠페인으로 인한 것인지 강화된 처벌 체계로 인한 것인지 정확히 알기 어렵다. 그러나 두 요인을 동시에 고려하여 회귀식에 투입하는 방식으로 다중회귀분석을 실시한다면 캠페인 투자의 효과를 통계적으로 더욱 정확하게 파악할 수 있게 된다.

※ 더 알아보기

매개 모형과 조절 모형

회귀분석을 능숙하게 활용할 수 있다면 예측 변수와 준거 변수 사이의 매개 변수를 규명하는 것도 가능하다. 매개 변수는 예측 변수가 준거 변수를 설명하거나 예측하는지를 보고자 할 때, '왜' 또는 '어떻게'라는 질문에 답변하기 위해 분석되는 요인이라 할 수 있다(서영석, 2010). 달리 말해, 예측 변수가 준거 변수를 설명하거나 예측할 때 어떤 요인을 통해, 또는 어떤 요인이 매개하여 설명하거나 예측하는지를 밝히는데, 그 '어떤 요인'이 매개 변수에 해당한다. 예를 들면, 개발을 지원하는 조직문화가 구성원이 본인의 경력에 대해 만족하도록 하는 요인인지 예측하고자 한다면, 그러한 조직문화가 구성원의 경력 만족에 대해 직접적으로 영향을 미치는지, 그 과정에서 리더 또는 동료들과의 상호작용이 이러한 영향이 일어나도록 매개하는 것은 아닌지 살펴보아야 한다. 다시 말해, 개발 지원적 조직문화는 경력개발을 촉진하는 리더의 피드백을 매개로 구성원의 경력 만족에 긍정적 영향을 미칠 수 있는데, 이러한 관계를 검증하는 것이 매개 효과의 검증이다.

회귀분석으로 예측 변수와 상호작용하는 조절 변수를 찾는 것도 가능하다. 조절 변수는 예측 변수와 준거 변수 간 관계의 방향이나 강도에 영향을 미치는 변수이다(Baron & Kenny, 1986). 예를 들어, 경력개발에 대한 리더의 피드백이 구성원의 경력만족을 잘 설명하고 예측할 때, 평가자는 무엇이 이 두 변수들 간 관계의 방향이나 강도에 영향을 미치는지를 알고 싶어 할 수 있다. 기존 사례를 통해 평가자는 코칭 리더십 프로그램이 리더의 피드백과 구성원의 경력만족 간의 긍정적 관계를 더욱 강화할 수 있다고 판단하였는데, 이와 같은 개입이나 처치가 바로 조절 변수로 검토될 수 있다. 만약 분석 결과, 코칭 프로그램이 리더의 피드백과 구성원의 경력만족 간의 긍정적 관계에서 정적(+) 조절 효과를 나타냈다면 이 프로그램에의 참여가 리더의 피드백의 긍정적 효과를 더욱 강화했다고 할 수 있고, 따라서 이는 해당 코칭 프로그램이 효과적이라고 평가할 수 있는 근거가 된다.

■ 구조방정식

변수 간 관계를 설명하고 예측하기 위한 깊이 있는 분석에 관심이 있는 평가자들을 위해 보다 정교한 분석 방법들이 소개되고 있다. 예를 들어, 앞서 매개 효과의 검증에 있어 다중회귀분석의 단계적 적용을 통한 방법이 있지만, 매개 변수를 포함하여 직접 경로와 간접 경로를 동시에 분석할 수 있는 경로 모형(path model)도 있다. 경로 모형은 회귀분석에서와 같이 구성개념 측정 도구의 타당도와 신뢰도를 사전에 검토한 후 특정 구성개념의 측정 문항들을 평균한 값으로 변수들을 구성하고 그 변수들 간의 매개 관계를 검토하는 방식이다.

경로 모형보다 더 정교한 분석 방법이라 할 수 있는 구조방정식(structural equation model, SEM)은 심리학이나 사회학에서 측정 이론에 기반한 확인적 요인분석과 계량 경제학에서의 연립방정식 모형에 기반을 둔 다중회귀분석과 경로분석이 결합된 것이다(배병렬, 2014). 즉, 구조방정식은 확인적 요인분석의 측정 모형과 다중회귀분석 또는 경로분석의 구조 모형을 결합하여 동시에 분석하는 모형이다. 또한, 구조방정식은 공분산분석 접근을 취함으로써 공분산 구조 분석(covariance structure analysis)이라고도 불리는데, 측정 오차를 설명할 수 있고 그럼으로써 모수 추정치와 표준 오차에서의 편향을 피하게 해준다는 장점(Bollen, 1989)이 있기 때문에 많은 연구에서 활용되고 있다.

구조방정식 분석을 위해 가장 먼저 개발된 프로그램은 LISREL이다(배병렬, 2014). 이후 AMOS라는 프로그램이 등장했는데, LISREL이

영어로 신텍스(syntax)3)를 작성해야 한다는 점에서 이러한 방법에 익숙하지 않은 사용자들에게 부담스러웠다면, AMOS는 측정 모형과 구조 모형을 포함하는 연구 모형에 대한 개념적 이해만 있다면 그림으로 잠재 변수와 측정 변수 및 변수들 간의 구조 관계들을 표현하여 분석할 수 있다는 점에서 각광을 받게 되었다.

■ 다층 모형

다층 모형도 어떤 예측 변수가 어떤 준거 변수를 설명하거나 예측하는지를 보기 위한 분석 방법이다. 다만 분석하는 데이터가 위계적으로 다른 수준을 가지고 있는 경우에 최적화된 분석을 가능하게 하는 모형이다(강상진, 2016). 수준이 다른 다층 데이터의 예로, 어느 특정 시점의 횡단 연구에서 조직에 속해 있는 구성원들의 데이터를 분석하는 경우를 생각할 수 있다. 이때의 데이터는 조직 수준의 데이터와 구성원 개인 수준의 데이터가 동시에 수집되어야 한다. 다른 예로 시간의 경과에 따른 조직이나 개인의 종단 데이터를 분석하는 경우를 생각해볼 수 있다. 평가자가 개인을 대상으로 종단 연구를 한다고 가정하면, 이때의 데이터는 개인 수준의 데이터와 개인에게서 반복 측정되어 그 개인 내에 종속되어 있는 데이터를 수집해야 한다. 전자와 후자 두 경우 모두 위계적 구조를 가진 데이터를 분석해야 하는데, 이러한 분석을 위해 활용되는 방법이 다층 모형(multi-level model)이다.

다층 모형은 평가의 대상이 어떤 집단에 속해 있다면, 그 대상의 정서, 인지, 행동 등은 그 집단의 맥락으로부터 자유로울 수 없다는 점에 주목한다. 즉, 분석을 위한 데이터는 평가의 대상이 최소한 어느 하나의 집단에 귀속되어 있는 다층의 성격을 띠는 것이다. 예를 들어, 학생은 학급에 속해 있고, 따라서 학생의 정서, 인지, 행동 등은 학급

---

3) 분석 프로세스를 수행하기 위해 어떻게 분석하는지를 작성하는 명령문.

의 분위기나 그 학급을 담당하는 교사의 특성, 학우들 간의 집단 역동성 등에 영향을 받는다. 그러므로 학교 부적응 행동과 같은 어떠한 행동 결과에 대해 분석하고자 한다면, 이 부적응 행동과 관련한 학생 개인 수준의 분석 데이터와 함께 학급의 분위기, 담임 교사의 특성, 학급 내 집단 역동성과 같은 집단 수준의 데이터 또한 함께 수집되고 분석될 필요가 있다. 부적응 행동은 학생 개인의 인구통계적, 심리사회적 특성은 물론 학급이라는 집단의 특성과 맥락으로부터 영향을 받을 가능성이 있기 때문이다. 나아가 학급들은 학교에 속해 있고, 학생들은 학급의 맥락과 함께 더 상위 수준의 집단인 학교의 맥락으로부터도 영향을 받을 수 있다. 따라서 평가자의 관심 수준과 범위에 따라 분석 데이터는 2수준 또는 3수준의 구조를 가질 수 있고, 만약 학생과 학급 및 학교 수준의 분석을 시도한다면 3수준의 다층 모형을 적용할 수 있다.

HRD 연구와 평가에서도 다층 모형이 분석에서 진지하게 고려되어야 하는 이유는 HRD 분야의 연구 및 평가 대상이 집단 또는 조직에 속해 있는 경우가 많기 때문이다. 기업 구성원의 경력개발과 관련하여 경력만족에 영향을 미치는 요인이나 개입의 효과에 대해 분석하고자 한다면, 구성원 개인 수준의 특성이나 행동 데이터와 함께 기업의 업종과 규모, 조직문화, 구성원 경력개발을 위한 제도와 프로그램의 시행 여부 등 조직 수준의 데이터도 함께 수집되고 분석되어야 할 것이다. 따라서 2수준의 다층 모형을 적용할 수 있다. 나아가 평가자가 부서/팀 수준에서의 요인들도 구성원의 경력만족에 영향을 미친다는 근거를 확보하여 검증하고자 한다면, 부서/팀 수준의 분석 데이터도 함께 수집되고 분석되어야 할 것이다. 예를 들어, 구성원에 대한 부서/팀 리더의 경력 관련 피드백과 코칭, 부서/팀 구성원들 간 신뢰와 협력 수준 등을 생각해볼 수 있으며, 이때는 개인, 부서/팀, 조직의 3수준 다층 모형을 적용해서 분석해야 할 것이다.

종단(longitudinal) 분석에서 동일한 평가 대상자들로부터 반복 측정된 데이터들도 다층의 위계적 구조를 가진다. 예를 들어, 신입사원의 조직 적응을 위한 프로그램이 적용된 이후 그들의 조직사회화 수준이 향상되었는지를 검토하는 평가를 가정해 보자. 평가자는 프로그램 시행 전, 종료 직후 및 일정 기간 경과 후 신입사원들의 조직사회화 수준을 각각 측정하고, 프로그램 종료 직후는 물론 어느 정도 시간이 지난 후에도 이들의 조직사회화 수준이 체계적으로 향상되었는지 확인하고 싶을 것이다. 이렇듯 여러 차례 관측된 데이터는 시계열성에 따른 공유 분산을 갖는다. 동일한 분석 대상자에게서 반복적으로 나온 데이터이므로 그 대상에게 귀속되어 있는 공통적인 분산이 존재하는 것이다. 이 경우 신입사원들의 개인별 특성 차이로 인해 조직사회화의 수준이 다르게 나타날 수 있지만, 시간의 흐름에 따라 동일한 신입사원에게서 반복 측정된 조직사회화 수준 또한 달라질 수 있다. 즉, 조직사회화에 차이를 가져올 수 있는 신입사원 개인 수준의 요인들에 대한 데이터와 동일한 개별 신입사원에게 반복 측정된 조직사회화의 데이터가 위계적 구조를 갖는다. 다층 모형은 이러한 위계적 구조를 갖는 종단 데이터에도 최적화된 분석 도구이다.

다층 모형을 분석하기 위한 프로그램으로는 HLM과 R이 있다. HLM은 위계적 선형 모형(hierarchical linear model)으로 다층 모형(multi-level model)과 동의어로 사용되기도 하며, 그 자체로 통계 패키지의 이름이기도 하다. HLM은 다층 모형을 분석할 수 있는 대표적인 도구이기는 하나 개인이 구매하고 유지하기에는 비용이 다소 부담될 수 있다. 반면, 최근에 부상하고 있는 R은 인터넷에서 무료로 다운받아 사용할 수 있는데, R이 가진 장점에 대해서는 이후 12장에서 다시 다루기로 한다.

2 질적 분석

질적 접근은 현상으로부터 주제나 패턴 등을 파악하기 위해 선택된다. 예를 들어, 조직문화 개선 활동의 결과를 평가할 때 통계에 의해 기술되거나 추리된 평균적 결과만을 보는 것으로 끝나지는 않을 것이다. 평가자는 활동의 과정에서 구성원들이 공유한 인식과 감정, 경험, 내러티브, 은유와 상징 등에 주목하여 조직문화의 변화를 평가해야 할 수 있다. 이럴 때 심층적 대화나 인터뷰, 참여 관찰 등을 통한 질적 분석을 시도할 수 있는데, 양적 분석과 비교할 때 질적 분석은 다음과 같은 특징을 가진다.

- 상대적으로 장기간에 걸쳐 수행됨
- 지속적인 인터뷰와 반복적인 관찰을 포함함
- 맥락에 맞는 탐구와 해석을 요구함
- 데이터의 수집과 분석이 순차적으로 진행되는 양적 접근과 달리, 데이터 수집과 분석이 동시에 이루어지고 되풀이되는 지속적인 과정임(김윤옥 등, 2001)

다양한 질적 분석의 방법들이 있지만, HRD 평가에 활용도가 높은 대표적인 방법으로 내용분석, 문화기술, 사례연구 등이 있다.

1) 내용분석(content analysis)

내용분석은 문서나 시각 자료 등의 내용을 분석하는 기법이다(이종성, 1996). 관찰일지나 면담기록, 각종 보고서, 신문, 논문 등의 내용뿐만 아니라 그림, 오디오, 비디오와 같은 시청각 자료까지 분석의 대상이 될 수 있다. 이를 통해 연구하고자 하는 대상의 신념, 태도, 가치 및 현상의 관계, 특징, 패턴 등을 발견할 수 있다.

내용분석은 수집된 자료에서 일련의 질서, 체계, 의미를 부여하는 과정이다. 원래 내용분석은 커뮤니케이션 연구자들에 의해 개발되었으며 텍스트 데이터를 범주별로 코딩한 후 범주들 간의 관계를 통계적으로 분석하는 양적 연구로부터 시작되었으나, 발전 과정에서 내용의 맥락과 잠재적 의미까지 심도 있게 분석하는 질적 연구의 영역으로 넘어오게 되었다(한국성인교육학회, 1998). 질적 연구에서 평가자는 분석하고자 하는 자료의 내용을 정확히 파악한 후 분석 단위별로 적절한 범주에 코딩하는 절차를 수행하는데, 구체적으로 전사(transcription), 주제 범주별 코딩, 주제 또는 의미의 생성 등의 단계를 따른다.

- 전사: 분석을 위해 수집한 각종 데이터를 체계적으로 잘 정리해 기록하는 것
- 코딩 범주의 개발과 적용: 일련의 텍스트를 포괄적 개념의 범주(용어나 명칭)에 분류하여 묶는 활동으로, 데이터 수집과 동시에 혹은 수집 완료 이후에 실행
- 주제 또는 의미의 생성: 코딩을 통해 범주화된 자료나 분류된 개념을 재조직함으로써 새로운 주제나 의미를 생성

내용분석은 조직의 문화나 풍토에 대한 구성원 인터뷰 후 그 내용을 분석하거나, 각종 보고서와 업무 자료를 분석하여 역량모델을 평가하고 보완하는 등 HRD 실천에도 유용성이 큰 질적 분석 방법이다. 실제로 프로그램 관련 설문조사의 개방형 질문에 대한 응답에서 사내 게시판의 다양한 의견 및 CEO가 발신하는 메시지에 이르기까지 내용분석의 대상은 다양하다. 따라서 상황에 따라 때로는 심도 있게, 때로는 약식으로 내용분석을 활용한다면 방대한 정보로부터 의미 있는 범주, 관계, 특징, 패턴 등을 발견하여 실천과 개선을 위한 시사점

을 발견할 수 있을 것이다.

2) 문화기술(ethnography)

문화기술은 연구자가 연구의 대상이 되는 집단의 생활 세계 속에 직접 참여하여 관찰을 통해 얻게 된 사람들의 가치, 지식, 기술을 정리하는 것에 초점을 두는 연구 방법이다(길병휘 등, 2001). 문화기술 방법에서 중요시하는 것은 문화를 공유하는 다수의 개인 및 그들과 연결된 사람들을 관찰하고, 필요하다고 판단될 때마다 이야기를 나누거나 인터뷰를 하면서 이들의 일상적인 경험을 문서로 기록하거나 설명하는 것이다(이종성, 1996). 조용환(1999)은 다음과 같은 상황이 문화기술 방법을 적용하기에 적합하다고 제시하였다.

- 연구하고자 하는 대상이나 현상에 대한 사전 지식이 전혀 또는 거의 없을 때
- 복잡하고 미묘한 사회적 관계 또는 상호작용을 탐구하고자 할 때
- 소규모의 집단이나 사회에서의 역동을 연구하고자 할 때
- 사건의 맥락, 흐름, 구조에 대한 심층적 분석을 할 때
- 현상 이면에 내재한 가치 체계, 행위 규칙, 적응 전략과 같은 것들을 탐구하고자 할 때

문화기술에서 자료 수집은 참여관찰, 개방형 심층 인터뷰, 제보자(informants) 인터뷰 등을 통해 이루어지며, 분석은 자료 수집과 동시에 진행된다. 문화기술 방법에서도 질적 자료를 코딩하고 분석하는 절차를 따르는데, 대체로 코딩 범주의 개발, 선정된 코드에 대한 일차적 타당성 검증, 코딩 범주에 따라 자료 분류, 분류 후 남은 자료 검토, 주제 탐색 및 분석 정제의 과정으로 진행된다(길병휘 등, 2001). 이러한 과정을 통해 분석 대상 집단에 내재된 문화적 속성과 상호작용,

이러한 요인들이 집단 구성원의 행동과 가치에 미치는 영향 등에 대한 사실적 기술과 해석을 시도하게 된다.

조직 또한 고유하게 형성된 문화를 공유하는 집단이고, 하나의 조직 내에는 유무형의 다양한 하위 조직과 문화가 존재한다는 점에서 문화기술은 조직개발과 변화관리 등의 실행과 평가에 유용한 방법이다. 가령 조직개발 프로그램에 대해 회의적이거나 반대하는 특정 직급이나 부서가 있다면 그 집단에 어떤 문화와 분위기가 형성되어 있는지 직접 참여하여 관찰하거나 몇몇 제보자와 지속적으로 대화하는 등의 방법으로 자료를 수집하여 분석함으로써 이해의 폭을 넓히고 개선의 지점을 파악할 수 있을 것이다. 마찬가지로, 인구학적 특성, 고용 형태, 합병 후 통합 등에 따른 다양한 조직 내 하위 집단을 이해하고 그에 상응하는 맞춤형 접근을 고안하는 데 문화기술 방법이 효과적으로 활용될 필요가 있다.

3) 사례연구(case study)

사례연구는 특정 사례에 대한 종합적인 관찰과 재구성, 심층 분석에 관심을 두는 접근으로, 의미 있는 하나의 사건이나 일련의 사건들, 하나의 집단이나 조직, 구체적 프로그램이나 정책 등을 대상으로 상세히 연구하고자 할 때 적합한 방법이다(이종성, 1996). 사례연구의 핵심은 특정 사례라는 현상(phenomenon)과 그 현상이 발생한 맥락(context)에 대한 깊이 있는 이해이다(김희봉 등, 2022). 다시 말해, 사례연구는 특정 사례에 대해 '어떻게', '왜'라는 질문에 답하는 데 적절한 연구로서 현상이나 실체에 대해 집중적이고 전체적인 기술과 분석이 이루어진다(길병휘 등, 2001).

사례연구의 절차는 일반적으로 연구 설계, 자료 수집, 사례에 대한 분석과 해석의 순서로 이루어진다. 먼저, 설계 단계에서는 연구의 대상이 될 사례를 선정하고 분석에 활용할 세부 분석 요소(또는 단위)

들과 분석틀을 결정한다. 세부 분석 요소는 사례의 어떤 면면들을 살펴보아야 할 것인지에 대한 계획으로 분석의 체계성과 포괄성을 높여주고, 분석틀은 분석 과정의 논리성과 분석 결과의 해석 및 타당성 확보에 도움을 주는 핵심 기제이다. 이어서 자료 수집 프로토콜을 고안한 후 이에 따라 기존 문서, 정보시스템상의 각종 데이터, 관련자 인터뷰 등 다양한 원천으로부터 각각의 분석 요소들에 상응하는 자료를 수집한다. 마지막으로 수집된 자료를 분석틀을 토대로 살펴보며 사례의 심층 의미 탐색, 의미의 일반화 또는 이론화 시도, 유사 상황을 위한 시사점 도출 등의 결과를 도출한다.

다시 말해, 사례연구는 실행 의도와 최종 결론이 무엇이냐에 따라 기술적, 해석적, 평가적 사례연구로 구분할 수 있다(길병휘 등, 2001).

- 기술적 사례연구: 전적으로 현상을 상세히 이해하고 설명하는 것을 추구하는 연구
- 해석적 사례연구: 현상에 대한 이론적 가정을 지지하거나 도전하고자 하는 의도의 연구
- 평가적 사례연구: 유사 상황에서의 판단과 의사결정에 필요한 정보를 얻기 위한 연구

이 중 평가적 사례연구가 HRD 평가에 특히 유용할 수 있다. 예를 들어, 조직의 관심이 집중된 교육 프로그램이더라도 이에 대한 효과 분석을 위해 업무 현장의 다양한 요인들을 통제하며 평가한다는 것은 현실적으로 쉽지 않다. 설문이나 인터뷰 등 단편적인 조사와 분석만으로는 깊이 있는 이해에 한계가 있을 수도 있다. 따라서 실제 현장의 복잡성과 맥락을 파악하고 그런 가운데 프로그램의 전이 양상과 효과를 깊이 있게 살펴보는 사례연구는 프로그램의 효과성에 대한 평가와 후속 의사결정에 유용하게 활용될 수 있을 것이다.

3 논의

- 기술통계, t검정, 상관분석, 회귀분석을 활용할 HRD 평가 상황을 각각 떠올린 후 상황과 분석 방법이 적절하게 매칭되었는지 논의하시오.
- 매개 모형이나 조절 모형을 적용해야 할 평가 상황을 가정하고, 해당 상황에 관여하는 변수들 사이의 직접, 간접, 매개, 조절 관계 등에 대해 논의하시오.
- 질적 분석을 해야 하는 평가 상황을 가정하고 적절한 자료 수집 방법 및 분석 방법에 대해 논의하시오.

참·고·문·헌

강상진 (2016). 다층모형. 학지사.

길병휘 등 (2001). 교육연구의 질적 접근. 교육과학사.

김윤옥 등 (2001). 교육연구를 위한 질적 연구방법과 설계. 문음사.

김희봉, 박상욱, 윤선경, 이은정, 이혜민, 전선호, 정승환 (2022). HRD 연구방법 가이드: 연구와 실무의 출발점. 박영스토리.

류성진 (2013). 커뮤니케이션 통계 방법: 커뮤니케이션 이해총서. 커뮤니케이션북스.

배병렬 (2014). LISREL 9.1 구조방정식모델링. 청람.

서영석 (2010). 상담심리 연구에서 매개효과와 조절효과 검증. 한국심리학회지: 상담 및 심리치료, 22(4), 1147-1168.

우형록 (2015). SPSS, 엑셀 2013으로 풀어 쓴 통계해례. 책다움미디어.

이종성 (1996). 교육연구의 설계와 자료분석. 교학연구사.

조용환 (1999). 질적연구. 교육과학사.

한국성인교육학회 (1998). 교육평가 용어사전. 학지사.

Baron, R. M., & Kenny, D. A. (1986). The moderator-mediator variable distinction in social psychological research: Conceptual, strategic, and statistical considerations. Journal of Personality and Social Psychology, 51(6), 1173-1182.

Bollen, K. A. (1989). A new incremental fit index for general structural equation models. Sociological Methods & Research, 17(3), 303-316.

조직의 가치와 목표중심의 HRD평가

제 **4** 부

HRD 평가 실무

제 9 장 · HRD 평가 프로세스

제10장 · HRD 평가 커뮤니케이션

HRD 평가 프로세스

문제 해결을 위한 계획과 실천 및 성찰과 환류를 거듭하는 실행 연구의 일반적인 프로세스와 마찬가지로, HRD 평가 또한 이론과 방법론을 활용하여 체계적으로 계획되고, 과학적으로 실행되며, 효과적으로 정리 · 해석 · 공유되어야 한다.

▌ 학습 목표

9장의 학습 목표는 다음과 같다.

- 육하원칙(5W1H)에 입각하여 HRD 평가 계획을 수립할 수 있다.
- 프로그램 전·중·후에 걸쳐 적절한 평가 방법과 도구를 활용할 수 있다.
- 평가 결과를 체계적으로 정리, 맥락적으로 해석, 효과적으로 공유할 수 있다.

▌ 핵심 용어

- 육하원칙(5W1H)
- 진단평가
- 과정 모니터링, 형성평가
- 총괄평가
- 평가 결과의 정리, 해석, 공유

평가는 목표를 전제로 성립되고, 목표의 달성을 간접적으로 지원하며, 목표 달성 여부 및 정도를 확인하는 활동이다. 따라서 인재·조직개발 활동에 대한 평가는 그 활동이 지향하는 요구와 목표에 대한 명확한 이해를 바탕으로 체계적으로 계획되어야 한다. 곧 평가는 특정 실천 활동의 종료 즈음에 이루어지는 통과의례가 아니라, 해당 활동의 목표 달성을 위한 중요한 기제로서 초기에 계획되고, 진행 과정 중 치밀하게 실행 및 관리되며, 종료 이후 결과에 대한 성찰과 소통 및 지속적인 학습과 발전을 위해 활용되어야 한다.

논리적 글쓰기와 마찬가지로 평가 계획을 수립할 때도 육하원칙(5W1H)의 틀이 유용하게 활용될 수 있다.

1) 왜(why)

다른 많은 활동과 마찬가지로 평가를 계획할 때 역시 "왜?"에 대한 근본적인 질문과 함께 시작되어야 한다. 궁극적인 목적과 필요성에 대한 명확한 이해가 없다면 평가는 그저 번거로운 의례적 행위 이상이 되지 못한다. 반면 왜 해야 하는지에 대한 분명한 이해가 있을 때 평가는 해당 활동의 정당성과 전략적 가치를 높이는 중요한 역할을 하게 된다. 일반적으로 HRD 평가는 다음과 같은 목적으로 계획된다.

- 판단: HRD 활동이 설정한 목표를 효과적으로 달성하고 그 과정에서 자원을 효율적으로 활용하였는지 등의 성과를 판단하기 위해 계획
- 피드백: 활동이 원래의 의도대로 실제에서 적절히 진행되는지 점검하고, 제반 상황 및 이해관계자의 변화된 요구에 대응할

수 있도록 건설적 피드백을 제공하기 위해 계획
- 결정: 활동이 조직의 전략적 방향과 이해관계자의 요구를 적절히 충족하였는지 검토하여 지속과 확대, 변경, 폐지와 축소 등의 결정을 하기 위해 계획
- 연구: 활동의 진행과 결과에 대한 핵심 데이터를 확보하고, 이에 대한 과학적 분석과 해석을 통해 학습과 향후 개선을 위한 지식 축적을 위해 계획

이러한 직접적 목적 외에도 HRD 활동에 대한 이해관계자와의 소통을 활성화하고 결과에 대한 성찰과 책임의 문화를 조성하는 효과도 평가가 가지는 중요한 의미일 수 있다.

2) 무엇(what), 어느 정도(what degree)

평가를 왜 하는지에 대해 정립한 이후에는 "무엇?"을 평가할 것인지 계획해야 한다. 지향하는 목표를 명확히 한 후, 이의 달성 여부와 정도를 어떤 준거와 기준으로 판단할 것인지 구체적으로 정의해야한다는 것이다.

통상 조직 내에서 이루어지는 HRD 활동의 목표는 조직(경영) 목표, 수행(성과) 목표, 학습 목표의 상호 연결된 위계 속에 존재하므로, 계획 수립 시 이들 각각에 대한 목표와 지표 및 달성 기준 등이 고려되어야 한다(배을규, 2012). 또한, 조직의 리더를 포함한 이해관계자들이 활동에 대한 투자를 결정할 때는 그것이 매출이나 수익과 같은 재무적 측면에 얼마나 기여할 것인지, 생산이나 서비스 품질을 어떻게 개선할 것인지, 구성원의 태도나 역량 강화에 어떠한 도움이 될 것인지와 같이 전략 방향에 부합하는 구체적인 결과에 관심이 있는 경우가 많다. 나아가 특정 활동의 경우 그 활동이 초래하게 될 사회적 영향력이나 환경적 파급 효과 등에 관심을 기울이기도 한다. 다시 말해,

활동 그 자체보다 그로부터 무엇을 얻을 수 있을지가 궁극적인 관심 사인 경우가 많으므로, 결과에 대한 뚜렷한 비전이 계획 단계에서 정립되어야 한다.

예를 들어, 실천의 유형에 따라 〈표 9-1〉과 같은 목표와 기대의 충족 여부가 평가의 대상이 될 수 있다.

〈표 9-1〉 다양한 평가 영역과 예시

영역	평가 예시
반응	자기개발 지원 제도 참여자들이 제공되는 프로그램의 적절성과 유용성 및 운영의 효과성과 효율성에 만족하는가?
학습	직무교육 참여자들이 업무 수행에 필수적인 지식과 스킬을 어느 수준까지 습득하거나 향상시킬 것인가?
행동	전사 혁신 워크숍 참여자들이 새로운 아이디어와 대안을 제시하고, 이의 실행을 적극적으로 추진하며, 실질적인 성과를 창출하기 위한 혁신적 행동을 현업에서 얼마나 적극적으로 실천할 것인가?
성과	리더십 교육을 통해 팀리더들이 구성원들의 사기와 업무몰입도를 높이고, 결과적으로 생산성 향상과 퇴사 감소에 실질적으로 기여할 것인가?
ROI	전사 차원의 직원 행복 캠페인이 구성원들로부터의 컴플레인 및 구성원 간 갈등 사례를 줄이고, 이로부터 발생하는 손실 및 이의 처리를 위해 드는 시간과 비용을 획기적으로 감소시킬 것인가?
사회적 기여	신입입문(on-boarding) 교육에 새롭게 도입한 기업의 사회적 책임 모듈을 통해 더욱 많은 신규 입사자들이 회사 차원의 기부 약정 및 지역사회 기여 활동에 동의하고 참여하는가?

한편 이러한 목표들에 대해 사전에 합의되고 구체적으로 명시된 준거와 기준이 없다면 바라보는 관점에 따라 다양한 해석과 판단으로 이어질 수 있다. 특히, HRD 활동을 통해 달성하고자 하는 목표가 리더십 강화, 신뢰 문화 구축, 구성원 사기 진작 등에 대한 것이고 이를

정량적으로 평가하고자 한다면, 목표로 하는 추상적 관념을 측정이 가능한 개념과 요소로 구체화하고, 분석에 적절한 척도를 부여하며, 달성의 기준을 명확하게 설정하는 것이 객관적 평가를 위해 매우 중요하다. 또한 많은 경우 하나의 활동이 전적으로 특정 결과를 초래한다기보다 다양한 요소들이 복합적으로 결과에 작용할 개연성이 있으므로, 이를 규명하고 필요에 따라 통제하는 방안 또한 평가 계획 수립 시 적절히 고려되어야 한다.

3) 누구(who)

근본적으로 HRD 활동은 사람과 함께 또는 사람을 대상으로 하는 일이므로 활동의 평가 또한 사람, 즉 이해관계자가 "누구?"인지에 대한 민감한 인식이 필요하다. 특정 실천 활동을 시행하면 이에 참여하거나, 직간접적으로 관심을 가지거나, 크고 작은 영향을 받는 다양한 이해관계자들이 존재하기 마련이다. 예를 들어, 고객 접점 직군을 위한 CS(customer satisfaction) 교육을 시행하였다면, 참여자들을 대상으로 교육 만족도와 성취도를 평가하고, 관리자들을 대상으로 참여자들의 학습 내용 실무 활용도를 평가하며, 고객을 대상으로 서비스 만족도를 평가할 수 있을 것이다. 이처럼 활동의 성격과 상황에 따라 직접 참여자 또는 직·간접적 이해관계자 모두와 함께 평가를 시행할 수 있다. 따라서 평가 계획을 수립할 때는 활동의 성패를 가장 잘 판단할 수 있는 핵심 이해관계자가 참여자인지, 이들의 동료 또는 관리자인지, 경영진인지, 고객인지, 이 외에도 누구인지를 확인하고, 이들이 평가의 과정과 관련 소통에 포함되도록 세심하게 고려해야 한다.

4) 언제(when)

평가 계획 수립 시 "언제" 평가할 것인지 적절히 설정해야 한다.

HRD 활동은 기본적으로 현재 상태로부터 바람직한 상태로 나아가기 위한 학습과 개발 및 개입의 성격을 띤다. 따라서 많은 경우 프로그램 시행 전과 후의 상태에 대한 측정과 비교를 통해 해당 활동의 효과를 평가할 수 있다. 행동의 변화나 기대 효과의 발현까지는 시간이 필요할 수 있으므로 일정 기간이 경과한 후 측정과 평가를 하는 것이 효과적인 경우도 있다. 또한, 프로그램을 둘러싼 상황과 이해관계자 요구의 변화 및 참여자의 반응에 대응하고, 프로그램 자체의 문제점이나 보완점을 발견하여 개선하기 위해 지속적인 모니터링 평가 또한 계획될 수 있다. 즉, 시행 시기별로 다음과 같은 평가 활동을 계획할 수 있다.

- 사전 평가: 요구조사, 사전 테스트, 진단, 출발점 행동 관찰 등
- 중간 평가: 과정 모니터링, 형성평가, 참여자 의견 수렴 등
- 사후 평가: 프로그램 만족도 조사, 사후 테스트, 성공/실패사례 인터뷰 등
- 지연(interval) 평가: 현장 적용 수행 관찰, 동료/리더 인터뷰, 설문조사, 성과 데이터 변화추이 분석 등

5) 어디서(where)

시점뿐만 아니라 "어디에서" 시행할지 평가의 장소와 상황 또한 구체적으로 계획해야 한다. 프로그램을 시행하는 바로 그 장소, 설정된 가상의 상황, 업무와 일상이 이루어지는 실제 현장, 업무 현장을 벗어난 별도의 장소, 온라인과 모바일 시스템 등 다양한 공간에서 측정 및 평가가 이루어질 수 있다. 따라서 어디에서 평가를 시행할지 결정할 때는 프로그램의 목적과 이해관계자 및 참여자의 상황을 적절히 고려해야 하고, 시간적, 물리적, 환경적 여건 등 현실적인 측면과 제약 사항도 함께 검토해야 한다.

6) 어떻게(how)

일반적으로 평가는 경험과 직관을 넘어 양적·질적 데이터를 기반으로 한 체계적이고 과학적인 연구 활동이다. 평가의 결과에 대한 이해관계자의 신뢰 여부는 평가가 "어떻게?" 설계되고 실행되었느냐에 크게 좌우된다. 따라서 평가를 계획하는 단계에서 다음의 사항들에 대해 세심하게 고려해야 한다.

- 측정 도구: 활동의 성과 또는 개선의 효과를 측정할 도구의 결정(예: 설문지, 시험, 퀴즈, 진단지, 각종 성과 관련 자료, 벤치마크 자료 등)
- 데이터 수집: 측정 도구가 결정되었다면 누구로부터 어떤 데이터를 어떻게 수집할 것인지 결정(예: 사내 시스템에서 관련 데이터 추출, 참여자 설문 시행, 초점집단인터뷰, 고객/관리자 인터뷰, 고성과자의 수행 관찰, 정례적·상시적 조직진단 시행 등)
- 분석: 수집된 데이터를 양적·질적·통합적 분석 등 어떤 접근을 활용하여 분석할 것인지 결정(예: 통계를 활용한 비교·상관·효과·패턴 등 분석, 벤치마크 비교 분석, 성공·실패 사례 연구, 질적 내용 분석, 사회관계망 분석 등)
- 결과 공유: 분석된 데이터와 해석된 최종 결과를 어떻게 보고 또는 공유할 것인지 결정(예: 보고서, 결과보고회, 평가 워크숍 등)

다시 말해, 평가 계획 시에는 목표 달성 여부를 보여줄 핵심 요소에 대한 정의 및 달성 기준을 설정한 후 적절한 측정 도구의 선정 또는 개발, 타당한 데이터 수집 및 분석 전략, 보고 및 공유를 위한 커뮤니케이션 전략 등을 종합적으로 고려해야 한다.

HRD 활동의 개시와 함께 준비된 평가 계획에 따라 진행의 전 과정과 종료 시 및 그 이후까지에 걸쳐 각종 평가 활동이 실행된다. 예를 들어, 행동 변화 프로그램은 참여자의 행동 특성을 파악하기 위한 사전 진단과 함께 시작할 수 있는데 이러한 사전 진단은 프로그램의 일부이자, 이후 프로그램의 유효성 및 효과 평가를 위한 사전 측정 데이터로 활용될 수 있다. 프로그램의 특성에 따라 진행 과정의 모니터링 및 참여자의 행동을 관찰하고 이를 피드백하기 위한 형성평가를 시행할 수도 있다. 프로그램 종료와 함께 해당 프로그램의 목표 달성 및 계획 이행 정도를 종합적으로 평가하게 되며, 필요한 경우 일정 기간 경과 후 후속 평가를 시행하기도 한다.

1) 진단평가(diagnostic evaluation)

많은 경우 프로그램 참여자는 다양한 요구와 각기 다른 준비 수준을 가지고 있고, 해당 프로그램과 관련한 출발점 행동 역시 다르게 나타난다. 따라서 시작 시점에서 이들의 요구와 일반적 배경 및 프로그램을 둘러싼 이해관계자의 요구를 정확히 파악한다면 학습 및 수행과 관련한 목표 달성뿐만 아니라 전체 프로세스의 운영 및 참여자와의 상호작용에도 효과적으로 활용될 수 있다. 또한, 사전 진단, 테스트, 기존 자료 검토 등을 통해 출발점 행동 관련 데이터를 확보함으로써, 이를 프로그램 진행 중 맞춤형 형성평가에 활용하거나 종료 시 최종 결과와의 비교 자료로 활용할 수 있다.

일반적으로 사전평가 및 진단을 위해 다음과 같은 활동들을 수행할 수 있다.

- 요구조사: 요구조사 설문, 인터뷰, 투표, 온라인 게시판·대화방 운영 등
- 진단: 성향·특성 진단, 인지·행동 진단, 역량진단 등
- 테스트: 퀴즈, 시험, 과제 평가, 수행 관찰 등
- 기존 자료 검토: 프로그램과 연관된 경험·이력, 각종 성과, 인구학적 데이터 분석 등

2) 과정 모니터링(process monitoring) 및 형성평가 (formative evaluation)

평가는 HRD 활동의 목표 달성 여부를 판단하는 활동임과 동시에 이를 지원하기 위한 활동이다. 특정 프로그램이 기대한 성과를 내기 위해서는 치밀한 사전 준비와 실행이 중요하겠지만, 프로그램의 진행 과정 및 참여자의 변화를 관찰하여 환류하는 활동 또한 준비와 실행 못지않게 중요하다. 환경은 수시로 변하고 참여자의 반응 또한 다양한 양상으로 나타날 것이므로 프로그램은 진행 과정 중에도 개선·발전되어야 하고, 참여자에게는 강화와 성찰 기제(mechanism)로서 지속적인 피드백이 주어져야 한다. 따라서 프로그램 진행 중 평가 활동은 참여자를 위한 형성적인 역할을 담당함과 동시에 프로그램의 개선과 보완을 위해 수행된다. 바람직한 상황은 아니나 진행 중 모니터링을 통해 프로그램의 중지 또는 종료로 이어지는 의사결정이 이루어질 수도 있다.

과정 모니터링 및 형성평가를 위해 다음과 같은 활동들을 수행할 수 있다.

- 참여자 및 이해관계자들의 반응과 역동 관찰
- 참여자의 참여와 학습, 변화를 촉진하는 강화 기제 제공
- 계획 수립 시 설정한 주요 성과지표들의 변화 모니터링

- 프로그램의 범위, 내용, 속도 등에 대한 점검
- 프로그램 개선·보완·중지·종료 등의 여부를 판단하기 위한 다양한 정보 수집

예를 들어, 앞서 언급된 CIPP 모형에 따라 맥락, 투입, 과정, 산출의 영역을 평가하고, 이를 활용하여 프로그램에 대한 모니터링과 진행 중 개선을 도모할 수 있다(Stufflebeam & Shinkfield, 2007).

〈표 9-2〉 CIPP 요소별 평가 내용

요소	평가 내용
맥락 (context)	프로그램의 목표가 맥락과 상황 속에서 참여자들과 적절히 공유되고 있는가?
투입 (input)	계획과 절차에 따라 필요한 자원의 투입과 지원이 적절히 이루어지고 있는가?
과정 (process)	프로그램이 설계된 바에 따라 실제 실행 현장에서 효과적으로 전개되고 있는가?
산출 (product)	프로그램의 각 단계·단위별 목표들이 적절히 달성되고 있는가?

과정 모니터링 및 형성평가 또한 기수립된 계획에 따라 실행될 것이나, 프로그램을 둘러싼 예측하지 못한 상황과 변수에도 유연하게 대응할 수 있어야 한다. 따라서 프로그램을 책임지는 HRD 전문가는 과정이 진행되는 동안 제반 환경의 변화를 탐지함과 동시에 참여자 및 이해관계자와의 긴밀한 소통과 상호작용을 유지해야 한다.

3) 총괄평가(summative evaluation)

프로그램이 최초 설정한 목표를 효과적·효율적으로 달성했는지, 향후 해당 프로그램을 지속할 가치가 있는지 등의 여부를 판단하기

위해 프로그램 종료와 함께 총괄평가를 실시한다. 진행 과정 중의 변화를 고려한 일부 조정이 필요할 수 있으나, 원칙적으로 총괄평가는 최초 5W1H를 중심으로 수립한 계획에 입각하여 실행되어야 한다. 또한, HRD 실천은 다양한 목표와 유형으로 실행되므로 평가 또한 프로그램의 특성에 따라 다음과 같은 다양한 초점을 가질 수 있다.

■반응, 학습, 행동

예를 들어, 구성원의 업무 스킬 향상을 위한 교육에 대해서는 다음과 같은 총괄평가를 계획 및 실행할 수 있을 것이다.

- 참여자 대상 설문 시행 및 이에 대한 기술통계를 통해 교육 만족도와 동료에게 추천할 의사가 있는지 분석
- 교육 종료 시 테스트를 시행하여 목표로 한 벤치마크에 도달했는지, 또는 교육 이전에 시행한 테스트에 비해 유의미한 향상이 있었는지(업무 스킬 향상을 위한 학습이 효과적으로 이루어졌는지) 등을 통계적으로 비교
- 교육 참여자 또는 그들의 동료 또는 관리자들과 초점집단인터뷰를 시행하여 학습한 내용이 업무 상황에서 충분히 적용되고 있는지, 이를 촉진하거나 저해하는 요소는 무엇인지 등에 대한 발견

■촉진 및 장애 요인

총괄평가는 프로그램이 의도했던 목표를 달성했는지와 이해관계자들의 요구를 적절히 충족하였는지에 대한 분석과 판단뿐만 아니라, 이의 성공이나 실패를 초래한 요인을 규명하는 일 또한 수행해야 한다. 예를 들어, 교육 참여자들이 기대했던 만큼의 학습 성과를 보이지 못했다면 그 이유가 무엇인지, 교육을 통해 습득한 내용이 현업 수행

이나 문제 해결에 적절히 활용되고 있지 않다면 이를 가로막는 요인
이 무엇인지 규명해야 한다. 문제의 근본 원인은 아래 예시와 같이 다
양하고, 어떤 요인에 기인하는지에 대해 명확히 이해해야만 이에 대
한 적절한 대응이 가능하기 때문이다.

- 수행 업무의 목표와 의미에 대한 명확한 정보의 부재
- 업무 수행을 위해 필요한 도구나 자원의 부족
- 업무 수행의 결과에 따르는 적절한 보상 체계의 미비
- 지식과 기술의 불완전한 습득 또는 숙련의 부족
- 부적절한 업무 배치나 역할 배분
- 학습 전이를 위한 개인의 내적 동기 또는 사회적 지지의 부재

※ 더 알아보기

프로그램 vs. 환경 vs. 개인적 요인

Binder(1998)는 조직 구성원의 행동이나 성과에 영향을 미치는 요소를
크게 환경적(environment) 측면과 개인적(person) 측면에서 설명한다.
마찬가지로 특정 프로그램을 통해 습득한 지식과 기술의 현업적용을 촉진
하거나 저해하는 요소 또한 환경적, 개인적 측면을 동시에 고려하여 파악
해야 한다. 학습전이(learning transfer) 또는 현업적용(practical
application)이 적절히 이루어지지 않는다면 이는 프로그램의 한계 때문일
수도 있으나, 복잡다양한 현장의 상황이나 개인의 특성과 관련한 요소가
원인일 가능성 또한 배제할 수 없기 때문이다. 효과적인 문제 해결을 위해
서는 발현된 증상(symptom)에 매몰되지 않고 문제의 근본 원인(root
cause)이 어디에 있는지를 규명하기 위한 정확한 진단이 선행되어야 한다.

■ 성과

다른 예로, 합병 후 조직통합(post-merger integration, PMI)의 일환
으로 시행한 전사적 조직문화 프로그램에 대해 평가할 수도 있을 것

이다. 이때는 프로그램에 대한 구성원들의 반응, 합병 법인의 비전 및 핵심 전략 관련 이해 정도, 새로 선포된 행동강령과 소통 규범의 준수 여부 등에 더해, 해당 프로그램이 합병 법인의 구성원 간 소통과 융합을 촉진했는지, 비즈니스 성과에 실질적으로 도움이 되었는지, 브랜드 이미지 정착과 사회적 가치 창출에 기여하는지와 같은 보다 전략적이고 거시적인 측면도 평가의 관심 영역이 될 수 있다.

특히 이러한 평가는 앞서 업무 스킬 교육 평가의 예시에서보다 고도의 데이터 분석 방법과 전문성을 요구한다. 변수 간의 복잡한 메커니즘을 정확하고 포괄적으로 파악하기 위해 독립·종속변수, 상관·인과관계, 매개·조절효과, 변수통제 등의 개념을 이해하고, 요인분석, 상관분석, 회귀분석, 구조방정식 등 수준 높은 분석 기법을 구사할 수 있어야 다음과 같은 평가가 가능할 것이기 때문이다.

- 프로그램의 핵심 요소와 구성원 융합 관련 핵심성과지표(KPI) 사이의 상관관계 분석
- 프로그램에 의한 구성원의 행동 변화가 조직의 사업 성과 향상에 유의미한 영향을 미친다는 인과적 추론 검증
- 구성원의 행동 변화와 사업 성과 간의 관계에 간접적으로 관여하거나 상호작용하는 환경적 요인들까지 포함한 종합적인 연결 구조의 이해
- 관심 변수 이외에 분석 결과에 혼선을 초래할 수 있는 요인들에 대한 고려 및 통제를 통한 평가의 타당성 강화

■ ROI

또 하나의 예로, 대규모 프로젝트 수주 영업 본부의 프레젠테이션 역량 향상을 위해 교육 프로그램, 전문 코칭, 스타일링 컨설팅, 전용 공간과 장비 구축 등 전방위적인 활동이 이루어졌다면, 이러한 투

자에 상응하는 수주 승률과 매출의 증가가 있었는지 평가해야 할 것이다. 전사적으로 높은 관심 속에 대규모 투자를 수반하여 시행된 프로그램일수록 비용 대비 편익의 검증, 즉 ROI 평가에 대한 이해관계자들의 요구가 상대적으로 높을 수밖에 없는데, 이를 위해서는 다음의 사항들을 유념해야 한다(Phillips & Phillips, 2006).

- 편익(return)을 명확하게 규명할 것
- 편익에 영향을 준 다양한 요소들을 파악할 것
- 규명된 편익 중 해당 프로그램의 효과만을 분리해 낼 것
- 해당 편익을 금전적 가치로 환산할 것
- 프로그램을 둘러싼 비용 항목들을 분류하고 정확한 금전적 투입을 산출할 것
- 금전적 가치로 환산하기 힘든 무형의 이익과 혜택에 대해서도 고려할 것

■ 사회적 기여

만약 사회적 가치 측면까지도 관심을 두는 책임 있는 조직이라면 프로그램의 성과와 진행 과정의 평가에 있어 다음과 같은 가치나 벤치마크에 비추어 성찰하는 한 차원 높은 리더십을 보일 수 있을 것이다. 이러한 접근은 지속가능성의 개념 및 ESG 경영의 확산과 함께 중요성을 더해갈 것으로 보인다.

- 법적, 제도적 요구(compliance)를 충족하는가?
- 윤리경영(ethical management) 원칙과 행동강령(code of conduct)에 부합하는가?
- 사회적 책임(corporate social responsibility, CSR) 수행과 공유가치 창출(creating shared value, CSV)에 도움이 되었는가?

- 다양성(diversity), 공정성(equity), 포용(inclusion) 등의 가치를 실현하는가?
- ESG 전략과 실천 과제에 부합하는가?
- 사회적, 환경적 지속가능성(sustainability)을 고려하였는가?

※ 더 알아보기

사회적 책임과 HRD 평가

HRD가 개인이나 단일 조직의 범위를 넘어 사회에의 긍정적 영향과 기여의 측면까지 관심의 영역을 확장해야 한다는 논의가 활발하다. 실제로 HRD는 "개인과 조직이 조화를 이루어 함께 성장·발전하면서 사회에 기여하는 것을 목적"(장원섭, 2021, p. 34)으로 존재하기 때문에, 사회적 측면에 대한 고려는 부가적인 활동이 아니라 기본에 해당하는 본질적인 활동으로 보아야 한다. 또한, 개념소비, 화폐투표 등의 방법으로 일상의 소비생활에서도 적극적으로 가치를 반영하는 현대 사회에서는 기업의 사회적 역할이 실적과 브랜드 이미지뿐만 아니라 생존 자체에 영향을 미치는 등(김난도 등, 2017) 실용적 측면에서도 중요성을 더해가고 있다. 이런 맥락에서 공동체와 인류의 보편적 가치에 기반을 둔 기업의 사회적 책임과 공유가치 창출, 지속가능성, 윤리 등의 개념에 대한 학습과 토론이 더욱 활발해져야 하고, HRD 실천의 계획과 평가에 있어서도 이에 대한 깊이 있는 고려가 이루어져야 한다.

참여자들의 반응이나 학습에 대한 평가와 달리 행동의 변화나 현업에의 적용, 사업 및 재무성과에 미치는 영향, 사회적 기여 등에 대한 평가는 프로그램 직후에 실행하기 어렵거나 실효성이 없을 수 있다. 행동의 변화와 정착은 하루아침에 이루어지기 어렵고 개입의 효과가 발현되어 일관된 성과로 이어지는 것 또한 시간이 필요하기 때문이다. 따라서 이러한 사항들에 대해서는 적절한 시간 간격을 두고 평가를 실행했을 때 타당한 결과를 얻을 수 있을 것이다. 또한 이 과

정에서 참여자들의 특성이나 이들을 둘러싼 환경 등 프로그램 이 외의 영향 요인들을 적절히 고려한다면 프로그램의 효과성을 더욱 정교하게 평가할 수 있게 된다.

혹자는 총괄평가를 성찰적 평가라고도 한다. 일반적으로 총괄평가는 프로그램이 종료된 후 그동안 일어난 일들을 되짚어 평가하는 것이고, 실행연구의 성격상 단순히 프로그램의 성공과 실패를 선언하는 데 그치지 않고, 성찰하고 배우며 이를 통해 또 다른 발전 과제를 제시하는 환류의 기능을 수행하기 때문이다.

3 종결

HRD 평가는 인재·조직개발 활동의 사전 준비부터 전체 과정을 거쳐 종료 시까지 진행된 주요 내용과 데이터 분석 결과를 정리하고, 이를 활동의 목표와 환경적 맥락 및 이해관계자를 고려하여 해석 및 공유하는 것으로 귀결된다. 큰 틀에서 결과의 정리와 이에 대한 해석 및 공유를 하나의 업무 단위로 볼 수도 있으나, 각 세부 활동마다 중요한 특징과 고려사항들이 있다.

1) 결과 정리

평가 결과의 정리는 프로그램의 목표와 개요, 진행 과정, 종료 후 각종 데이터 분석 결과 등에 대해 이해관계자들에게 간명하게 전달하기 위한 정보 공유 활동이다. 따라서 결과 정리에 있어서는 핵심 정보를 빠짐없이 간결하고 정확하게 제공함으로써 해당 프로그램의 전문가가 아닌 이해관계자들도 전체와 부분 모두를 이해할 수 있도록 해야 한다.

예를 들어, 프로그램의 개요와 근본 취지 등을 상기하기 위해 다음과 같은 핵심 정보들을 결과 정리에 포함해야 한다.

- 기초 정보(프로그램 배경, 명칭, 일시, 장소, 대상, 참여자, 예·결산 자료 등)
- 프로그램 기획 시 의도했던 목표와 달성 지표
- 성공의 척도로 수립·합의되었던 기준
- 프로그램 관련 주요 활동 사항, 관련 주요 내용, 특이 사항
- 평가 관련 주요 활동 사항, 관련 주요 내용, 특이 사항

동시에 프로그램 목표의 달성 여부 및 정도에 대해 정확하고 투명한 정보와 증거를 제시해야 하고, 이를 위해 다음의 예시와 같은 양적·질적 데이터와 이에 대한 분석 결과를 적절하게 제시해야 한다.

- 프로그램 만족도 및 목표 달성 인식 정도
- 지식·기술 등에 대한 테스트 결과의 변화
- 관찰된 인식·행동의 변화
- 인식·행동의 변화를 촉진하거나 방해하는 인적·환경적 요인들
- 지식·기술, 인식·행동의 변화로 인해 개선된 사업성과
- 프로그램을 위한 직·간접 투자 비용
- 개선된 사업성과로 인한 직·간접 효익
- 프로그램을 통한 사회적·환경적·윤리적 영향

평가 과정과 결과의 과학적 타당성과 엄격성을 보여주기 위해 다음과 같은 전문적 정보 또한 결과 정리에 포함할 수 있다. 단, 이들은 필요한 경우에 한해 절제되고 정제된 형태로 제시되어야 하고, 논점을 흩트리거나 불필요한 논쟁을 초래하지 않도록 해야 하며, 개인정

보 등 보안에도 각별히 유의해야 한다.

- 평가에 활용된 이론적 토대 및 모델
- 분석에 활용된 방법론 및 절차
- 측정 및 분석에 활용된 도구와 테크놀로지
- 실제 데이터 관련 상세 내용 또는 요약 정보
- 데이터 분석 결과 관련 상세 내용 또는 요약 정보

평가 결과의 정리는 실행된 프로그램의 전 과정을 돌아보기 위한 가치중립적인 활동이자 이해관계자들을 위한 사실적 기술 활동이다. 따라서 꼭 필요한 정보만으로 서로 중복되지 않으면서 동시에 어느 하나 누락되지 않도록 체계적으로 구성해야 한다.

더 알아보기

MECE(mutually exclusive, collectively exhaustive)

필요한 내용만으로 중복이 발생하지 않으면서 동시에 누락 없이 전체를 포괄할 수 있도록 정보를 관리하고 제시하는 방법을 흔히 MECE 접근이라고 한다. 예를 들어, 다음의 첫 번째 그림은 필요한 정보들이 중복되거나 누락되지 않으면서 전체를 완전하게 잘 설명하고 있는 반면, 두 번째와 세 번째 그림은 각각 정보의 누락과 중복으로 효과성 및 효율성 측면에서 문제점을 가진다. 다시 말해, MECE 접근에 따르면 개별 정보들은 상호 간에 서로 배타적이지만 이들이 모여 전체에 대한 빠짐없는 이해를 가능하게 한다.

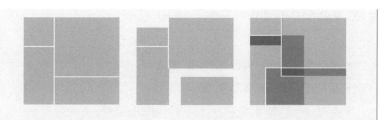

MECE 접근은 효과적·효율적·체계적 문제해결에 널리 활용되는 사고의 틀이며, 평가 결과의 정리 및 검토에 있어서도 유용한 도구로 활용될 수 있다.

2) 결과 해석

해석이란 객관적으로 발견된 내용을 맥락적 통찰로 전환하는 활동이다. 치밀하게 계획되고 실행된 평가라면 방대한 데이터와 복잡하고 수준 높은 분석 기법이 활용되었을 수 있다. 하지만 이해관계자들의 궁극적인 관심은 전문적 분석 기법이나 그로부터 발견된 결과 그 자체보다는 그것들이 결국 의미하는 바가 무엇인지(what's in it for me?)에 있을 것이다. 다시 말해, 적절한 해석이 동반되지 않은 분석 결과의 제시는 이들에게 별 의미를 주지 못할 뿐만 아니라, 오히려 HRD 전문가의 역량과 통찰력에 대한 의심, 나아가 HRD 활동 자체에 대한 신뢰의 손상으로 이어질 수 있다.

이해관계자들이 관심을 두는 바는 다음과 같은 것들이다.

- 조직의 고질적 문제가 해결되거나 최소한 그로 인한 부정적 효과가 경감되었는가?
- 조직의 성장과 발전을 위한 건설적인 기회 요인이 발견되었는가?
- 문제 해결이나 기회 발견을 통해 구성원 및 조직 역량이 향상되었는가?

- 개인, 팀 등 대상 집단에 바람직한 변화가 일어났는가?(예: 리더십 행동, 팀워크 행동, 업무몰입, 조직몰입, 사기, 준법의식, 기업시민 행동 등)
- 사업의 성과에 바람직한 변화가 일어났는가?(예: 생산성 향상, 점유율 확대, 안전사고 감소, 고객만족도 상승, 경비 절감, 퇴사율 감소 등)
- 투자한 비용 대비 더 많은 수익이나 유·무형의 혜택을 거두었는가?
- 단위 조직을 넘어 더 넓은 범위의 이해관계자들에게 바람직한 영향을 미쳤는가?(예: 준법, 윤리, 지역사회, 환경 등)
- 프로그램 시행을 통해 배운 점과 개선점은 무엇인가?

따라서 각종 분석의 결과를 다음과 같은 방법으로 해석 및 변환하여 제시한다면 이해관계자들의 관심에 더욱 효과적으로 응답할 수 있을 것이다. 또한, 이 과정에서 HRD·교육·심리·행동·통계 등의 전문 용어를 이해가 용이한 공통의 언어로 변환하는 과정 또한 반드시 수반되어야 한다.

- 프로그램 전·후 결과의 비교 제시
- 프로그램 주요 요소와 결과 간 관계 도식 제시
- 향후 예상 추세 추정 그래프 제시
- 개선된 사업성과를 구체적 수치로 환산·추정한 재무 정보 제시
- 투자한 비용과 환산·추정한 재무 정보를 활용한 ROI 결과 제시
- 경쟁사 또는 외부 벤치마크와의 비교 정보 제시
- 참여자 및 관계자들의 종합적인 의견과 피드백 제시

평가 결과의 해석 단계는 가치중립적 정보를 맥락적 지식으로 전환하는 활동임과 동시에 HRD 전문가의 식견과 전략적 통찰을 보여줄

수 있는 장이다. 따라서 해석에 있어 주안점은 분석의 세부 사항 하나하나보다 이해관계자의 니즈에 맞추어져야 한다. 이해관계자들이 알고 싶은 것은 그들의 니즈가 효과적, 효율적으로 충족되었는지 여부이지 HRD 전문가의 현란한 기술이 아니기 때문이다.

3) 결과 공유

결과의 정리와 해석도 중요하지만 이를 어떻게 전달하고 공유하는지 또한 중요하다. 아무리 잘 준비된 내용이라 할지라도 상대에게 효과적으로 전달되었을 때 의미가 있기 때문이다. 일반적으로 인재·조직개발 활동의 평가 결과를 공유하는 방식은 〈표 10-1〉과 같이 다양하며, 상황과 프로그램의 특성에 부합하도록 형식과 내용을 적절히 결정해야 한다.

〈표 9-3〉 평가 결과 공유 방식과 특징

형식	특징
구두	• 규모나 중요성이 상대적으로 낮은 프로그램의 경우, 직접 업무관계자 간 대화나 구두 보고 형식으로 결과 공유 • 별도의 공식적인 공유에 앞서 핵심 내용과 중요성 및 일정 등을 환기하기 위한 목적으로도 활용됨
이메일	• 규모나 중요성이 상대적으로 낮은 프로그램의 경우, 업무담당자와 관리자 간 이메일 보고 형식으로 결과 공유 • 핵심 사항을 본문에 기재하고 보고서 등 관련 자료를 첨부하는 형식으로 공유 • 별도의 보고회를 위한 사전 자료 제공 용도로도 자주 활용됨
요약서	• 세부 내용을 최소화하고 핵심 내용 중심으로 간명하게 결과 공유 • 정식 보고서의 서두에 별도로 배치하는 형식으로도 자주 활용됨
보고서	• 프로그램 및 평가 관련 종합 정보와 분석 결과 및 해석을 정식보고서 형식으로 공유 • 핵심 내용 중심의 요약서와 세부 내용을 포함한 부록 등을 동반할 수도 있음
보고회의	• 직접적인 업무 및 이해관계자가 참석한 가운데 정식보고서 등 문서와 각종 자료를 활용하여 대면 공유 • 심층 질문과 토론 등을 통해 다양하고 깊이 있는 결과의 공유와 피드백 가능
발표회	• 전사적 조직개발이나 변화 프로그램 등 규모와 중요성이 큰 경우, 직접적인 업무 및 이해관계자뿐만 아니라 더욱 폭넓은 청중을 대상으로 프레젠테이션 형식의 결과 공유 • 발표 내용뿐만 아니라 형식 및 분위기 조성 등도 중요
워크숍	• 중요성이 크고 이해관계자의 적극적인 피드백과 참여가 필요한 경우, 워크숍 형식으로 결과 공유 • 높은 수준의 이해관계자 관여와 학습을 유도하고 후속 활동에 대한 지원과 실행력 확보 측면에서 매우 효과적임

언급한 바와 같이 결과의 공유는 상대가 있는 행위이므로 프로그램의 특성뿐만 아니라 이해관계자의 요구와 상황을 염두에 두고 효과적인 방식을 결정해야 한다. 때로는 한 페이지의 요약서(executive summary)가 방대한 정식보고서보다 효과적일 수 있고, 대규모 발표회와 소규모 집중 워크숍 중 더욱 실효성이 높은 방식을 선택해야 할 수도 있다.

또한, 어떤 공유 방식을 택하든 핵심 내용을 담은 자료를 준비해야 할 때가 많은데, 그럴 때 다음의 사항들을 충분히 고려해야 한다.

- 전체 구조와 흐름에 대한 논리적, 체계적 설계
- 타당한 정보의 제시와 간명한 메시지 고안
- 주요 포인트에 대한 효과적인 강조
- 정확한 데이터와 분석 결과 제시
- 표, 그래프, 이미지, 인포그래픽 등 정보 시각화 자료를 적절히 활용

이러한 핵심 사항에 더해 다음의 내용도 유념한다면 더욱 효과적인 공유와 학습의 장을 만들 수 있을 것이다.

- 문서 형식과 편집의 적절성 검토
- 디자인 고려(미적 치장을 넘어 맥락 적합성과 내적 일관성을 갖춘 완결성의 미학)
- 무결점 글쓰기
- 매체와 테크놀로지의 효과적 활용

결과 공유는 이미 종료된 프로그램의 성과 여부를 중심으로 한 내용 중심의 활동이지만, 동시에 형식 측면에서도 탁월함과 완결성을

보여줌으로써 HRD 활동에 대한 이해관계자의 신뢰를 확보하는 기회로 활용되어야 한다. 또한, 개인정보 보호, 데이터 및 문서보안 등의 영역에 대해서도 충분한 이해를 갖춤으로써 불필요한 논쟁과 불미스러운 사고가 발생하지 않도록 세심한 주의를 기울여야 한다.

4 논의

- 특정 HRD 활동을 상정하고, 그 활동의 평가 계획을 육하원칙을 활용하여 수립 및 논의하시오.
- 특정 HRD 활동을 상정하고, 그 활동의 총괄평가를 위해 반응·학습·행동, 성과, ROI, 사회적 기여를 어떻게 평가할 것인지 논의하시오.
- 평가 결과의 적절한 해석을 위해 HRD 전문가가 고려해야 할 중요 사항들에 대해 논의하시오.

참·고·문·헌

김난도 등 (2017). 트렌드 코리아 2018. 미래의 창.

배을규 (2012). HRD 실무자를 위한 교육훈련 프로그램 평가. 학이시습.

장원섭 (2021). 인적자원개발 이론과 실천(3판). 학지사.

Binder, C. (1998). The Six Boxes™ : A descendent of Gilbert's behavior engineering model. Performance Improvement, 37(6), 48-52.

Phillips, P. P., & Phillips, J. J. (2006). Return on Investment (ROI) basics. American Society for Training and Development.

Stufflebeam, D. L. & Shinkfield, A. J. (2007). Evaluation theory, models, and applications. Jossey-Bass.

제 **10** 장

HRD 평가 커뮤니케이션

HRD 평가는 이론과 분석 기법을 활용한 전문적인 활동임과 동시에 이해관계자와의 공유와 소통 활동이다. 따라서 근거와 분석 기반의 논리성에 더해 이해관계자의 니즈와 전반적 맥락을 고려한 통찰력과 커뮤니케이션 역량이 요구된다. 잘 설계되고 실행되는 커뮤니케이션이 이해와 공감, 개선을 가능하게 한다.

학습 목표

10장의 학습 목표는 다음과 같다.

- 커뮤니케이션 구조와 메시지 설계의 핵심 내용을 설명할 수 있다.
- 효과적인 정보 제시, 기억 촉진, 설득 등을 위한 커뮤니케이션 전략을 상황에 따라 적절히 활용할 수 있다.
- 평가 커뮤니케이션의 주요 유의사항을 이해하고 주의할 수 있다.

핵심 용어

- 평가 커뮤니케이션 설계
- 정보 시각화
- 스티커 메시지 6원칙
- 양적 정보 변환과 번역
- 아이디어 채택 영향 요인
- 설득 6원칙
- 평가 커뮤니케이션 유의사항

HRD 활동의 결과 정리와 공유는 넓게 보면 프로그램 및 이의 평가와 관련한 이해관계자와의 소통 활동이다. 상황과 상대를 고려한 커뮤니케이션을 통해 평가 결과에 대한 맥락성과 실질적인 의미가 부여되고, 조직 및 이해관계자와의 공유와 학습의 장이 마련될 수 있다.

1) 평가 커뮤니케이션 설계

평가는 프로그램의 성공이나 실패를 선언하기 위한 활동이라기보다 성찰과 피드백을 통해 지속적인 학습과 개선을 촉발하는 활동이 되어야 한다. 따라서 HRD 전문가는 평가와 관련한 효과적인 커뮤니케이션을 통해 프로그램과 직결된 정보의 제공뿐만 아니라 다음과 같은 이점들도 발견할 수 있어야 한다.

- 진행 과정 중 좋은 일, 나쁜 일, 예기치 못한 일 등에 대한 공유와 공감
- 어려움, 실수, 난관, 한계 등에 대해 더 잘 인식하는 계기
- 이해관계자들에 대한 교육 및 설득의 기회
- 건설적이고 혁신적인 제안을 하거나 청취할 기회
- 후속 활동을 촉발하거나 지원을 확보할 수 있는 계기
- 이해관계자 신뢰 확보와 전략적 파트너십 강화

이러한 이점을 극대화하기 위해서는 적절한 커뮤니케이션 설계가 필요하다. 무엇보다 효과적인 정보 공유와 몰입 유도를 위해 커뮤니케이션의 흐름, 즉 줄거리와 구조를 정교하게 설계해야 한다. 이를 통해 의례적인 전달과 공유를 넘어 의제를 주도하고, 논의를 촉발하

며, 때로는 정서적 반응과 행동을 유도할 수 있어야 한다. 사안과 상황에 따라 다양한 전개 방식이 있을 수 있으나, 일반적으로 다음과 같은 예시를 참고할 수 있다.

- 기사 형식: 신문 기사나 업무 브리핑처럼 군더더기를 최소화하여 요점 제시, 상세 내용 전달, 결론을 제시하는 서론–본론–결론 구조
- 스토리텔링 형식: 소설처럼 스토리 전개를 통해 몰입과 공감을 끌어내는 기승전결 또는 발단–전개–위기–절정–결말 구조
- 논문 형식: 학술 논문처럼 엄격성과 타당성을 동반한 결과와 결론을 보여주는 서론–문헌 검토–평가 방법–평가 결과–결론 구조
- 기타: 통상 사용해 온 보고 · 발표 구조 및 필요에 따른 다양한 응용

구조 설계에 이어 이해관계자와의 상호작용과 공통의 이해를 증진하기 위한 세심한 메시지 설계가 필요하다. 구두 발표든 문서든 주어진 시간과 형식 속에서 HRD 전문가가 보고, 알고, 이해하고, 생각한 것을 그들도 보고, 알고, 이해하고, 생각할 수 있도록 해야 한다. 이를 위해 자료를 준비하거나 이를 전달하는 과정에서 다음과 같은 기본 원칙을 상기할 필요가 있다(Block, 2011).

- 논점에 맞게(focused), 구체적이고(specific), 간명하며(brief), 쉬운(simple) 언어와 정확한 기술(descriptive)로 소통할 것
- 너무 방대하고(global), 길고(lengthy), 복잡하거나(complicated), 판단적이고(judgmental) 틀에 박힌(stereotyped) 표현을 지양할 것

또한, 냉철한 로고스(logos)와 감성적 파토스(pathos)의 적절한 구사와 융합도 중요하다. 효과적인 커뮤니케이션을 위해 상황에 따라 표현논리(expressive logic), 규범논리(conventional logic), 수사논리(rhetorical logic) 등의 다양한 메시지 설계 논리를 적용해야 한다는 것이다(O'keefe, 1988). 공감 유발을 위해 생각과 감정을 적절히 표현해야 할 때가 있고(expressive), 공유된 사고와 문화 체계를 고려한 정제된 논리를 사용해야 할 때가 있을 것이며(conventional), 유연함과 통찰력을 발휘한 한 차원 높은 메시지와 관점의 제시가 필요한 때도 있을 것이기(rhetorical) 때문이다. 다시 말해, HRD 전문가는 적절한 설계 논리를 통해 이해관계자에게 메시지를 효과적으로 제시하고, 중요한 내용이 뇌리에 깊이 남을 수 있도록 하며, 때로는 제안한 내용을 수용하고 적절한 행동을 취하도록 설득할 수 있어야 한다.

덧붙여서, 핵심 메시지에 대해서는 반복, 비교, 논쟁 등을 통해 기존 정보와의 연결을 촉진 및 강화하고, 언어적·비언어적 커뮤니케이션 간의 반복(repetition), 대체(substitution), 보완(complementation), 반박(contradiction), 강조(emphasis) 등의 상호작용을 활용하여 유기적이고 통합적인 커뮤니케이션을 설계해야 한다(Ekman et al., 2013). 커뮤니케이션에는 의제 설정(agenda setting)의 힘이 있으며, 잘 설계된 커뮤니케이션은 논의되는 주제를 사람들의 마음에 중요한 의제로 자리하도록 할 수 있다(McCombs & Shaw, 1972). 나아가 인지·정서적 자극을 통해 무엇을 생각해야 할지 뿐만 아니라 어떻게 생각해야 할지까지 영향을 미칠 수 있다. 따라서 이해관계자들의 특별한 관심과 지원이 필요한 사안이 있다면 정교한 커뮤니케이션 설계를 통해 그것이 중요한 의제로 자리 잡도록 각별한 노력을 기울여야 한다.

2) 커뮤니케이션 전략

평가 계획에서와 마찬가지로 평가 커뮤니케이션에서도 육하원칙 (5W1H)은 가장 중요한 토대가 된다. 위에 소개한 커뮤니케이션 구조와 메시지 설계 논리도 적절히 참고할 필요가 있다. 한 걸음 나아가 더욱 효과적인 커뮤니케이션을 위해서는 정보의 제시와 기억, 설득을 돕는 다양한 전략과 기법들도 구사되어야 한다.

■ 정보 제시 전략

Mehrabian(1981)은 커뮤니케이션에 있어 언어적, 청각적, 시각적 요소가 각각 7%, 38%, 55%의 중요성을 차지한다고 주장하며 침묵의 메시지(silent messages)에 주목하였다. 커뮤니케이션은 말이나 글의 기계적 송수신 행위만은 아니기 때문이다. 다시 말해, 문서를 작성함에 있어서는 언어뿐만 아니라 시각적 구현의 중요성을, 발표회나 워크숍을 준비함에 있어서는 발표자의 말투, 표정, 태도 등에서의 전문성과 신뢰성까지 고려해야 함을 시사한다.

비슷한 맥락에서 크리거 한스와 한첼(2000)은 청중들에게 정보가 기억되는 비율은 읽기, 듣기, 보기가 각각 10%, 20%, 30%라고 했다. 따라서 중요한 내용이 더 잘 기억되도록 하기 위해서는 주요 정보 제시와 효과적인 시청각 자료 활용 등을 조합하여(읽기＋듣기＋보기 ＝60%) 시너지를 창출해야 한다고 강조한다. 평가 보고서나 발표 자료를 준비할 때도 텍스트와 숫자만으로 건조하게 구성하는 것보다 표와 그래프 및 상황에 따라 이미지와 영상 자료 등을 적절하게 활용하는 것이 효과적일 수 있음을 시사한다.

특히, 전달해야 할 수치 정보가 많거나 다양한 항목들에 대한 분석 결과를 제시하는 등의 경우 표의 유용성이 더욱 부각된다. 예를 들어, 평가에 포함된 주요 지표들의 현황이나 달성 정도를 일목요연하게 표로 정리하거나 스코어카드의 형태로 제시한다면, 각각의 정보를 텍스트로 기술하거나 개별적으로 열거하는 것보다 훨씬 간결하면서도 종합적으로 정보를 공유할 수 있다. 이때 필요하다면 원천 데이터와 상세 분석 결과 등을 부록 형식으로 추가하는 것도 가능할 것이다.

나아가 표나 스코어카드의 수치 정보를 시각화하여 제시하는 것도 좋다. 효과적으로 구현된 시각 자료는 많은 정보를 한꺼번에 쉽고 직관적으로 전달하는 힘이 있기 때문이다. 예를 들어, 스코어카드에 포함된 평가 지표들의 현황을 다양한 그래프로 구성된 대시보드의 형태로 제시하면 이해관계자의 이해도와 몰입도를 한층 끌어올릴 수 있다. 요약표나 데이터 레이블 등을 그래프와 함께 제시하여 정보 전달의 시너지를 도모할 수도 있다. 시각 자료의 속성을 활용하여 표에서는 드러나지 않던 데이터의 특징이나 패턴을 보여주거나, 결과에 대한 체감도의 차이를 유발할 수도 있다. 이처럼 유용한 정보 시각화를 효과적으로 수행하기 위해 다음의 사항을 유념할 필요가 있다.

- 과학적으로 정확함과 동시에 미적으로도 뛰어나야 함
- 전주의적 속성(위치, 형태, 크기, 색 등)을 효과적으로 사용해야 함
- 데이터의 유형(범주형, 순서형, 연속형 등)을 적절히 고려해야 함
- 분석 결과의 속성(수량, 분포, 비율, 관계 등)을 적절히 고려해야 함

여기서 전주의적 속성(pre-attentive attributes)은 정보를 접했을 때 특별히 주의를 기울이지 않아도 뇌에서 바로 식별하거나 인식할 수 있도록 하는 시각적 속성을 의미한다(Wexler et al., 2017). 예를 들어, 0부터 9까지의 숫자가 무질서하게 배열된 커다란 난수표에서 어떤 하나의 숫자를 모두 찾아내는 일은 엄청난 시간과 고도의 집중이 필요하고 몇 개를 누락할 가능성도 클 것이다. 하지만 해당 숫자만 크거나 작게, 전체 배열에서 조금씩 튀어나오게, 글자체를 다르게 표시하는 등의 전주의적 속성을 활용한다면 누구든 큰 노력과 오류 없이

단번에 식별할 수 있을 것이다. 색깔 또한 전주의적 속성으로서 정보 시각화를 위한 효과적인 기제이다. 대표적으로, 같은 모양과 색깔의 도형들 중 하나에만 다른 색을 사용하여 경고나 강조를 하거나, 도형별로 다른 색을 적용하여 범주를 구분하거나, 색깔을 단계적으로 진하게 또는 연하게 하여 순서나 수량을 표현하거나, 가운데를 중심으로 순차적 색 적용을 통해 발산 또는 수렴되는 상황을 나타낼 수도 있다. 이러한 전주의적 속성을 효과적으로 활용한다면 정보 전달 효과에 커다란 차이를 만들어낼 수 있다.

한편, 그래프는 정보 시각화를 위한 가장 유용한 수단 중 하나이고, 효과적인 정보 제시를 위해 그래프의 유형을 결정하는 일은 매우 중요하다. 이는 그래프별로 다양한 전주의적 속성이 이미 반영되어 있기 때문이기도 하다. 다음은 흔히 사용되는 그래프들을 용도별로 예시한 것이다(Wilke, 2019).

- 수량: (가로, 세로, 묶음, 누적) 막대 도표, 점 도표, 히트맵 등
- 분포: 히스토그램, 밀도 도표, 박스 도표, 산포도 등
- 비율: 막대 도표, 파이 도표, 도넛 도표, 트리맵, 썬버스트 등
- 관계: 선 도표, 산포도, 버블차트, 꺾은선 도표 등
- 기타: 방사형 도표, 단계구분도, 혼합 도표 등

최근에는 각종 도형과 그래프, 색, 사진, 픽토그램(pictogram) 등 다양한 시각적 요소와 텍스트를 통합적으로 활용하여 핵심 정보를 직관적, 심미적, 창의적으로 전달하는 인포그래픽(infographic)이라는 용어가 널리 사용되고 있다. 직역하면 '정보 그림'이라는 뜻의 인포그래픽은 전달하고자 하는 정보를 상응하는 이미지로 구현하여 전달과 이해의 효과를 높이기 위한 것으로, 비교적 복잡하고 많은 정보를 다루어야 하는 평가 커뮤니케이션의 특성상 매우 유용한 수단이 될 수 있

다. 잘 설계된 좋은 디자인을 통해 데이터와 스토리를 더욱 쉽고, 간결하며, 인상적으로 전달할 수 있기 때문이다.

이처럼 정보 시각화에는 다양한 방법과 장점이 있지만 유의해야 할 점들도 많다. 무엇보다 내용과 배치되거나 주의를 분산시키는 불필요하고 과도한 시각화는 지양되어야 한다. 미적으로 조악하거나, 내용이 너무 모호하거나 복잡해도 곤란하다. 당연한 말이지만 객관적으로 틀리거나 정보를 왜곡하는 시각화는 절대 금물이다.

※ 더 알아보기

나이팅게일 차트

백의의 천사로 유명한 플로렌스 나이팅게일(Florence Nightingale)은 헌신적인 간호사이자 뛰어난 통계학자였으며, 유능한 커뮤니케이터였다. 1850년대 크림전쟁 중 나이팅게일이 간호 봉사를 자원한 튀르키예 전선에서는 수많은 군인들이 죽어가고 있었다. 그런데 사망 원인을 면밀히 살펴본 결과 전투로 인한 것보다 훨씬 많은 인원이 예방과 치료가 가능한 질병으로 죽어가고 있음을 발견하였다. 나이팅게일은 기간별로 사망 원인에 따른 사망자 수를 시각화(중심부에 표시된 부상과 기타 원인보다 주위에 넓게 표시된 전염병으로 인한 사망이 훨씬 많음)한 다음의 차트를 영국 정부와 군에 제공함으로써 불결한 환경과 식사, 불비한 의료 체계 등이 정비되도록 하고, 결과적으로 사망자 수를 획기적으로 줄이는 공헌을 한 것으로 알려져 있다. 아마도 온통 숫자나 표로만 구성된 건조한 보고서를 올린 것보다 더욱 효과적이었을 것으로 여겨진다.

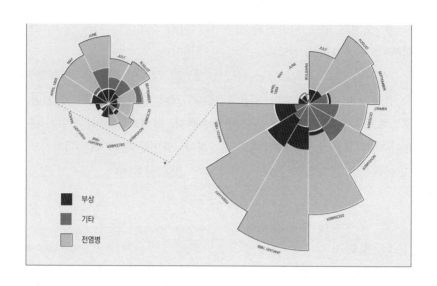

■ 기억 촉진 전략

평가 관련 커뮤니케이션은 주요 시사점과 메시지를 이해관계자들과 함께 공유하고 이를 조직의 기억과 과제로 남기기 위한 활동이기도 하다. 하지만 Ebbinghaus의 망각곡선(forgetting curve)에서 나타나듯 인간의 기억은 쉽게 사라진다. 따라서 핵심 내용이 오래 기억되도록 하기 위해서는 뇌리에 착 달라붙는 메시지(sticker message)를 고안해야 하며, 이를 위해 다음의 여섯 가지 원칙을 적절히 활용할 수 있을 것이다(Heath & Heath, 2007).

〈표 10-1〉 뇌리에 달라붙는 커뮤니케이션을 위한 여섯 가지 원칙

원칙	특징
단순성 (simplicity)	• 너무 많은 메시지는 아무 메시지가 없는 것이나 다름 없고 따라서 어느 하나도 기억되기 어려움 • 중요도의 우선순위를 결정하고 마음에 남을 수 있는 심오하지만 간명한 메시지를 추출해야 함 • 생텍쥐페리(Saint Exupery)는 완벽함이란 더 보탤 것이 없을 때가 아니라 더 이상 뺄 것이 없는 상태라 하였음
의외성 (unexpectedness)	• 깜짝 효과는 관심을 사로잡을 수 있지만 그 관심을 오래 지속시키지는 못함 • 중요한 내용에 대해 호기심 공백을 만들어 상대로 하여금 스스로 알고 싶다는 필요를 느끼도록 한 후, 그에 대해 사실과 정보로 채워줌으로써 지속적인 관심과 몰입을 유도해야 함 • 추측 기제를 무너뜨리는 허를 찌르는 메시지를 고안하는 것이 효과적임
구체성 (concreteness)	• 관념적이고 모호한 표현은 상대에게 별 의미 없는 것으로 받아들여질 수 있고, 사람마다 다르게 해석될 수도 있음 • 누구나 명확하고 동일하게 이해할 수 있도록 구체적이고 감각적인 정보와 이미지를 활용해야 함 • 상대는 내가 아는 것을 모를 수 있고, 따라서 누구와도 유창하게 소통할 수 있는 구체적인 공통 언어를 찾아야 함
신뢰성 (credibility)	• 주제와 관련한 세부 사항과 관련 데이터 및 충분한 맥락 정보를 제공하여, 이러한 정보들이 모여 메시지의 신뢰성을 확보할 수 있도록 해야 함 • 프로그램과 관련된 큰 성공이나 실패를 경험한 참여자의 실제 사례 또한 신뢰성을 강화할 수 있는 효과적 방법임 • 문서 내 오탈자, 형식 및 편집 실수, 데이터 오류 등은 신뢰성에 치명적인 악영향을 미칠 수 있음

감성 (emotion)	• 전달하고자 하는 내용에 따라 전달 방식 또한 적절히 결정되어야 하나, 일반적으로 감성적 반향을 일으킬 수 있을 때 메시지는 더 잘 기억되고 공감을 얻을 수 있음 • 평가 커뮤니케이션은 이해관계자들이 무엇을 얻었거나 잃었는지, 왜 그것이 중요하고 주의를 기울여야 할 문제인지 등을 체감할 수 있도록 설계되어야 함
스토리 (story)	• 가치중립적 기술이나 객관적 설명은 메시지에 대한 공감 측면에서 한계를 가짐 • 프로그램 참여자나 관련자들의 생각과 느낌을 토대로 마음에 와닿는 스토리를 구성하는 것이 효과적일 수 있음 • 세세한 정보는 시간과 함께 기억에서 사라지더라도 이야기는 오래도록 가슴 속에 남게 됨

또한, 잘 알려진 바와 같이 감각 기관으로부터 수신된 정보가 일시적으로 의식에 머무는 인간의 작업기억(working memory) 용량은 7 ± 2이다. 7개 내외의 숫자로 구성된 전화번호나 차량 번호판은 잠시라도 기억할 수 있는 이유이다. 하지만 이보다 많은 정보가 들어오면 기억이 어렵고 잠시 머물던 이전의 정보들마저 뒤엉켜 버린다. 전달해야 할 정보가 많을수록 기억 용량을 초과하지 않도록 하는 세심한 주의가 필요한 것이다.

이는 많은 양적 정보를 포함한 평가 커뮤니케이션의 경우 더욱 중요하다. 한 가지 방법은 숫자를 쉽게 기억할 수 있도록 적절히 변환하는 것인데, 이를 통해 처리해야 할 정보의 양을 줄이고 수용도를 높이는 효과를 기대할 수 있다. 물론 숫자의 의미가 훼손되지 않도록 하고 필요한 경우 정확한 세부 정보를 제시해야겠지만, 숫자가 과하게 많거나, 크거나, 복잡한 경우 다음과 같은 변환 기법이 효과적인 커뮤니케이션에 도움이 될 수 있다(Heath & Starr, 2022).

- 반올림 활용: 89.74점 대신 거의 90점, 34.1% 대신 셋 중 하나 이상 등
- 소수, 분수 등 큰 수 대신 단순하고 실제적인 작은 정수 사용: 12.5% 퇴사 대신 8명 중 1명 퇴사, 2분의 1로 감소 대신 절반으로 감소 등
- 상대의 이해와 관심, 전문 지식, 문화적 배경을 존중한 언어 사용: 리커트 4.5점 대신 100점 만점 기준 90점, 적절한 환율과 단위 변환 등

양적 정보의 의미 이해를 촉진하기 위해 숫자를 직관적 인식이 가능한 경험으로 변환하는 것도 효과적인 방법이다. 추상적이고 탈가치적인 숫자를 맥락에 맞도록 번역해 주는 것이다. 이러한 접근은 커뮤니케이션 상대인 이해관계자와 의사결정자를 끌어들이고 그들의 행동을 촉발할 가능성을 높인다. 숫자를 경험으로 번역하는 주요 기법은 다음과 같다.

- 친숙한 대상과 비교: 화재로 산림 몇 ha 대신 축구장 크기 소실, 경쟁사 매출 몇억 원 대신 우리 매출의 두 배 등
- 구체적 사물로 대체: 종양 몇 cm를 완두콩 또는 포도알 크기, 불량 제품을 모두 회수하여 쌓으니 2층 건물 높이 등
- 단위 조정·변환: 80억 인구의 지구를 100명이 사는 마을로 축소, 구성원 만족도 5% 향상에 2억 소요 등
- 이야기로 전환: 커피 한 잔으로 북극곰 보호, 연간 퇴사율 33% 대신 셋 중 한 명은 내년에 여기 없음 등

이러한 커뮤니케이션 전략은 기억을 촉진하는 장점이 있지만, 남용이나 오용되지 않도록 주의해야 한다. 무엇보다, 있는 그대로의 정

보 제시와 정보의 변환 중 어떤 것이 상황에 더 적합할 것인지 판단할 수 있어야 한다. 또한, 과도하고 무리한 정보의 변환을 시도하지 않도록 절제가 필요하다. 핵심은 중요한 정보를 기억하도록 하는 것이지, 수사를 남발하거나 내용을 오도하려는 것이 아니기 때문이다.

⬚ 더 알아보기

망각곡선

심리학자 Hermann Ebbinghaus는 새로 습득한 정보에 대한 기억이 시간이 지나면서 급격히 줄어드는 현상을 아래 왼쪽의 그림과 같은 망각곡선으로 설명하였다. 특히 자신에게 의미 있게 받아들여지지 않은 정보는 한두 시간이면 50% 이상 잊혀지고, 2~3일만 지나도 20% 이상 기억하기 어렵다고 주장한다. 다시 말해, 정교하고 의식적인 노력을 하지 않는다면 평가 보고회의나 발표 초반에 제시한 내용은 회의 장소를 나오는 시점이면 이미 절반은 휘발되고, 며칠 후면 무슨 내용이 있었는지 거의 기억을 못 할 수도 있다는 뜻이다. 따라서 아래 오른쪽의 그래프와 같이 중요한 메시지를 적정 간격을 두고 반복하거나, 시각적 이미지와 연상 기제의 효과적 활용, 공감을 불러일으킬 수 있는 적절한 의미 부여, 스티커 메시지의 고안 등 이해관계자의 기억을 도울 수 있는 세심한 커뮤니케이션의 설계가 필요하다.

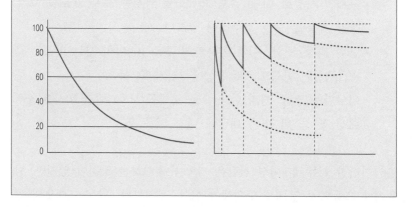

■ 설득 전략

평가 커뮤니케이션은 종종 중요한 내용을 제시하거나 이를 기억하도록 하는 데 멈추지 않고, 건설적인 제안으로 이해관계자를 설득하고 이를 통해 후속 행동을 유발하고자 하는 목적을 가진다. 설득은 말하여 얻어낸다는 뜻으로, 강압적 방법이 아닌 논리적·정서적 근거를 토대로 상대에게 영향을 미쳐 원하는 결과를 얻으려는 시도를 의미한다. 따라서 설득력 있는 제안 내용의 준비와 설득 커뮤니케이션 두 측면 모두에 대한 이해가 필요하다.

먼저 내용의 준비 측면에서는 이해관계자들이 새로운 제안을 접했을 때 살펴보는 요인들이 무엇인지 이해해야 한다. 새로운 것은 근본적으로 불확실성과 위험을 동반하고, 언뜻 보기에 유익한 내용일지라도 사람들의 마음 속에서는 다방면에서의 검토와 판단이 이루어지기 때문이다. Rogers(2003)에 따르면 사람들은 새로운 아이디어를 접하게 되면 다음과 같은 측면들을 검토한 후 채택 여부를 결정한다.

- 상대적 이점(relative advantage): 현행 방식보다 경제적 측면이나 사회적 평판 등에서 이익이 되는가?
- 적합성(compatibility): 우리 조직과 구성원이 견지해 온 가치체계, 일의 방식, 니즈 등에 부합하는가?
- 복잡성(complexity): 실행하기에 너무 어렵거나 복잡하지 않은가?
- 시험가능성(trialability): 제한적 범위에서라도 타당성이나 효과를 테스트 해볼 수 있는가?
- 관찰가능성(observability): 채택 후 초래될 결과를 쉽게 인지 및 체감할 수 있는가?

따라서 평가 결과를 토대로 새로운 내용을 제안할 때는 이러한 사항들에 대한 충분한 고려를 통해 이해관계자들의 수용적 태도를 촉진해야 한다. 한두 가지 측면만 미비하더라도 제안에 미온적이거나 온전히 거부하는 결과로 이어질 수 있기 때문이다. 꼼꼼하게 준비된 제안을 통한 이들의 태도 변화는 채택, 즉 조직 차원의 의사결정과 후속 행동으로 이어질 가능성을 높인다.

제안 내용을 세심하게 준비하였다면 이제 어떻게 이해관계자들을 설득할 것인지 커뮤니케이션 전략을 수립해야 한다. 특히, 설득 커뮤니케이션을 위해서는 새로운 정보를 접할 때 나타나는 사람들의 심리적 기제를 이해할 필요가 있다. 인간은 스스로 의미를 찾지 못하면 설득되지 않기 때문에 모든 설득은 근본적으로 자기 설득이라고 할 수 있으며, 커뮤니케이션은 이를 조력하고 촉진하는 역할을 담당해야 하기 때문이다. 이런 점에서 일관성 이론(consistency theory)은 인간은 일관성이 있을 때 안정감을 느끼고 그것이 깨어지면 회복하고자 하는 강한 본능이 있다고 주장하며, 설득에 있어 다음과 같은 커뮤니케이션 전략을 제안한다.

- 균형 전략: 자신과 상대의 인식에 차이가 있음을 인지하게 함으로써 변화를 통해 균형을 유지하고 일관성을 추구하도록 유도
- 인지부조화 전략: 자신의 신념과 행동 사이에 부조화가 있음을 인지하게 함으로써 변화를 통해 인지적 부조화 상태를 해소하고 일관성을 추구하도록 유도

설득을 시도하는 HRD 전문가 자신의 평판과 이미지도 중요하게 점검해야 할 요소이다. 사람들은 메시지(message)와 화자(message sender)를 일치시켜 판단하는 심리적 경향이 있기 때문이다. 이는 일관성 추구의 또 다른 측면으로, 가령 보수적인 것으로 유명한 누군가가 새로운 아이디어를 제안하면 설득력이 떨어지는 상황을 떠올려보면 쉽게 이해할 수 있다. 따라서 새로운 제안을 할 때는 그것을 담은

보고나 발표를 누가 할 것인지까지 신중하게 검토되어야 한다.

한편, 사안에 대한 관여도가 낮은 사람일수록 제안에 대한 반응도 또한 낮을 수밖에 없다. 새로운 것에 대한 태도적 특성으로 수용(accept)보다 저항(resist)과 거부(reject)의 영역이 넓은 사람들도 있다. 따라서 제안 내용에 대해 수용적이면서 영향력이 있는 이해관계자를 파악하여 이들과의 연대에 우선적인 노력을 기울이는 것도 효과적인 커뮤니케이션 전략이 될 수 있다(Kim, 2015). 이들이 새로운 제안의 긍정적 측면에 대한 의견주도력(opinion leadership)을 발휘해 준다면 설득의 효과가 극적으로 배가될 것이기 때문이다.

이외에도 다양한 고려사항이 있을 수 있으며, Cialdini(2009)는 설득 커뮤니케이션의 다양한 측면들을 종합하여 여섯 가지 원칙을 〈표 10-2〉와 같이 제시하고 있다. 이러한 원칙은 평가 커뮤니케이션의 상황에도 유용하게 활용될 수 있을 것이다.

〈표 10-2〉 설득의 원칙과 평가 커뮤니케이션

원칙	특징
상호성 (reciprocity)	• 무언가 얻기 위해서는 먼저 베푸는 게 중요하고, 전략적으로는 상대로 하여금 빚진 마음을 갖도록 하는 게 유효할 수 있음 • 지원과 도움을 요청하기 전에 HRD 활동이 조직과 이해관계자들을 위해 어떻게 노력하고 혜택을 주고 있는지 체감하도록 해야 함
호감 (liking)	• 사람은 호감, 매력, 공통성 등에 끌리고 그런 사람을 좋아함 • 참여자나 이해관계자를 고려하여 누가 평가 커뮤니케이션을 이끌지에 대해서도 세심하게 결정할 필요가 있음
권위 (credibility)	• 공식적 지위와 별개로 뛰어난 전문성과 경험은 권위의 원천임

	• HRD 전문가가 지식, 경험, 통찰력 등에 있어 공식·비공식적으로 권위와 신뢰성을 인정받은 경우 설득이 훨씬 쉬워짐
사회적 증거 (consensus)	• 사람은 어려운 결정을 해야 할 때, 다른 사람들은 어떻게 하는지 궁금해 함 • 경쟁사나 우수 기업 또는 해외 사례 등 검증되거나 영향력 있는 벤치마크를 제시하거나 비교하는 전략은 대부분 효과적임
일관성 (consistency)	• 사람은 어떤 선택을 할 때, 견지하고 있는 가치나 소신에 부합하는지를 검토함 • 조직의 비전이나 미션, CEO의 경영철학, 이해관계자들의 입장 등을 고려하여 커뮤니케이션을 설계할 필요가 있음
희귀성 (rarity)	• 사람은 일반적으로 흔하지 않거나 한정된 것에 민감하게 반응함 • 과감한 행동을 설득하고자 한다면 이를 실행에 옮길 수 있는 기회가 흔치 않고, 빨리 움직이지 않으면 기회가 사라질 것이라는 점을 알려줄 필요가 있음

2 평가 커뮤니케이션 유의 사항

지금까지 효과적인 평가 커뮤니케이션을 위한 방법과 전략에 대해 살펴보았다. 하지만 여전히 커뮤니케이션은 쉽지만은 않고 주의해야 할 점도 많다. 성공적 커뮤니케이션을 방해하는 요인은 수없이 많겠지만, 특히 HRD 평가 커뮤니케이션에 있어 주의해야 할 사항 몇 가지는 상기할 필요가 있다.

■ 완벽주의

본시 평가라는 활동 자체가 불편한 일일 수 있고(박소연, 2020),

이에 대한 커뮤니케이션 또한 불편할 수 있다. 때로는 평가 결과를 공유하는 HRD 전문가나 이를 접하는 이해관계자 모두 불안, 실망, 분노 등을 경험하게 된다. 특히, 활동의 목표가 충분히 달성되지 못하였거나 과정상의 문제가 있었다면 불편함은 더욱 배가될 것이다. 실패에 대한 부끄러움과 책임에 대한 스트레스 속에 건설적인 커뮤니케이션 자체가 어려워질 수도 있다. 하지만 무결점에 대한 강박과 과도한 불안은 그리 바람직한 것은 아니다. 평가는 결산의 시간임과 동시에 성찰과 개선의 기회이므로, 커뮤니케이션에 있어 전문적이고 개방적인 자세를 견지할 필요가 있다. 완벽주의보다 비판과 질책에 대한 수용성과 탄력성을 통해 지속적인 발전을 도모하는 자세가 건강한 평가 커뮤니케이션을 가능하게 할 것이다.

■ 평균의 함정

HRD 평가는 양적 데이터의 분석을 수반하는 경우가 많고, 이때 가장 많이 활용되는 대푯값으로 평균이 있다. 평균은 대규모 데이터의 속성을 요약할 때 매우 유용하고, 누구나 쉽게 이해할 수 있다는 장점이 있다. 그런데 평균이 데이터 전체를 대표하는 값이 되기 위해서는 개별 데이터들이 평균 주변에 몰려 있고 좌우로 멀어질수록 줄어드는 정규 분포의 조건이 충족되어야 한다. 데이터들이 한쪽이나 양쪽 극단으로 치우쳐 있거나 어느 한 값에 수렴되지 않고 산재해 있는 형태를 보인다면, 단순 연산을 통해 평균을 구할 수는 있겠으나 그 값이 전체 데이터를 대표한다고 보기는 힘들다. 예를 들어, 부의 편중이 심한 사회에서는 국민들의 소득이 정규 분포가 아닌 멱함수 (power−law) 분포를 보이게 되는데, 이때는 소득의 평균보다 중간값, 최대값, 최소값 등이 데이터 전체를 설명하는 더 의미 있는 값이 될 것이다. 다른 예로, 1부터 5 사이에서 응답하는 설문 결과 1과 5에 대부분의 응답이 모여 있는 양봉(양극) 분포를 보인다면, 평균보다 최빈값인 1과 5를 더 주의 깊게 살펴볼 필요가 있다. 따라서 전체 데이터에 대한 검토 없이 의례적으로 평균에 의존하기보다, 분포와 이상치(outlier) 등 데이터 전체에 내재하는 속성과 개개인성을 먼저 살펴보고 그에 부합하는 분석을 시도해야 한다(Rose, 2016). 그렇지 않으면 자칫 결과 해석과 커뮤니케이션에 있어 함정에 빠질 수 있다.

■ 통계적 유의성(statistical significance)과 실질적 중요성 (practical importance)

HRD 평가를 위해 통계는 빈번히 사용되고, 특히 비교나 관계 등에 대한 추론통계 분석의 경우 통계적 유의성을 중심으로 결과를 판단하는 경우가 많다. 여기서 통계적으로 '유의한' 결과가 반드시 '중요한' 것을 의미하는지 짚어볼 필요가 있다. 통계적 유의성은 분석 결과가 단지 우연에 의한 것이 아니고, 비슷한 조건이라면 다음에도 같은 결과가 나올 가능성이 크다는 것을 의미한다(김태성 등, 2023). 그런데 어쩌면 이해관계자들은 통계적 유의성보다 실질적 중요성에 더 큰 관심을 기울이고 있을지 모른다. 예를 들어, 상당한 투자를 한 프로그램의 시행 이후 퇴사율이 미미하게 감소하였다면 설령 그것이 통계적으로 유의하더라도 투자에 상응하는 의미 있는 성과였다고 인정하지 않을 수 있다. 따라서 분석 결과를 제시할 때는 통계적 유의성뿐만 아니라 효과크기(effect size) 등 해당 결과의 실질적 중요성에 대한 분석과 그에 대한 해석도 제공해 주도록 노력해야 한다.

■ 틀짓기(framing)와 틀짓기 편향(framing bias)

커뮤니케이션의 내용을 어떻게 틀을 짓느냐에 따라 사람들이 그 메시지를 받아들이고 이해하는 데 차이가 생길 수 있다. 문자와 언어에는 고유의 사전적 의미가 있지만 이를 어떻게 구성하고 표현하느냐에 따라 맥락적 의미는 다양하게 다가온다. 숫자 또한 객관적이고 가치중립적인 것이지만 이를 어떠한 틀로 지어내는지에 따라 사람들의 반응은 달라진다. 가령, 컵에 물이 반이나 있다는 말과 반밖에 없다는 말, 신약이 중증 암환자의 20%를 호전시켰다는 것과 80%에 효과가 없었다는 것은 같은 사실이지만 틀짓기에 따라 전혀 다른 의미로 다가온다(Damodaran, 2017). 이처럼 메시지 틀짓기는 강력한 커뮤니케이션 방법으로 유용하게 활용될 수 있다. 하지만 정치적 공간에서 자주 목격되듯 때로는 틀짓기가 초점을 흐리거나 본질을 피해 가는 데 악용될 소지도 다분하다. 특히 부정적이거나 미흡한 결과를 공유해야 할 때 틀짓기 편향(framing bias)이라는 유혹에 흔들릴 수 있다. 따라서 적절한 틀짓기를 통해 커뮤니케이션의 효과를 높이려 노력하되, 왜곡된 방향으로 사용되지 않도록 주의를 기울여야 한다.

■ 체리피킹(cherry picking)과 생존자 편향(survivorship bias)

자신에게 유리한 것만 골라 취하는 행위를 이르는 것으로 체리피킹이라는 표현이 있다. 평가 상황에서는 목표를 달성했거나 근사해 보이는 부분만 골라서 보여주거나, 유리한 벤치마크만을 의도적으로 골라 비교하는 등의 방법이 있을 수 있다. 일면 의제 설정이나 틀짓기와 유사한 성격인 듯하지만, 체리피킹은 다분히 유리한 것만을 선택하여 보여주고 껄끄러운 것은 숨기는 기만적인 접근으로 피해야 할 행위이다(Chivers & Chivers, 2022). 비슷한 맥락에서 생존자 편향도 문제이다. 가령, 특정 활동에 적극적으로 참여하거나 성공 기준을 충족한 사람들은 그에 대해 긍정적인 태도를 보일 개연성이 높고, 따라서 이들만을 대상으로 무언가를 조사하여 분석한다면 결과 해석에 왜곡을 가져올 수 있다. 프로그램 종료 시 이미 떠나버린 사람들은 제외하고 아직 강의실에 남아 있는 사람들만을 대상으로 강의평가를 실시한다면 그 결과 또한 타당성을 인정하기 힘들 것이다. 따라서 성공사례 기법(success case method)과 같이 의도적으로 성공적인 참여자를 선정하여 심층 분석을 하는 경우가 아니라면, 분석과 평가 커뮤니케이션에 있어 편향된 집단, 즉 생존자만을 상정하는 우를 범하지 않도록 주의해야 한다.

■ 지식의 저주

마지막으로 평가 커뮤니케이션에서 유의할 점으로 '지식의 저주' 또는 '전문가의 함정'이 있다(Heath & Heath, 2007). HRD 전문가는 평가의 전 과정과 결과에 대해 분명하고 상세하게 제시할 수 있도록 준비해야 하지만, 이에 대한 커뮤니케이션에 있어서는 이해관계자의 이해 정도와 제시할 내용 간의 적절한 균형을 유지할 수 있어야 한다. 따라서 전문 용어와 분석 기법의 남발이나 평이한 내용에 대한 현학적 설명 등 부지불식간에 찾아드는 지식의 저주를 경계함과 동시에, 적절한 언어 · 비언어적 표현의 사용과 통찰력 있고 공감적인 커뮤니케이션을 위해 노력해야 한다.

3 논의

- 특정 HRD 활동을 상정하고, 그 활동의 평가 커뮤니케이션을 위한 효과적 정보 제시, 기억 촉진, 설득 전략에 대해 논의하시오.
- 효과적으로 구현된 그래프 또는 인포그래픽 사례들을 찾아 이들의 대표적인 특징과 장점에 대해 논의하시오.
- 본문에 제시된 내용 외에 추가로 고려해야 할 평가 커뮤니케이션의 유의사항에 대해 논의하시오.

참 · 고 · 문 · 헌

김태성, 장지현, 백평구 (2023). 시나리오 기반의 jamovi 통계분석(2판). 박영
스토리.

박소연 (2020). 평가의 쓸모. 학이시습.

크리거 한스, 한첼 (2000). 스피치 핸드북(백미숙 역). 일빛.

Block, P. (2011). Flawless consulting: A guide to getting your expertise
used(3rd ed.). Pfeiffer.

Chivers, T., & Chivers, D. (2022). How to read numbers: A guide to
statistics in the News (and knowing when to trust them). W&N.

Cialdini, R. B. (2009). Influence: Science and practice (5th ed.). Pearson
Education.

Damodaran, A. (2017). Narrative and Numbers: The Value of Stories in
Business. Columbia University Press.

Ekman, P., Friesen, W. V., & Ellsworth, P. (2013). Emotion in the human
face: Guidelines for research and an integration of findings. Pergamon.

Heath, C., & Heath, D. (2007). Made to stick: Why some ideas survive
and others die. Random House.

Heath, C., & Starr, K. (2022). Making numbers count: The art and science
of communicating numbers. Simon and Schuster.

Kim, T. (2015). Diffusion of changes in organizations. Journal of
Organizational Change Management, 28(1), 134-152.

McCombs, M. E., & Shaw, D. L. (1972). The agenda−setting function of
mass media. Public Opinion Quarterly, 36(2), 176−187.

Mehrabian, A. (1981). Silent messages: Implicit communication of
emotions and attitudes. Wadsworth.

O'keefe, B. J. (1988). The logic of message design: Individual differences
in reasoning about communication. Communications Monographs,
55(1), 80-103.

Rogers, E. M. (2003). Diffusion of innovations (5th ed.). Free Press.

Rose, T. (2016). The end of average: How to succeed in a world that values sameness. Penguin UK.

Wexler, S., Shaffer, J., & Cotgreave, A. (2017). The big book of dashboards: Visualizing your data using real-world business scenarios. John Wiley & Sons.

Wilke, C. O. (2019). Fundamentals of data visualization: a primer on making informative and compelling figures. O'Reilly Media.

조직의 가치와 목표중심의 HRD평가

제 **5** 부

HRD 평가의 도전

제11장 • HRD 평가 윤리와 역량

제12장 • HRD 평가의 과제

HRD 평가 윤리와 역량

전문가로서 효과적인 업무 수행을 위해서는 그에 상응하는 역량을 갖추어야 하고, 법적·규범적·도덕적으로 바람직한 업무 수행을 위해서는 해당 분야에 요구되는 윤리 기준을 충실히 숙지해야 한다. 본 장에서는 인재·조직개발 분야의 전문가들을 위한 각종 윤리 기준과 평가를 위해 필요한 역량에 대해 살펴본다.

▓ 학습 목표

11장의 학습 목표는 다음과 같다.

- 평가 업무의 윤리적 수행을 위한 기준이나 규범 등을 찾아 참고할 수 있다.
- 공인된 윤리 기준이나 규범 등에 명시된 원칙과 핵심 사항을 업무 수행 시 실천할 수 있다.
- 평가 관련 주요 역량을 파악하고 체계적으로 진단할 수 있다.
- 역량 진단을 토대로 개발이 필요한 부분을 인식하고 개선 계획을 수립할 수 있다.

▓ 핵심 용어

- AHRD Standards on Ethics and Integrity
- AEA Guiding Principles for Evaluators
- ATD Capability Model
- ISPI Performance Standards
- AEA Evaluator Competencies
- IPA
- Borich 요구도, Locus for Focus
- BARS, BOS

1   HRD 평가 윤리

직업윤리는 전문가가 수행하는 모든 일의 초석이 되어야 한다. 지식과 기술이 탁월하고 경험과 성과가 혁혁한 사람이라도 윤리 기준으로부터 일탈하는 순간 기술자일지언정 이미 전문가는 아니다. 따라서 인재·조직개발 분야의 전문성과 윤리성 강화를 위해 여러 공신력 있는 기관들에서 윤리기준과 행동강령 등을 제정하여 공유하고 있다.

1) AHRD Standards on Ethics and Integrity

1993년 미국에서 설립된 HRD 분야의 대표적 학술 조직이자 연구공동체인 AHRD(The Academy of Human Resource Development)는 회원들을 위한 윤리적 지침으로 Standards on Ethics and Integrity(이하 AHRD Standards)를 제정하여 공포하고 있으며, 구성 체계는 다음과 같다.

〈표 11-1〉 AHRD Standards 구성 체계

구분	내용
목적 (Purpose)	AHRD Standards는 연구, 실무, 컨설팅, 교육 등 모든 영역의 HRD 전문가들에게 공통의 가치체계와 행동의 기준을 제공하고, 개인·조직·공동체 등의 이해가 상충하는 상황에서 종합적이고 균형 잡힌 판단을 돕기 위해 제정
기본원칙 (General Principles)	HRD 업무 수행의 기본 원칙으로 역량(competence), 진실성(integrity), 전문가적 책임(professional responsibility), 인권과 존엄의 수호(respect for people's rights and dignity), 타인의 복리 존중(concern for others' welfare) 및 사회적 책임(social responsibility) 등을 제시
일반기준 (General Standards)	전문성의 유지, 타인 존중, 정보 관리, 정직성 등 업무의 종류와 무관하게 모든 상황에 적용되는 업무 수행 기준 제시

세부기준 (Specific Standards)	연구 및 평가, 업무 관련 홍보, 업무·연구 결과의 발표, 프라이버시와 정보보호, 교육 등 특정 상황에 적용되는 세부적 행동 기준 제시

AHRD Standards에서는 역량, 전문가적 책임 등 HRD 전문가 개인 차원의 윤리적 기준뿐만 아니라 타인의 복리 존중, 사회적 책임 등까지 기본 원칙에 제시함으로써 균형 있고 확장된 윤리적 시각을 제시하고 있다. 또한, 세부 기준 섹션에서는 '연구 및 평가(Research and Evaluation)'를 별도의 영역으로 설정하여, 다음의 사항들을 포함한 다양한 측면에 대해 윤리적 행동 기준을 제시하고 있다.

- 전문성 유지(research and evaluation in a professional context): 수행하고자 하는 업무가 관련자들의 인권과 복리를 침해하지 않으며 윤리적 측면에서 문제가 없는지 검토하고 필요한 자문을 구할 것
- 규정과 기준 준수(compliance with laws and standards): 업무 수행에 있어 내·외부 규정과 기준에 부합하도록 할 것
- 데이터 수집(data collection): 적절한 업무 설계와 절차에 따라 반드시 필요한 데이터만을 수집할 것
- 기만 금지(deception in research): 업무 수행에 있어 기만적인 책략을 쓰지 말 것
- 결과의 해석과 설명(interpretation and explanation of research and evaluation results): 결과의 해석과 설명, 적용에 있어 책임을 질 것

HRD 평가를 위해 다양하고 민감한 개인정보 또는 회사와 관련한 기밀 정보가 활용되는 경우가 많이 있다. 구성원 개인의 업무 및 경력과 관련한 정보, 소속 및 관계와 관련한 정보, 실적 및 성과와 관

런한 정보, 영업 및 고객과 관련한 정보, 의견 및 비판 제기와 같은 정보 등이 그 예이다. 이러한 정보들은 그 자체로 민감하고 중요할 뿐만 아니라, 이들이 비교, 분석 등의 대상이 되는 경우 자칫 규정의 위반, 개인의 복리 침해, 조직문화의 훼손 또는 그 외의 다양한 예기치 않은 문제가 발생할 수도 있다. 특히 방대한 자료가 조직 내외의 시스템을 통해 습득, 보관, 인출될 수 있는 현대의 비즈니스 환경에서는 정보 접근 권한의 유용이나 남용, 인출 자료의 부적절한 관리나 유출 등의 문제 또한 주의를 요하는 부분이다. 따라서 평가를 수행할 때는 AHRD Standards와 같은 윤리 기준뿐만 아니라 정보보호 관련 규정과 해당 조직의 보안 정책 등을 충분히 숙지해야 하고, 필요한 경우 관련 부서나 전문가로부터 자문과 도움을 받아야 한다.

역시 주목해야 할 사항으로, AHRD Standards에서는 수행 업무에 대한 충분한 역량을 갖추지 못한 상태에서 업무를 수행하는 것을 비윤리적인 행동으로 여러 차례 강조하고 있다. 따라서 HRD 전문가는 본인의 역량과 당면한 업무의 성격에 대해 정확히 이해해야 하고, 더욱 수준 높은 업무 수행을 위해 전문 지식과 역량을 지속하여 발전시켜 나가야 한다. 이는 효과적인 업무 수행을 위한 일임과 동시에 윤리적 업무 수행을 위한 일이며, 평가 업무 수행에도 그대로 적용될 것이다.

한편 AHRD에서는 2018년을 기점으로 기존 AHRD Standards를 업데이트하여 AHRD Ethics Standards로 개정하였다. 홈페이지를 통해 다운로드 가능한 문서의 제목은 기존과 동일하게 Standards on Ethics and Integrity를 사용하였으나 2판 문서임이 명시되어 있고, 연구 및 평가 영역은 기존 문서와 큰 차이가 없다.

2) AEA Guiding Principles for Evaluators

미국평가협회(The American Evaluation Association, AEA)는 여러
분야에서 활동하는 평가자들을 지원하기 위한 단체로서 전문적인 평
가 업무 수행을 지원하기 위해 평가자 지침(Guiding Principles for
Evaluators)을 제정하여 공유하고 있으며, 지침의 다섯 가지 요소는 다
음과 같다.

- 체계적 탐구(systematic inquiry): 치밀하고, 체계적이며, 맥락에
  부합하는 데이터를 중심으로 한 평가를 수행할 것
- 역량(competence): 이해관계자들에게 높은 수준의 전문적인 평
  가 서비스를 제공할 수 있을 것
- 진실성(integrity): 정직하고 투명하게 행동함으로써 평가의 진
  실성에 대한 확신을 줄 것
- 인간 존중(respect for people): 개인의 존엄, 복리 및 가치를 존
  중하고 집단의 문화를 인정할 것
- 공익성과 공정성 추구(common good and equity): 공익에 기여
  하고 공정하고 정의로운 사회의 발전을 위해 노력할 것

평가 전문기관답게 평가에 있어 데이터 기반의 접근에 대해 특별히 강조하고 있음을 알 수 있다. 데이터에 대한 이해와 활용 역량, 복잡하고 어려운 분석의 설계와 실행, 평가 결과에 대한 맥락적 해석 역량 등은 HRD 평가의 수준을 높이는 일임과 동시에 윤리적 책무성 제고 측면에서도 중요한 일이다. 또한 AHRD Standards와 마찬가지로 AEA 평가자 지침에서도 역량, 진실성 등 평가자 개인 차원의 윤리뿐만 아니라 인간 존중 및 공익성과 공정성 추구 등 사회적 차원의 윤리가 동시에 제시되고 있다. HRD 평가의 목적이 단기적 이익이나 실용적 성과의 검증에 초점을 맞춘 도구적인 활동에만 국한되어서는 곤란하다는 점을 보여주는 대목이다. 이는 성과에 대한 관점이 개인이나 조직을 넘어 고객과 지역사회 및 더 넓은 이해관계자를 포괄하는 방향으로 확장되고, 성과 추구의 과정에서도 인간 존중, 공정성, 지속가능성 등의 가치가 더욱 강조되는 상황과도 연결된다. 따라서 HRD 전문가는 평가에 있어 단기적, 도구적 관점을 넘어 근본적인 가치와 장기적인 비전에 대해 숙고해야 하며, 이를 통해 윤리적 정당성을 지속적으로 강화해 나가야 한다.

AEA는 환경의 변화에 발맞추어 평가자 지침을 주기적으로 검토 및 보완하는 원칙을 견지해 왔다. 2018년에 이루어진 최근의 업데이트에서는 기존의 다섯 가지 요소는 그대로 유지되었고 각 요소의 하위 기술들이 일부 수정되었다.

░ **더 알아보기**

AEA

AEA 웹사이트(http://www.eval.org/)를 방문하여 AEA의 다양한 활동들과 자료들을 살펴보고, 특히 https://www.eval.org/About/Guiding-Principles을 방문하여 Guiding Principles for Evaluators를 참고한다면 윤리적 업무 수행에 참고가 될 것이다.

AEA는 특히 교육 프로그램 평가의 품질을 높이기 위한 유관 기관들의 공동 노력의 산물인 프로그램 평가 기준(The Program Evaluation Standards)을 준용하여 공유하고 있다. 다음과 같이 제시된 다섯 가지 기준에서는 평가의 품질 제고와 책임 있고 윤리적인 평가를 위한 핵심 사항을 강조하고 있다.

- 유용성 기준(utility standards): 이해관계자들이 평가가 그들의 니즈 충족에 실질적 가치가 있음을 발견할 수 있도록 해야 함
- 타당성 기준(feasibility standards): 과정 관리와 자원 활용에 있어 효과와 효율을 지속적으로 향상시켜야 함
- 적절성 기준(propriety standards): 법적·규범적·윤리적으로 적절하고 투명하며 이해충돌이 없도록 관리해야 함
- 정확성 기준(accuracy standards): 정보 제공, 분석, 해석, 결론, 보고 등 평가와 관련한 일련의 활동에 있어 명확성과 신뢰를 제고해야 함
- 책무성 기준(evaluation accountability standards): 평가의 과정과 결과에 대한 책임을 지고 지속적인 발전을 추구해야 함

2 HRD 평가 역량

본서 전체에 걸쳐 인재·조직개발 평가와 관련한 다양한 이론과 방법론 및 윤리 규정들이 소개되었는데, 이들 모두를 관통하는 핵심은 결국 HRD 전문가가 평가와 관련한 역량을 갖추고 끊임없이 발전시켜 나가야 한다는 점이다. 관련 기관들이나 연구자들도 HRD 평가를 위해 필요한 역량을 제시하며 지속적인 개발의 중요성을 강조하고 있다.

1) ATD 평가 역량

세계 최대의 HRD 협회로 알려진 ATD(Association for Talent Development)는 HRD 전문가를 위한 역량모델을 꾸준히 연구해오고 있으며, 2013년 여섯 개의 기본 역량(foundational competencies)과 10 개의 전문 영역(areas of expertise)으로 구성된 ATD 역량모델(ATD Competency Model)을 개발하여 공표하였다(Arneson et al., 2013). 특히 평가(evaluating learning impacts) 영역에 대해 ATD 역량모델에서는 각종 지표와 분석 기법을 활용하여 학습 관련 프로그램이나 활동의 영향을 평가할 수 있는 능력이라고 정의하며, 평가를 위해 다음과 같은 일들을 능숙하게 수행할 수 있어야 한다고 제안하고 있다.

- 고객의 기대와 요구를 정확히 확인할 수 있는 능력
- 적절한 분석 전략, 연구 설계, 연구 방법과 도구를 선정할 수 있는 능력
- 평가 계획에 대해 소통하고 지원을 이끌어 낼 수 있는 능력
- 체계적이고 과학적인 데이터 수집 능력
- 수집된 데이터에 대한 적절하고 수준 높은 분석과 해석 능력
- 의사결정을 도울 수 있는 통찰력 있는 제안과 조언을 할 수 있는 능력

ATD 역량모델에서 제시하는 평가자의 역량은 크게 볼 때 분석 설계, 방법론 및 도구 활용, 데이터 수집 및 분석과 해석 등 과학적 연구 측면과 이해관계자 니즈 파악, 소통, 의사결정을 위한 조언 등 커뮤니케이션 측면으로 구성되어 있음을 알 수 있다. HRD 평가에 있어 연구자로서의 전문 지식과 기술 및 전략적 통찰력과 커뮤니케이션 능력의 중요성이 강조되는 부분이다.

한편, ATD는 기존의 역량모델을 업데이트하여 Talent Development

Capability Model이라는 새로운 모델을 2020년에 공개하였다(https://capability.td.org). 새로운 모델에서는 널리 사용되는 역량(competency)이라는 용어 대신 현재의 문제와 미래의 변화에 유연하게 대응한다는 취지를 강조하며 능력(capability)이라는 용어를 명칭으로 채택하였다(Hirt, 2020). 이 모델은 개인능력 구축, 전문능력 개발, 조직성과 기여라는 세 가지 영역으로 구성되며, 영역별로 각 7개, 8개, 8개의 주요 능력 및 그에 따르는 세부적인 지식과 기술이 담겨있다.

〈표 11-2〉 ATD 능력 모델 요약

구분	내용
개인 능력 구축	• 의사소통(communication) • 감성 지능과 의사결정(emotional intelligence & decision making) • 협업과 리더십(collaboration & leadership) • 문화 인식 및 포용(cultural awareness & inclusion) • 프로젝트 관리(project management) • 규정 준수와 윤리적 행동(compliacne & ethical behavior) • 평생 학습(lifelong learning)
전문 능력 개발	• 학습 과학(learning science) • 교수 설계(instructional design) • 훈련 전달 및 촉진(training delivery & facilitation) • 테크놀로지 응용(technology application) • 지식 경영(knowledge management) • 경력 및 리더십 개발(career & leadership development) • 코칭(coaching) • 영향력 평가(evaluating impact)
조직 성과 기여	• 비즈니스 통찰력(business insight) • 컨설팅 및 비즈니스 파트너십(consulting & business partnering) • 조직 개발 및 문화(organizational development & culture) • 핵심인재 전략 및 관리(talent strategy & management) • 성과 향상(performance improvement)

- 변화 관리(change management)
- 데이터 분석(data & analytics)
- 미래 준비(future readiness)

이 가운데 HRD 평가와 가장 관련성이 높은 것으로 전문능력 개발에 포함된 영향력 평가(evaluating impact)가 있다. 영향력에 대한 평가는 학습과 비즈니스의 효과성과 관련이 있다. 다시 말해, HRD 전문가는 학습 프로그램에 대한 정보의 수집, 분석, 보고 등 일련의 활동을 체계적인 방법으로 실행할 수 있어야 하고, 이를 통해 프로그램의 품질을 개선하고 합리적 의사결정을 지원할 수 있어야 한다. 이러한 영향력 평가를 위한 구체적 지식과 기술은 다음과 같이 제시되었다.

- 학습 및 인재개발 활동의 영향을 평가하기 위한 모델 및 방법에 대한 지식
- 관찰, 인터뷰, 포커스 그룹, 설문조사 등과 같은 정성적 및 정량적 자료 수집 방법에 대한 지식
- 설문조사 및 구조화된 인터뷰와 같은 조사 도구 개발 기술
- 연구 및 분석 방법에 대한 지식
- 문제 정의, 가설 생성, 방법 선택과 같은 연구 설계 기술

영향력 평가와 함께 조직성과 기여 영역에 포함된 데이터 분석(data & analytics) 능력도 중요하다. 여기서는 학습, 성과, 비즈니스에 영향을 미치는 각종 데이터를 적시에 수집, 분석, 활용할 수 있는 능력에 초점을 둔다. 산재한 데이터로부터 의미 있는 시사점과 통찰을 발견하는 일은 HRD가 조직 목표 달성의 전략적 파트너로 자리매김하는 데 있어 핵심적인 활동이며, 이를 위해 다음과 같은 지식과 기술이 요구된다.

- 빅데이터, 예측 모델링, 데이터 마이닝, 머신러닝, 비즈니스 인텔리전스 등의 원리 및 응용 분야에 대한 지식
- 분석 계획의 수립을 위해 이해관계자의 요구와 목표를 파악하는 기술
- 내·외부 원천으로부터 데이터를 수집하는 기술
- 통계 이론 및 방법에 대한 지식
- 분석 결과를 해석하여 현황, 패턴, 관계 등을 확인하는 기술
- 데이터 시각화의 원칙, 유형, 방법, 응용 프로그램 등에 대한 지식
- 데이터 시각화 기술을 선택하고 활용하여 구현하는 기술

⁂ 더 알아보기

ATD

ATD 웹사이트(https://www.td.org/)를 방문하여 ATD의 다양한 활동들과 자료들을 살펴보고, 특히 https://www.td.org/capability-model/access을 방문하여 ATD 역량모델의 자세한 내용을 살펴보면 평가 역량 향상을 위해 참고가 될 것이다.

---

2) ISPI 성과 표준(ISPI Performance Standards)

HRD의 영역 중 특히 수행공학 분야에 중점을 둔 대표적 조직인 ISPI(The International Society for Performance Improvement)는 전문적 업무 수행을 위한 네 가지 원칙과 여섯 가지 주요 업무 관련 표준을 제정하여 운영하고 있다.

- 네 가지 원칙(Standards 1-4): 결과 중심 접근, 통합적 시각, 가치 창출, 이해관계자와 협업

• 여섯 가지 주요 업무(Standards 5-10): 니즈의 발견, 원인 분석, 해결 방안 고안, 해결 방안의 적법성과 타당성 확보, 해결 방안 실행, 결과 및 효과 평가

ISPI에서는 이들 열 가지 표준 각각에 대하여 상세한 설명과 사례 또한 제공하고 있는데, 이 중 Standard 10에 해당하는 결과 및 효과 평가(evaluate results and impact) 영역에서는 HRD 또는 수행공학 전문가가 갖추어야 할 평가 관련 역량을 다음과 같이 제시하고 있다.

• 효과적인 평가 전략 설계
• 적절한 측정 도구와 방법의 선정 및 개발
• 효과적인 데이터 수집, 분석, 종합 및 보고
• 데이터 분석으로부터의 시사점 제시
• 분석 결과의 의미와 활용 최적화를 위한 논의 촉진

따라서 효과적인 평가 업무의 수행을 위해서는 Standard 10에서 강조되는 평가 관련 역량과 Standards 1-4의 네 가지 원칙 간 유기적인 연계와 통합이 필요할 것이다.

> ░ **더 알아보기**
>
> **ISPI**
>
> ISPI 웹사이트(http://www.ispi.org/)를 방문하여 ISPI의 다양한 활동들과 자료들을 살펴보고, 특히 https://ispi.org/page/CPTStandards을 방문하여 ISPI 성과전문가의 행동기준과 관련된 자세한 내용을 살펴보면 평가 역량 향상을 위해 참고가 될 것이다.

3) AEA 평가자 역량(AEA Evaluator Competencies)

앞서 소개한 AEA 또한 평가자가 갖추어야 할 역량을 다음과 같이 다섯 가지 영역으로 제시하고 있다(https://www.eval.org/About/Competencies-Standards). 다른 기관이나 연구들에서 제시하는 평가자 역량들과 많은 공통점이 있으나, 여기서는 계획과 관리를 별도의 역량으로 설정함으로써 평가가 주 활동에 수반되는 기능적 부속 활동을 넘어 그 자체로 하나의 프로젝트로서 효과적으로 관리되어야 함을 강조하고 있다.

- 전문적 실천(professional practice): 평가 영역에 특화된 원칙, 기준, 지식과 기술 등에 기반한 전문가로서의 차별화된 역량
- 방법론(methodology): 증거 기반의 체계적 탐구 및 연구 역량
- 맥락(context): 다양한 상황, 관점, 이해관계자 요구 등에 대한 통합적 이해 역량
- 계획과 관리(planning and management): 평가 수행을 위해 필요한 과업, 일정, 자원 및 기타 요소에 대한 계획 및 관리 역량
- 대인관계(interpersonal): 평가 업무 수행 과정에서의 인간관계 구축 및 사회적 상호작용 관리 역량

4) 평가 역량 관련 학술 연구

HRD 관련 기관들뿐만 아니라 학술 연구자들 또한 HRD 전문가의 평가 역량과 관련하여 다양한 연구 결과를 제시하고 있다. Stevahn 등(2005)은 평가자에게 요구되는 다음의 여섯 가지 핵심역량을 제시하고 있다.

- 전문성(professional practice): 업무 관련 윤리 기준과 표준 준수
- 체계적 탐구(systematic inquiry): 과학적 방법론과 분석 능력
- 맥락적 분석(situational analysis): 종합적 상황과 맥락을 관통하는 통찰력
- 프로젝트 관리(project management): 평가의 과정과 인적·물적 자원 관리
- 성찰(reflective practice): 보유 역량의 진단과 지속적 향상을 위한 노력
- 상호작용(interpersonal competence): 이해관계자와의 소통 능력

조대연 등(2012)은 대기업 HRD 담당자 대상의 역량 연구에서 '요구분석과 솔루션 제안'을 가장 요구가 높은 역량으로 제시하였고, 이성아, 엄우용(2013)은 중소기업 HRD 담당자에게 요구되는 중요한 역할로 HRD 활동의 효과성을 평가하는 연구자로서의 역할을 제시하였다. 또한 박지혜, 정은정(2016)은 신임 HRD 담당자 대상의 역량 연구에서 자료 분석 및 표현 능력이 개발 요구도가 높은 필수 역량임을 밝혀냈다. 이들 연구는 HRD 전문가의 전반적인 역량에 대한 연구였으나, 한편 당연하게도 평가자 역량의 중요성이 어김없이 확인 및 강조되고 있음을 알 수 있다.

정리하자면, HRD 전문가는 평가에 있어 무엇보다 전문가적 윤리와 규범을 견지해야 하고, 이를 기반으로 고도의 지식과 기술, 통찰력, 프로젝트 관리 능력 등을 발휘하여 가치를 입증해야 한다. 또한, 역량 향상을 위해 꾸준히 노력함과 동시에 업무 수행 중 이해관계자로부터 지원과 신뢰를 확보할 수 있어야 하며, 기술적 진보와 환경의 변화에 대응하기 위해 끊임없이 역량을 다듬고 혁신해야 한다(King & Stevahn, 2015).

3 평가 역량 진단

여러 기관과 연구자들이 제시하는 평가자의 역량은 HRD 전문가들에게 유익한 가이드가 됨과 동시에 이들이 어느 정도 준비되어 있는지, 또한 어떠한 역량을 더욱 개발해야 할 것인지 규명하기 위한 진단 도구로도 활용될 수 있다. 적절한 역량의 확보는 업무 수행을 위한 필수 조건임과 동시에 전문가로서의 윤리와도 직결되는 일이므로, 보유 역량에 대한 진단과 개발 계획의 수립은 HRD 전문가로서의 필수적인 활동이다.

1) 기술적 진단

많은 경우 역량 진단은 공신력 있는 기관이나 연구로부터 제시된 역량들을 중심으로 설문이나 관찰을 시행한 후 그 결과를 분석하여 의미 있게 제시하는 방법으로 수행된다. 분석과 결과 제시를 위한 다양한 방법이 있으나 실무적으로 방사형 그래프와 중요도-수행수준 분석(importance-performance analysis, IPA)이 널리 활용된다.

- 방사형 그래프: 각 역량을 축과 꼭지점으로 하는 다각형 그래프 위에 각 역량 수준의 측정치를 점으로 표시한 후 이들을 연결하여 진단 결과를 시각적으로 표현함으로써 역량별 수준을 파악
- 중요도-수행수준 분석(IPA): 역량의 중요도(importance)와 현재 수행수준(performance)을 두 축으로 하는 사분면 위에 역량별 측정치를 점으로 표시함으로써 역량개발을 위한 요구도를 다면적, 직관적으로 파악

예를 들어, Stevahn 등(2005)이 제시한 평가자의 여섯 가지 역량에 대해 HRD 전문가 A를 대상으로 설문(매우 뛰어남 10 - 매우 부족 0)을 시행한 후 그 결과를 다음과 같이 방사형 그래프로 나타낼 수 있다. 여기서 만약 역량별 80%를 평가 실무를 수행할 수 있는 적정한 수준으로 가정한다면 전문가 A는 프로젝트 관리와 체계적 탐구 역량은 양호하나 전문성 측면은 다소 부족하고, 맥락적 분석, 성찰, 상호작용 측면은 상당한 향상이 필요함을 직관적으로 알 수 있다.

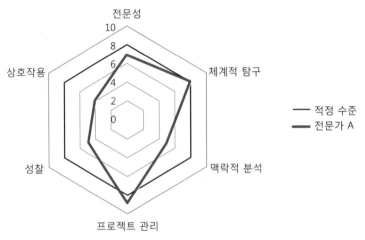

[그림 11-1] 방사형 그래프를 활용한 역량 분석

한편 IPA는 진단에 있어 중요도와 현재 수준이라는 두 가지 측면을 동시에 고려하여 상대적이고 입체적인 결과를 보여준다는 특징이 있다. 방사형 그래프가 절대적인 역량 기준과 보유 역량과의 차이를 나타낸다면, IPA는 하나의 역량에 대해 중요도와 수행 수준 정보를 복합적으로 고려한 결과를 보여줌으로써 효과와 효율이 조화된 역량 개발 계획의 수립에 도움을 준다. 만약, 중요도와 수행 수준을 교차시켜 2×2 형태의 매트릭스로 구성한다면 사분면의 영역별로 다음과 같은 해석이 가능하다.

- 중요도 높음, 수행수준 낮음: 집중 개선 영역으로 개선을 위한 노력을 통해 가장 큰 효과를 기대할 수 있는 영역
- 중요도 낮음, 수행수준 낮음: 점진 개선 영역으로 개선이 필요하나 중요도가 낮으므로 보수적인 자원 배분을 할 영역
- 중요도 낮음, 수행수준 높음: 지속 관리 영역으로 현재의 수준을 유지하기 위해 효율적인 관리를 필요로 하는 영역
- 중요도 높음, 수행수준 높음: 유지 강화 영역으로 중요도와 만족도 모두 높은 수준이므로 지속적 관리와 강화를 위한 노력이 필요한 영역

더 알아보기

IPA를 활용한 평가 역량 진단

IPA는 HRD 전문가의 평가 역량진단을 위해 유용하게 활용될 수 있다. 예를 들어, ATD 역량모델에서 제시하는 평가자 역량과 IPA 방법을 토대로 다음과 같이 간단하지만 효과적인 진단을 할 수 있다.

□ 1단계: 평가 대상자를 중심으로 각 역량 항목에 대해 중요도(5: 매우 중요~-5: 전혀 중요하지 않음) 점수와 현재 역량 수준(5: 매우 높음~-5: 매우 낮음) 점수를 부여한다. 예를 들어, 경력 3~5년차인 HRD 전문가 Y의 평가 역량에 대한 중요도와 현재 수준이 아래와 같이 측정되었다.

	역량	중요도	수준
A	고객의 기대와 요구를 정확히 확인할 수 있는 능력	4	3
B	적절한 분석 전략, 연구 설계, 연구 방법과 도구를 선정할 수 있는 능력	5	2
C	평가 계획에 대해 소통하고 지원을 이끌어 낼 수 있는 능력	2	3
D	체계적이고 과학적인 데이터 수집 능력	5	4
E	수집된 데이터에 대한 적절하고 수준 높은 분석과 해석 능력	4	-2
F	의사 결정을 도울 수 있는 통찰력 있는 제안과 조언을 할 수 있는 능력	2	-3

☐ 2단계: 역량에 대한 중요도와 현재 수준 측정값을 사분면에 표시한다. 위의 표에서 중요도와 현재 수준 점수의 차만으로도 역량의 갭을 알 수 있으나, IPA 사분면에 표시함으로써 더욱 직관적이고 다면적으로 이를 확인할 수 있다.

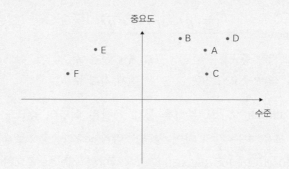

☐ 3단계: IPA 결과를 통해 역량을 진단하고 향상 계획을 수립한다. 예를 들어, 위 IPA 사분면에 따르면 역량B는 중요도가 매우 높으나 현재 수준이 다소 낮은 상태이고, 역량E 역시 중요도가 높으나 현재 수준이 매우

저조하여 시급한 향상 노력이 요구되는 지점임이 확인된다. 또한, 역량D는 중요도와 현재 수준이 모두 높으므로 바람직한 상태를 유지해야 하고, 역량C와 F는 상대적 중요도는 다소 낮으나 그럼에도 불구하고 역량F는 현재 수준이 현저히 낮으므로 향상을 위한 노력이 필요함을 알 수 있다.

2) 요구도 분석과 중점 개발 영역 규명

다수의 HRD 전문가를 대상으로 설문을 시행하여 이들이 생각하는 역량의 중요도와 현재 수준을 측정하고 역량 개발의 우선순위를 정하고자 할 때 Borich(1980) 요구도를 활용할 수 있다. Borich 요구도는 역량들에 가중치를 부여하는 구조로, 중요도에 대한 인식이 높고 현재 보유 수준이 낮을수록 높은 요구도 값을 나타낸다. 다시 말해, Borich 요구도는 중요도가 높고 현재 수준이 낮은 역량의 순서를 밝혀 역량 개발의 우선순위를 결정할 수 있도록 하는 장점이 있다. 이러한 장점으로 Borich 요구도는 많은 역량 관련 연구에서 활용되고 있으며, 공식은 다음과 같다.

- Borich 요구도 $= \dfrac{\{\sum (RL - PL)\} \times \overline{RL}}{N}$

  RL: 역량 중요도　　　　PL: 역량 보유 수준

  $\overline{RL}$: 역량 중요도 평균　　N: 전체 사례 수

또한 Borich 요구도 분석을 통해 계산된 역량의 중요도 평균 및 중요도와 보유 수준 간의 차이 평균을 각각 x축과 y축으로 하는 중점영역 모델(locus for focus model)을 활용한다면 개발이 필요한 세부 역량들을 더욱 직관적으로 파악할 수 있다. 예를 들어, A부터 M까지의 역량들에 대해 중요성과 보유 수준에 대한 설문을 시행한 후, 이를 Borich 요구도 공식으로 계산하여 중점영역 모델에 반영한 결과 아래의 예시와 같은 그래프가 나왔다면, 중요도는 높으나 보유 수준이 미

치지 못하는 1사분면의 A, B, I, J, M 역량, 그 중 특히 M, J 등이 우선적으로 개발되어야 할 역량임을 확인할 수 있다.

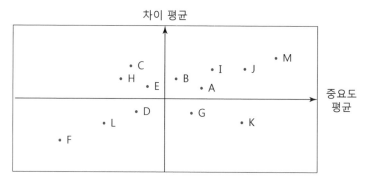

[그림 11-2] 초점소재 모델에 따른 역량 우선순위 분석

Borich 요구도는 중요도와 현재 수준 간 차이의 크기에 따라 역량 개발의 우선순위를 산술적으로 제시하고, 중점영역 모델은 중요도와 차이의 조합을 고려하고 결과를 직관적으로 제공한다는 각각의 장점을 지닌다. 따라서 역량 진단 및 개발 계획 수립 시에 두 방법을 상보적으로 활용하면 효과적일 것이다.

3) 보유 역량 평가

지금까지 살펴본 내용이 효과적으로 역량을 진단하고 개발의 지점을 규명하는 데 초점을 두었다면, 현재 보유한 역량을 측정하여 인력 배치나 고과 부여 등에 활용하기 위한 역량 평가 방법도 있다. 이러한 평가를 위해 척도를 구성하는 대표적인 방법으로 행동기준 평가법(Behavior Anchor Rating Scales, BARS)과 행동관찰 평가법(Behavior Observation Scales, BOS)이 있다. 수준별 행동 차이를 기술한 항목(진술문)을 활용하는 BARS 방식과 주요 행동의 발휘 정도를 기준으로 판단하는 BOS 방식의 특징은 다음과 같다.

- 행동기준 평가법(BARS): 역량과 관련된 행동을 각 수준(Level 1~Level 5 등)마다 다르게 정의하고 해당 수준에 해당하는 행동을 발휘하였는지 관찰하여 평가하는 방법으로 수준별로 행동에 대한 진술이 제시됨
- 행동관찰 평가법(BOS): 역량에 부합하는 행동의 발휘 정도(빈도, 주기 등)를 기준으로 역량 정의의 내용 또는 진단 항목에 대한 평정 구간을 선택하는 방법으로 리커트 척도와 유사한 방식을 활용함

기술적 측면에서 BARS를 제작하기가 어려워 BOS가 더 널리 사용되는 측면도 있다. 특정 역량이 역량 정의 및 관련 행동지표들로 구성되어 있다고 했을 때, BARS 방식의 경우 각각의 행동지표를 역량 수준에 따라 다시 세분화하여 많은 수의 행동 기술을 개발해야 하기 때문이다. 예를 들어 평가 업무를 담당하는 직원의 업무 역량을 BARS 방식으로 진단한다면 가장 낮은 수준부터 가장 높은 수준까지의 역량에 따른 행동을 대표하는 진술문들을 수록하고 이를 근거로 진단 및 평가를 시행할 수 있을 것이다.

〈표 11-3〉 BARS에 의한 평가 척도 예시

점수	평가 행동
5	• 교육 프로그램 종료 후 만족도 점수와 예산 집행 내역, 만족도 저조 사항에 대한 후속 조치 방안을 포함하여 결과 보고 • 보다 정교한 교육 효과성 확인을 위해 현업적용도 조사 계획 및 실행 • 현업적용도 분석 결과를 보고하고 종합적인 프로그램 개선 방안 수립 및 실행
4	• 교육 프로그램 종료 후 만족도 점수와 예산 집행 내역, 만족도 저조 사항에 대한 후속 조치 방안을 포함하여 결과 보고

	• 보다 정교한 교육 효과성 확인을 위해 현업적용도 조사 계획 및 실행
3	• 교육 프로그램 종료 후 만족도 점수와 예산 집행 내역 중심으로 결과 보고 • 만족도 저조 사항에 대한 후속 조치 실시
2	• 교육 프로그램 종료 후 만족도 점수와 예산 집행 내역 중심으로 결과 보고 • 만족도 저조 사항에 대한 후속 조치 미실시
1	• 교육 프로그램 종료 후 결과 보고 미실시

한편, HRD 전문가의 평가 역량에 대해 BOS 방식을 적용하여 평가한다면, 측정을 위한 다양한 항목을 설정하고 이들에 전혀 아니다(1점)부터 매우 그렇다(5점) 또는 행동의 빈도를 기준으로 전무(1점)부터 항상(5점)까지의 리커트형 척도를 적용한 도구를 개발할 수 있다. 이렇게 개발된 도구를 활용하여 해당 역량에 대한 평가 대상자의 세부적인 수준을 측정하고, 측정이 종료된 후에는 전체 항목의 합계 점수에 구간을 부여하고 저조-미흡-보통-우수-탁월과 같이 결과를 범주화하여 역량을 평가할 수 있다.

〈표 11-4〉 BOS에 의한 평가 척도 예시

평가 행동		전혀 아니다 (1점)	거의 그렇지 않다 (2점)	보통 이다 (3점)	대체로 그렇다 (4점)	매우 그렇다 (5점)
A	학습 프로그램에 대한 정보를 수집하고 분석하여 결과를 보고한다.					
B	학습 프로그램에 대한 정보 수집과 분석에 있어 과학적이고 체계적인 방법을 활용한다.					
C	학습 프로그램에 대한 결과 보고에 있어 효과적이고 맥락적인 소통 방법을 활용한다.					
D	분석 결과를 토대로 학습 프로그램의 품질을 개선하기 위한 시사점을 도출한다.					
E	분석 결과의 의미와 활용을 최적화하기 위한 합리적 의사결정을 지원한다.					

저조	미흡	보통	우수	탁월
5점 이하	6-10점	11-15점	16점-20점	21점 이상

평가 결과는 해당 전문가의 활용과 관련한 의사결정(외부 전문가라면 선정 여부, 내부 전문가라면 배치 여부 등)을 위한 근거가 될 수 있고, 역량의 개발을 위한 환류에도 활용될 수 있다. 원점수나 평정된 결과를 다른 전문가나 적정 요구 기준에 비교하는 등의 방법으로 분석할 수 있기 때문이다. 또한 다양한 역량들에 대해 이러한 방식으로 측정한다면 역량별 상대적 현황과 개발의 우선순위를 식별하는 데에도 유용할 것이다.

- 타 영역 전문가(예: 의사, 변호사, 회계사, 교사 등) 집단의 윤리규정 운영 현황을 살펴보고 HRD에의 시사점에 대해 논의하시오.
- 본 장에 소개된 평가자 역량을 토대로 본인의 평가 역량을 진단하고 역량 향상 계획에 대해 논의하시오.
- 본 장에 소개된 역량 진단 및 평가 방법을 활용하여 특정 역량을 측정하기 위한 도구의 초안을 개발하고 논의하시오.

참·고·문·헌

박지혜, 정은정 (2016). 신임 HRD 담당자 필요 역량 타당화 및 교육요구도 분석. 역량개발학습연구, 11(1), 27-51.

이성아, 엄우용 (2013). 직급, 경력, 학력에 따라 중소기업의 HRD 담당자가 지각하는 역량 및 역할의 차이. 기업교육과 인재연구, 15(1), 51-77.

조대연, 권대봉, 정홍인 (2012). 국내 HRD 담당자들에게 필요한 역량은 무엇인가: ASTD 역량모델 기반 요구분석을 중심으로. 기업교육과 인재연구, 14(1), 155-175.

Arneson, J., Rothwell, W. J., & Naughton, J. (2013). ASTD competency study: The training and development profession redefined. ASTD Press.

Borich, G. D. (1980). A needs assessment model for conducting follow-up studies. Journal of Teacher Education, 31(3), 39-42.

Hirt, M. (2020). Competency out, capability in. TD Magazine, 74(2), 28 – 33.

King, J. A., & Stevahn, L. (2015). Competencies for program evaluators in light of adaptive action: What? So what? Now what? New Directions for Evaluation, 145, 21-37.

Stevahn, L., King, J. A., Ghere, G., & Minnema, J.(2005). Establishing essential competencies for program evaluators. American Journal of Evaluation, 26(1), 43-59.

제 **12** 장

HRD 평가의 과제

해박한 지식과 기술을 겸비한 전문가라도 마땅한 도구가 없다면
문제를 해결하기 어렵다. 자동차 정비사가 그렇고 의사나 회계
사도 마찬가지다. 마찬가지로 이론과 방법론 및 프로세스에 대
한 이해만으로 평가가 이루어지지는 않는다. 데이터가 방대해지
고 분석이 복잡해질수록 마땅한 도구가 없다면 한 발짝도 나아
갈 수 없다. 분석 도구의 진화와 함께 빅데이터와 애널리틱스의
시대가 펼쳐지고 있다.

▪ 학습 목표

12장의 학습 목표는 다음과 같다.

- 평가의 목적과 데이터의 특성에 부합하는 적절한 도구를 선택하여 활용할 수 있다.
- 사회관계망 분석의 주요 개념을 이해하고 사회관계망 분석이 필요한 HRD 평가의 상황을 파악할 수 있다.
- 빅데이터와 빅데이터 분석에 대한 자신의 준비 수준을 진단할 수 있다.
- 피플 애널리틱스(people analytics)의 개념을 설명하고, 이를 수행할 수 있는 상황과 기회를 파악할 수 있다.

▪ 핵심 용어

- 데이터 분석 도구
- 사회관계망 분석
- 빅데이터
- 피플 애널리틱스, HR 애널리틱스

1 분석 도구 활용

HRD 평가를 위한 자료 분석, 특히 양적 데이터 기반의 통계 분석을 위해서는 개념에 대한 이해와 함께 분석 도구의 활용이 필수적이다. 데이터의 크기가 커지고 분석이 복잡해질수록 도구의 도움 없이는 문제의 해결이 매우 어렵고 시간과 자원이 비정상적으로 낭비될 것이기 때문이다. 계산기를 효과적으로 사용하면 일상의 거래를 신속하고 정확하게 할 수 있고, 엑셀과 같은 프로그램을 사용하면 업무상 데이터를 효과적·효율적으로 관리하고 분석할 수 있다. 마찬가지로 강력한 기능으로 무장한 데이터 분석 프로그램은 수준 높은 분석과 평가를 가능하게 하는 HRD 평가의 핵심 자원으로 적절한 이해와 활용이 요구된다. 특히 수많은 도구들 중 분석하고자 하는 문제의 특성과 수준, 데이터의 속성, 도구가 제공하는 사용자 작업 환경, 사용 언어, 비용 등을 고려하여 적절한 도구를 선택하는 것도 중요한 과제이다. 참고로, 통계 분석을 위해 널리 활용되는 도구들은 다음과 같다.

▪ SPSS와 SAS

SPSS, SAS와 같은 상용 패키지는 양적 데이터 분석을 위한 주요 도구로 오랫동안 사용되어 왔고, HRD 평가를 위해 여전히 가장 유용하고 인기 있는 도구들이다. SPSS는 GUI(graphic user interface) 방식의 프로그램으로 직관적이고 사용하기 쉽다는 장점이 있고, SAS는 어떤 통계 프로그램보다 강력한 대용량 자료 처리와 분석 기능을 제공한다는 장점이 있다. 앞서 소개된 바 있는 양적 자료들에 대한 통계분석 대부분은 이들을 통해 수행될 수 있다. 예를 들어, 데이터의 요약과 제시를 위한 기술통계 분석, 변수들 간의 상관관계 분석, 구성개념을 측정하는 도구의 타당도와 신뢰도 분석, 설명과 예측을 위한 연구에서 분산분석과 회귀분석, 그리고 회귀분석을 단계적으로 적용하는 매개 모형과 조절 모형의 분석까지도 가능하다.

그러나 상업적 성공의 역사와 연구·실무 현장에서의 기여에도 불구하고, 이 프로그램들은 비용과 활용 역량 측면에서 이를 감당할 수 있는 조직에 사용이 국한되어 있다. 또한, 계속해서 기능 추가와 수정을 반영한 새로운 버전이 출시되므로 시기적절하게 이를 업데이트하지 못하는 데서 오는 혼란과 어려움도 겪을 수 있다. 이런 문제에 대한 대응으로 최근에는 웹사이트에서 무료로 다운로드 받아 사용할 수 있는 jamovi와 같은 통계 분석 도구가 소개되어 점차 사용자가 증가하고 있다. jamovi는 아직 메뉴가 영어로 제시된다는 제한점이 있으나 다양한 통계 분석이 가능하고, 사용자 환경 또한 매우 직관적이며, 문서 호환도 쉽게 지원되어 매우 효과적인 분석 도구가 될 수 있을 것이다.

IBM의 웹사이트(www.ibm.com/kr-ko/spss)와 SAS의 웹사이트(www.sas.com/ko_kr)를 방문하면 SPSS와 SAS 패키지 각각에 대한 자세한 설명을 접할 수 있고, 프로그램의 구매와 다운로드도 가능하다. 또한 jamovi의 웹사이트(jamovi.org)를 방문하면 프로그램에 대한 정보 열람과 함께 무료 다운로드가 가능하다.

■ AMOS

AMOS는 구조방정식을 분석하기 위해 개발된 프로그램이다. AMOS는 구조방정식을 분석하는 다른 프로그램인 LISREL이나 MPLUS와 달리 분석을 위한 과정을 그림으로 구성할 수 있다는 장점이 있다. 따라서, 연구 문제와 모형에서 변수들 간의 관계를 개념적으로 잘 이해하고 있으면 초보자도 비교적 편리하게 이용할 수 있다. 또한, SPSS나 Excel 등 타 프로그램과의 호환이 수월하여 데이터를 불러오고 처리하는 데 편리하다는 장점이 있어 구조방정식의 대중화에 크게 기여한 프로그램이라고 할 수 있다(우종필, 2012). SPSS와 마찬가지로 IBM의 웹사이트에서 구매 및 다운로드가 가능하다.

■ **LISREL**

LISREL(linear structural relations)은 Joreskog과 Sorbom에 의해 개발되었고, 구조방정식 분석을 위한 프로그램 중 가장 먼저 개발된 것으로 알려져 있다(배병렬, 2014). LISREL은 여러 분야에서 데이터 분석에 사용되고 있고, 특히 경제학 분야에서 많이 활용되어 왔다.

LISREL8 이전까지는 여러 가지 행렬 요소와 그리스 문자로 인터페이스가 구성되어 있어서, 분석에 대한 이해에 앞서 LISREL의 환경과 문법을 완전히 이해하기 전에는 프로그램을 사용하기 쉽지 않았다. 하지만, LISREL8부터는 화면에서 경로도가 그려지고, 행렬 대수와 그리스 문자가 아닌 변수들 간의 관계를 방정식의 형태로 표현할 수 있게 되면서 사용자 편의성이 개선되었다(배병렬, 2014). 그러나 명령어 메뉴 선택 체계가 아닌, 평가자가 직접 영문으로 신텍스(syntex)를 입력해야 한다는 점에서 여전히 사용이 쉽지 않다는 평가를 받는다. Scientific Software International(SSI)의 웹사이트(www.ssicentral.com)를 방문하면 LISREL에 대한 자세한 설명을 접할 수 있다.

■ **MPLUS**

MPLUS는 연구자가 유연하게 데이터를 분석할 수 있는 환경을 제공하는 통계 모델링 프로그램이다. MPLUS는 사용하기 쉬운 인터페이스를 제공하고, 데이터 및 분석 결과를 그림으로 제시해주며, 프로그램에서 모델, 추정치 및 알고리즘을 선택할 수 있도록 하는 등 다양한 특장점을 가진다. 또한, 횡단 연구는 물론 종단 데이터도 분석할 수 있고, 단일 수준뿐만 아니라 다층 데이터도 분석할 수 있으며, 연속형 데이터는 물론 명목 척도로 측정된 범주형 데이터 및 결측치를 포함하는 데이터까지 처리하는 등의 광범위한 분석 기능을 제공한다.

MPLUS 통계 프로그램은 지속적인 버전 업그레이드와 함께 요인분석, 구조방정식, 생존 분석, 시계열 분석, 다층 분석, 베이지안 분석 등 다양한 데이터와 분석 방법을 쓸 수 있는 유연한 도구로 발전해왔다. MPLUS에 대한 자세한 설명과 다운로드는 MPLUS의 웹사이트(www.statmodel.com)에서 확인할 수 있다.

▪ HLM

HLM은 위계적 선형 모형(hierarchical linear model)으로 다층 모형(multi-level model)과 동의어로 사용되기도 하는 분석 방법이며, 동시에 다층 모형을 분석할 수 있도록 개발된 통계 패키지의 명칭이기도 하다. HLM은 조직이나 집단 내에 속해 있는 개인들을 분석하는 횡단 분석과 개인들에게 반복 측정된 행동의 결과를 분석하는 종단 분석 등 여러 층의 위계적 구조를 가진 데이터를 분석하기에 최적화된 도구이다.

HRD 분야에서는 연구와 평가의 대상이 어느 집단이나 조직에 속해 있는 경우가 많으므로 정교한 분석을 위해서는 다층 수준의 위계적 자료를 수집하고 분석할 필요가 있다. 이런 점에서 HLM 분석은 중요성을 가지며 적극적으로 활용되어야 하나, HLM 패키지 역시 다른 통계 패키지들처럼 구입 비용과 유지 비용이 든다는 점은 제약 사항이다. HLM은 LISREL과 같이 SSI의 웹사이트(www.ssicentral.com)에서 자세한 설명을 확인할 수 있고 다운로드도 받을 수 있다.

▪ R

R은 지금까지 소개한 통계 패키지들의 대안이 될 수 있는 분석 도구이다. R은 다른 도구들이 할 수 있는 거의 모든 분석을 수행하는 등 강력한 데이터 처리와 분석 기능을 제공하는 오픈 소스 프로그램으로 다음과 같은 많은 장점이 있다.

- 데이터의 요약과 제시, 요인분석, 상관분석, 회귀분석과 같은 일반적인 통계 분석은 물론 구조방정식과 다층모형을 적용한 분석까지 거의 모든 통계 분석이 가능함
- 전통적 개념의 양적 데이터 분석을 수행할 수 있을 뿐만 아니라 빅데이터의 다양한 특성을 처리하고 분석할 수 있음
- 분석 결과를 높은 수준의 그래프로 작성하여 시각적으로 보여 줄 수 있어 결과 정리와 이해관계자와의 소통에 이점을 제공함
- Excel이나 SPSS가 분석 결과 중심의 그래픽 사용자 인터페이스인 것과 달리 R은 프로그래밍 인터페이스를 통해 분석 프로세스가 저장되어 재현성이 뛰어나고, 오류 발견을 용이하게 하는 등 협업에 효과적임
- 전 세계 R 사용자들 사이에서 기술 및 경험이 공유되고 패키지와 신텍스가 지속적으로 업데이트 됨
- 구매할 필요 없이 무료로 다운로드 받아 사용할 수 있음

R은 HRD 분야에서 아직 충분히 활용되고 있지 않은 듯하나, 위와 같은 장점들을 발판삼아 더욱 관심이 확대될 것으로 예상된다. R에 대해 자세한 정보와 프로그램 다운로드를 위해서는 R Studio 웹사이트(https://posit.co/downloads)를 방문하면 되고, R Studio의 클라우드 버전은 다음 웹사이트(https://posit.cloud)를 통해 확인할 수 있다.

이 외에도 Python, MATLAB 등 데이터 분석 기능을 제공하는 도구들은 무수히 많고, 어떤 분석 도구를 사용할 것인지는 사용자의 선택에 달려 있다. 모든 분석 도구는 서로 구별되는 목적과 특징, 사용자 환경이 있기 때문이다. 따라서 분석의 상황에 부합하는 도구를 선택하여 활용할 수 있어야 한다.

2 ▌ 사회관계망 분석

통상의 양적, 질적 분석과 달리 관계 측면의 특성과 함의를 분석하는 데 특화된 방법으로 사회관계망 분석(social network analysis, SNA)이 있다. 인간관계와 상호작용, 사회적 자본 등에 주목하는 HRD의 과업 수행에 있어 SNA는 중요한 개념과 분석 수단을 제공한다. SNA는 행위자의 개별적 속성보다 복수의 행위자들 사이의 관계에 초점을 두고 이들 사이의 네트워크를 검토하는 기법으로, 크게 완전관계망(complete network) 또는 사회중심관계망(sociocentric network) 분석과 자아중심관계망(egocentric network) 분석이 수행된다.

1) 완전관계망 및 자아중심관계망

완전관계망 분석은 연구자가 경계와 범위를 정한 집단 내 행위자들의 모든 관계를 전수 조사하는 방식으로 이루어지며, 구체적인 분석 방법으로는 소시오그램(sociogram)과 행렬(matrix) 분석이 대표적이다. 소시오그램은 [그림 12-1]에 제시한 바와 같이 행위자들 간의 관계를 연결선(link)으로 이어 관계망의 구조적 특성을 시각화하여 보여주는 것이다. 관계망 분석에서 각각의 행위자는 노드(node)로 표현되고, 노드는 개인뿐만 아니라 집단, 언어 등 분석의 초점에 따라 설정된다(여기서는 노드를 숫자로 표현하였는데, 숫자가 이름, 집단명, 단어 등으로 대체될 수 있다). 노드들 사이에 관계가 있으면 연결선으로 잇고, 관계에 방향성이 있으면 화살표로 표시하기도 하며, 관계 및 연결의 강도에 따라 굵기를 달리 표현하기도 한다. 이렇듯 소시오그램은 관계망의 구조와 패턴을 시각적으로 확인할 수 있게 해준다는 장점이 있으나, 노드들이 많아지고 관계망이 커질수록 구조와 패턴을 알아보기 힘들 정도로 복잡해져 유용성이 떨어질 수 있다는 단점이 있다.

한편, [그림 12-2]는 소시오그램의 관계들을 행렬로 나타낸 것이다. 일반적으로 관계망 데이터를 수집할 때 설문지나 인터뷰를 통해 확인된 모든 관계들의 정보를 행렬로 정리하고, 이렇게 정리된 행렬을 소시오그램으로 나타내게 된다. 행렬 자체는 소시오그램처럼 관계망을 시각적으로 보여주지는 못하지만, 수학적인 계산을 통해 밀도, 중심성, 집중도, 하위 관계망, 구조적 틈새, 양자 간 또는 삼자 간 관계 등 관계망의 구조적 특성을 나타내는 다양한 수치들을 분석할 수 있게 해준다는 장점이 있다.

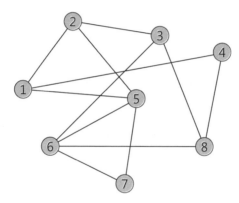

[그림 12-1] 소시오그램

	1	2	3	4	5	6	7	8
1	0	1	0	1	1	0	0	0
2	1	0	1	0	1	0	0	0
3	0	1	0	0	0	1	0	1
4	1	0	0	0	0	0	0	1
5	1	1	0	0	0	1	1	0
6	0	0	1	0	1	0	1	1
7	0	0	0	0	1	1	0	0
8	0	0	1	1	0	1	0	0

[그림 12-2] 행렬

자아중심관계망 분석은 연구자가 관심을 두고 있는 모집단에서 추출된 표본에 대해 설문이나 인터뷰 같은 조사 방법을 활용하여 이루어진다. 조사에서 응답자들은 그들이 관계를 맺고 있거나 상호작용하는 사람들에 대해 지명하고 응답할 것을 요청받는다. 모집단에서 추출된 이 응답자들이 지명한 사람들끼리는 서로 알지 못하는 경우가 많고, 특별한 분석 의도가 없는 한 그들 간의 관계망을 연결하려고 시도하지는 않는다.

일반적으로 자아중심관계망 분석은 응답자가 가지고 있는 관계망의 구조 및 상호작용의 특성을 파악하여 응답자가 관계망을 통해 얻게 되는 결과가 무엇인지를 검토하기 위해 수행된다. 자아중심관계망 분석은 이름적기법(name generator)으로 응답자가 자신과 연결된 타자(alter)들을 지명하고(통상 가명으로 기입하게 함) 그들 각각에 대한 질문에 응답하게 되는 조사의 특성으로 인해 참여 협조를 구하고 데이터를 확보하는 데 어려움이 있을 수 있다. 하지만 이러한 어려움에도 불구하고 자아중심관계망 분석은 설문 등을 통해 자료 수집이 가능하기 때문에 표본에 대한 조사 데이터를 활용하여 앞서 제시된 대부분의 통계 분석과 가설 검증을 할 수 있다는 장점이 있다.

〈표 12-1〉 완전관계망 분석과 자아중심관계망 분석

	완전관계망 분석	자아중심관계망 분석
초점	연구자가 경계를 정한 조직 또는 집합 내 상호작용 패턴들에 대해 분석	개인이 가진 관계망의 특성이 어떠한 결과로 이어지는지에 대해 분석
분석의 범위	관계망의 경계와 범위가 정해져 있는 집단의 모든 구성원들 간 관계를 살펴보며, 따라서 모든 관계들을 분석할 수 있을 만큼의 규모에 해당하는 집단이어야 함	중심이 되는 자아(ego)가 연결되어 있다고 지각하는 타자들과의 관계들을 조사하고 분석하므로 관계망의 경계와 범위에 덜 제한됨
자료 수집 방법	연구 대상으로 정해진 특정 집단의 모든 구성원들 간의 관계를 전수조사하므로 시간, 비용 소모적일 수 있음	설문, 인터뷰 등 전형적인 방법으로 표본에 대해 자료 수집을 하므로 한편으로 자료 수집이 용이한 점이 있으나, 인적, 관계적 정보를 수집하는 경우 참여 협조를 구하기가 어려울 수 있음
결과 변수	관계망 구조와 상호작용 패턴을 집단 수준 결과물의 예측변수로 봄(예: 조직 내 권력의 중심성, 자원 분배, 정보 확산 등)	관계망 구조와 상호작용 패턴을 개인 수준 결과물의 예측변수로 봄(예: 시민의식, 고용기회, 취업, 인지·행동 변수 등)

2) 사회관계망 분석 방법

완전 관계망 분석이든 자아 중심 관계망 분석이든 SNA는 정보의 흐름, 조직 내 협업, 대인 관계에서의 연결고리와 영향력, 소셜 네트워크 서비스(SNS)상에서의 상호작용 등 다양한 상황에 대한 맥락적 해석을 가능하게 하는 분석 방법이다(Storberg-Walker & Gubbins, 2007). 분석을 위한 전문적인 도구와 기술이 필요하고 데이터 수집도 상대적으로 까다로운 방법이나 관계 및 상호작용과 관련한 문제들을 진단하고 해결하는 데 특별한 유용성을 가진다. 특히, 많은 HRD 제도와 활동들은 조직 내·외부의 사회적 자본을 강화하기 위해 시행되는데, SNA는 다음과 같은 정보들을 살펴볼 수 있게 한다는 점에서 의의가 있다.

- 복잡한 조직 내 관계망의 양상 파악
- 주요 이해관계자, 오피니언 리더, 브로커 또는 집단으로부터 소외된 사람 등의 식별(완전 관계망 연구는 실제 이들이 누구인지 직접 확인이 가능하고, 자아 중심 관계망 연구는 누구인지는 확인이 불가하지만 어떤 관계적 특성을 가지는 사람인지 간접적으로 확인 가능)
- 종단 연구를 할 수 있다면 개입의 결과로 인한 관계망의 구조 및 형태의 변화 분석

사회관계망 분석 중 자아중심관계망 분석의 경우, 기존의 통계 패키지를 사용하여 분석하는 것이 일반적이다. 반면, 완전관계망 분석은 데이터를 행렬로 표현하고, 분석 결과를 소시오그램으로 제시하는 등의 기능을 제공하는 사회관계망 전용 분석 도구가 활용된다. 완전관계망 분석을 위한 도구로는 UCINET과 NetMiner 등이 있다.

■ UCINET

UCINET은 완전관계망 분석을 위해 행렬로 데이터를 입력할 수 있고 소시오그램으로 분석 결과를 제시해주는 프로그램이다. 데이터를 비교적 자유롭게 변환할 수 있도록 지원하고, 노드 간 관계를 중심으로 밀도와 중심성 등 관계망 분석과 관련된 다양한 지표를 계산하며, 일부 통계 기능까지 제공하는 장점이 있다. 또한, 더욱 정교한 통계 분석을 위해 여기서 계산된 관계망 지표의 데이터를 전문화된 통계 프로그램으로 쉽게 이동시킬 수 있는 기능도 제공한다. 구글의 웹

사이트(https://sites.google.com/site/ucinetsoftware/home)에서 UCINET에 대한 자세한 설명과 프로그램 다운로드가 가능하나.

▪ NetMiner

NetMiner는 한국의 사이람이라는 회사가 개발한 프로그램으로 UCINET과 KrackPlot의 장점을 통합한 사회관계망 분석 프로그램이다. UCINET에 비해 분석 가능한 지표들이 다소 적다는 약점이 있으나, UCINET에 없는 다수의 관계망 지표들을 계산해주고 한글로 처리가 된다는 점이 국내 사용자들 입장에서 큰 장점이다(김용학, 2007). NetMiner에 대한 자세한 설명과 다운로드는 NetMiner의 웹사이트(http://www.netminer.com)에서 확인할 수 있다.

3 빅데이터와 피플 애널리틱스

HRD는 마케팅, 제조, IT, 품질 관리와 같은 다른 비즈니스 기능과 비교할 때, 빅데이터의 활용과 애널리틱스 측면에서 뒤처져 있다고 평가받는다(이재진, 2020). HRD는 사람을 근간으로 하는 활동이다 보니 프라이버시, 정보 보안, 윤리 등 여러 고려사항이 수반된다는 특수성이 있지만, 그럼에도 불구하고 이러한 변화의 물결을 외면하기는 어려워 보인다. 또한 경제성이나 기술적 제한 등으로 분석이 어렵다는 항변도 테크놀로지의 발전으로 더 이상 통하기 어렵게 되었다.

1) 빅데이터 분석

빅데이터는 웹 검색, 이메일 수발신, 각종 시스템 활용, 텍스트·음성·이미지·비디오 생성과 가공 등 현대 사회의 일상에서 만들어지는 거대한 데이터를 지칭하는 표현이다. 엑셀 등에서 처리되는 전통적인 개념의 데이터보다 훨씬 커서 빅데이터라고 불리지만, 데이터의 양(volume)뿐만 아니라 생성 속도(velocity)나 다양성(variety) 측면에서도 기존과 비교하기 어렵다. 혹자는 데이터가 클수록 진실(veracity)에 더 근접할 수 있고 따라서 더욱 높은 가치(value) 창출에 활용될 수 있다고 주장하며 4V 또는 5V를 빅데이터의 특징으로 제시하기도 한다.

빅데이터 분석 기술을 활용한 구글의 독감 동향 서비스가 검색어 빈도를 토대로 독감 환자 수와 유행 지역을 분석하여 국가기관인 질병통제본부(CDC)보다 뛰어난 예측력을 보여줬던 일은 빅데이터 분석의 유명한 사례이다(정용찬, 2013). 마케팅 분야에서는 1990년대부터 고객 데이터를 활용한 고객 관계 관리(customer relationship management, CRM)가 시도되었고, 최근에는 예전과 비교가 안 될 정도의 대규모 고객정보를 단시간에 분석하는 작업이 가능하게 되었다. 다양한 분야에서 기존에 파악하기 어려웠던 새로운 정보와 심도 깊은 통찰을 빅데이터가 제공하고 있는 것이다.

이제 HRD 전문가들 또한 인재·조직개발 활동의 평가를 위해 설문이나 테스트 등을 통한 정형화되고 수치화된 데이터뿐만 아니라 비정형의 다양한 데이터를 망라한 분석을 고민해야 하는 상황이 되었다. 인사시스템(human resource information system, HRIS), 지식경영시스템(knowledge management system, KMS), 학습관리시스템(learning management system, LMS), 전사적자원관리시스템(enterprise resource planning, ERP) 등 이미 조직 내에서 운영 중인 시스템, 나아가 웹이나 SNS 등에서도 수많은 데이터가 확대 재생산되며 분석을 기다리고 있는지 모른다. HRD 전문가들이 다음의 예시를 포함한 다양한 분석 방법들에 관심을 가진다면 변화하는 기술 환경 속에서 지금보다 더 큰 기여를 할 수 있을 것이다.

HRIS와 ERP

인적자원정보시스템(HRIS)은 인적자원 기능 전반에 걸친 정보의 수집, 처리, 분석, 저장, 유지, 추출을 위한 통합 시스템을 의미한다. 개별 조직마다 구체적인 설계는 다르겠지만 일반적으로 HRIS는 다음을 포함한 다양한 기능을 수행한다.

- 지원자 관리 등 채용 업무 지원
- 개인 인사 정보 관리
- 개인 평가 정보 관리
- 승진 후보자 데이터 관리
- 보상 관리
- 복리후생 관리
- 교육 관리
- 직원 역량 및 경력개발 데이터 관리
- 법적, 제도적 필수 사항 관리

이러한 기능들은 별도로 구축된 HRIS 시스템에서 운영되거나 사내 ERP 시스템의 HR 관련 모듈에서 운영될 수 있다. ERP는 기업 내 생산, 물류, 재무, 회계, 영업, 구매, 재고 등 경영 프로세스들을 통합적으로 연계해 관리하여 빠르고 정확한 의사결정을 도와주는 시스템이며(노규성, 2014), 일반적으로 충원, 복리후생, 급여, 교육훈련 등 인사관리 전반을 망라하는 시스템을 ERP의 일부로 구성하게 된다.

■ 데이터 마이닝(data mining)

데이터 마이닝이란 대규모의 정량적 데이터에 내재한 정보와 통찰을 이끌어내는 빅데이터 분석 방법을 말한다. 데이터 마이닝은 관심 요소들 사이의 관계나 규칙을 찾아내는 연관관계 분석(association analysis), 유사한 특성을 가진 개체들끼리 합치고 분류하는 군집 분석

(cluster analysis), 의사결정 규칙들을 나무 구조로 체계화하는 의사결정나무(decision tree) 기법, 데이터에 내재하는 독특한 패턴이나 구조를 모델링하는 인공신경망(neural networks) 기법, 과거의 사례를 기반으로 새로운 사례의 결과를 예측하는 사례기반추론(case-based reasoning) 기법 등으로 다양하게 활용된다. 논리적 타당성과 확률에 기반한 분석이라기보다 방대한 실제 데이터를 기반으로 분석 결과가 도출된다는 점에서 통계와 구별되는 특성을 가지며, 데이터 수집, 처리 및 분석 테크놀로지의 발전과 함께 HRD를 포함한 다양한 분야로 빠르게 확산되고 있다.

■ 텍스트 마이닝(text mining)

텍스트 마이닝이란 대규모의 비구조적인 문자 데이터에서 의미 있는 정보를 추출하는 것을 말한다. 추출 대상이 텍스트 정보라는 점에서 데이터 마이닝이라는 용어와 구별되고, 텍스트 애널리틱스(text analytics)나 문서 마이닝(document mining) 등과 유사한 의미로 사용되기도 한다(정용찬, 2013). 텍스트 마이닝은 인터뷰 스크립트나 문서 데이터에서 자주 사용되는 개념이나 용어들을 찾고, 주제를 분류하고, 패턴이나 상위 개념을 도출하는 등의 분석에 도움이 될 수 있다. 따라서, 상대적으로 시간과 노력이 많이 요구되고, 결과의 객관성 측면에서도 많은 도전을 받는 질적 분석의 발전에 크게 기여할 대안이 될 수 있을 것이다.

■ 의미 분석(semantic analysis)

의미 분석은 말이나 글을 개별 구성 요소가 아닌 그 요소들이 함께 의도한 통합적 의미에 주목하여 해석하는 언어학적 방법이다. 다시 말해, 어휘, 구, 절, 문장 등 각 요소 고유의 독립적인 의미보다 그들이 결합하여 표현하고자 했던 궁극적 의미를 이해하려는 접근으로,

여러 분석 방법과 다양한 유형의 문법을 이용한다. 한편, 빅데이터 분석이라는 맥락에서 의미 분석은 거대한 말뭉치(corpus) 데이터에서 유사하거나 상통하는 의미들을 도출하여 구조화하거나, 더 큰 개념과 연결하는 등의 방법을 가리킨다. 따라서 말이나 글의 해석에 있어 심리적·정서적·맥락적 측면까지 고려한 보다 풍부한 이해와 해석을 가능하게 하는 분석 방법이 될 수 있다.

■ **조직 네트워크 분석(organizational network analysis, ONA)**

사람들의 관계로 형성된 네트워크 데이터를 분석하면 이들이 서로 어떤 관계 속에 있으며 어떻게 상호작용하는지에 대한 정보를 얻을 수 있다. 다시 말해, ONA를 통해 조직 내에서 정보가 어떻게 흘러가거나 공유되는지, 영향력 있는 오피니언 리더가 누구인지, 소외된 개인이 누구인지, 개인이나 소집단 간 구조적 단절이 있는지 등을 시각적 또는 계산된 수치 정보를 통해 파악할 수 있게 된다. 이를 통해 대인 관계의 역학이나 협업 수준을 이해하고, 리더의 커뮤니케이션이나 영향력을 측정하며, 팀을 조직하거나 개발을 지원하는 관계망(developmental network)을 구축하는 등 개입이나 평가를 위한 중요한 정보를 얻을 수 있다. 특히 사람들을 직접 서베이하여 얻을 수 있는 데이터에는 한계가 있을 것이나, 온라인이나 IT시스템상의 빅데이터를 활용한다면 복잡하고 거대한 네트워크를 분석하는 것도 불가능하지 않을 것이다.

2) 피플 애널리틱스

적절한 애널리틱스가 수반되지 못하면 빅데이터는 무용하다. 애널리틱스는 방대한 데이터를 분석하는 방법이나 기술 전반을 의미하며, '분석'이나 '분석학'이라고 직역해 쓰기에는 일반적 의미의 분석이나 별도의 학문 분야와 혼동의 여지가 있어 외래어 그대로 통용되며 다양한 영역에서 활용되고 있다. 특히, 인사 및 인재 육성 관련 데이터에 대한 애널리틱스 역량을 강화한다면 조직의 핵심 의사결정에 있어 HRD의 전략적 관여도와 기여도를 더욱 높일 수 있을 것이다. 이처럼 사람과 비즈니스가 교차하는 지점에서의 빅데이터로부터 인사이트를 찾고 가치를 창출하기 위한 활동을 피플 애널리틱스, 탤런트 애널리틱스 또는 HR 애널리틱스라고 한다(김민송, 윤승원, 2022). Davenport 등 (2010)은 HR 애널리틱스의 활용 수준과 방법을 다음과 같이 여섯 단계로 제시하였다.

- 인적 자본 현황(human-capital facts) 확인: 인원수, 직원 만족도, 직원 성과, 이직과 같은 조직 성과와 직결되는 인재 관련 데이터를 추적할 수 있다.
- 분석적 HR(analytic HR) 실행: 성과를 중심으로 데이터와 분석에 기반하여 인사 및 인재 육성 활동을 계획하고 평가할 수 있다.
- 인적 자본 투자(human-capital investment) 분석: 인재 및 성과 관련 데이터에 대한 모니터링을 통해 다양한 인적 자본 관련 투자의 영향력과 우선순위를 파악할 수 있다.
- 인재 수요 예측(workforce forecasts): 인재 관련 데이터와 비즈니스 및 거시 데이터를 조합하여 인재 수요의 규모와 시기 등을 정확히 예측할 수 있다.
- 인재 가치 모델(talent value model) 구축: 구성원의 니즈와 가치를 더 깊이 파고들어 맞춤형 인재 정책과 프로그램 시행을 위한 모델을 설계할 수 있다.
- 인재 공급망(talent supply chain) 최적화: 빅데이터 애널리틱스를 통해 인재 활용의 실시간 최적화를 실현할 수 있다.

Bersin by Deloitte의 2013년 연구에서는 이처럼 다양한 양상의 피플 애널리틱스가 조직에서 어느 정도 이루어지고 있는지를 크게 네 단계의 성숙도로 구분하고, 대부분의 조직이 아직 보고 단계에 머물러 있다고 진단하였다. Cascio와 Boudreau(2016)는 이를 HR 앞에 버티고 선 도전이자 HR이 넘어야 할 과제라는 점에서 장벽이라고 표현하기도 하였다.

- 운영 보고(operational reporting): HR과 관련한 조직 내 다양한 활동들의 내역을 상세하게 정리하여 보고
- 고급 보고(advanced reporting): 스코어카드와 대시보드 등 체계적인 방식으로 HR 데이터를 조직화하여 벤치마킹과 의사결정 등에 유용하게 활용
- 고급 애널리틱스(advanced analytics): 통계 등 다양한 분석 기법을 통해 사람 관련 이슈와 다양한 변수들 사이의 관계를 파악하여 전략적 문제 해결에 활용
- 예측 애널리틱스(predictive analytics): 사업 현황과 전망에 기초한 시나리오 플래닝, 리스크, 예측 등 HR 관련 예측 및 최적화 모델링에 활용

이처럼 HR 애널리틱스는 중요성에 대한 논의에 비해 실천 수준은 아직 저조한 것으로 보이는데, Angrave 등(2016)은 HR 애널리틱스의 확산과 발전을 위한 토대의 구축을 위해 다음과 같이 조언한다.

- 구성원들이 가치를 창출하고 조직에 기여하는 독특한 방법에 대한 깊은 통찰력을 가져야 한다.
- 상황에 적절한 데이터를 수집하고 맥락적으로 분석할 수 있어야 한다.

- 비즈니스 성공을 위한 핵심 기여 요소를 측정할 수 있는 도구를 개발해야 한다.
- 인재 및 성과 애널리틱스 역량을 토대로 데이터 기반 의사결정을 할 수 있어야 한다.

간단히 말하자면, 데이터를 올바르게 이해하고 분석하여 이를 통찰력 있는 정보로 전환하는 것이 성공적인 HR 애널리틱스의 핵심이다. 이런 맥락에서 HR 애널리틱스가 하룻밤 사이 왔다가 사라지는 유행이 되지 않도록 하기 위해서는 다음과 같은 사항들에 주목할 필요가 있다(Rasmussen & Ulrich, 2015).

- 데이터 자체가 아닌 비즈니스 문제로부터 시작해야 한다.
- HR 활동이 아닌 조직 차원에서의 전략적 초점을 유지해야 한다.
- HR(human resource) 애널리틱스의 중심에는 "인간(human)"이 있음을 기억해야 한다.
- 분석적 사고뿐만 아니라 분석 기술과 역량 향상도 중요하다.

물론 피플 애널리틱스를 위해 데이터 마이닝, 머신러닝 기법 등 고급 분석 역량을 갖추고 있다면 금상첨화일 것이다. 하지만 조직 내 HR 시스템의 기능을 효과적으로 활용할 수 있는 능력과 앞서 살펴보았던 통계와 데이터 시각화에 대한 지식과 도구 활용 능력이 실질적으로는 더욱 유용할 수 있다. HRD 평가와 피플 애널리틱스는 한 명의 전문가가 모든 것을 해결할 수 있는 일이라기보다 분야별 전문성을 겸비한 사람들 및 강력한 기능을 구현한 테크놀로지 등과 협업해야 하는 일이기 때문이다.

- 다양한 통계 분석 사례를 상정하고 해당 사례의 분석에 가장 적합한 분석 도구를 선택하고 적절성을 논의하시오.
- 조직 내에서 사회관계망 분석이 필요한 상황을 상정하고 분석 계획을 논의하시오.
- 빅데이터와 애널리틱스의 발전이 HRD의 미래를 위해 어떤 기회와 이슈를 제공하는지 논의하시오.
- 피플 애널리틱스에 사용될 수 있는 빅데이터의 유형과 이들을 활용하여 어떤 분석 및 가치 창출이 가능할 것인지 논의하시오.

김민송, 윤승원 (2022). 피플 애널리틱스. 학이시습.

김용학 (2007). 사회 연결망 분석. 박영사.

노규성 (2014). 기업을 바꾼 10대 정보시스템. 커뮤니케이션북스.

배병렬 (2014). LISREL 9.1 구조방정식모델링. 청람.

우종필 (2012). 구조방정식모델 개념과 이해. 한나래출판사.

이재진 (2020). 비즈니스 파트너 HR 애널리틱스. 온크.

정용찬 (2013). 빅데이터. 커뮤니케이션북스.

Angrave, D., Charlwood, A., Kirkpatrick, I., Lawrence, M., & Stuart, M. (2016). HR and analytics: Why HR is set to fail the big data challenge. Human Resource Management Journal, 26(1), 1-11.

Cascio, W. F., & Boudreau, J. W. (2016). The search for global competence: From international HR to talent management. Journal of World Business, 51(1), 103－114.

Davenport, T. H., Harris, J., & Shapiro, J. (2010). Competing on talent analytics. Harvard Business Review, 88(10), 52-58.

Rasmussen, T., & Ulrich, D. (2015). Learning from practice: How HR analytics avoids being a management fad. Organizational Dynamics, 44(3), 236-242.

Storberg－Walker, J., & Gubbins, C. (2007). Social networks as a conceptual and empirical tool to understand and "do" HRD. Advances in Developing Human Resources, 9(3), 291－310.

찾·아·보·기

ㄱ

가설(hypothesis)   130
검사-재검사 방법   159
경로 모형(path model)   196
공분산분석   191
공유가치 창출(creating shared value, CSV)   223
공인 타당도(concurrent validity)   153
과정 모니터링(process monitoring)   218
관찰   142
구성 개념   130
구성주의(constructivism)   120
구인 타당도(construct validity)   152, 154
구인(construct)   156
구조방정식   196
구조적 자본   95
군집표집(cluster sampling)   171
균형성과표(balanced scorecard, BSC)   34, 40
기대편익(ROE) 평가   62
기술통계(descriptive statistics)   175, 176

ㄴ

내용 분석(content analysis)   200
내용 타당도(content validity)   152, 153
내적 일관성(internal consistency)   160
내적 타당도(internal validity)   117, 151
NetMiner   299
논리적 실증주의(positivism)   118
논리주도 평가(theory-driven evaluation) 모형   84
눈덩이표집(snowball sampling)   171

ㄷ

다원 분산분석   189, 190
다중 선형 회귀분석   190, 191
다중모드(multimodal) 분포   180
다층 모형   197
단순 선형 회귀분석   188
단순임의표집(simple random sampling)   171
대시보드   16
동형 검사 방법   159
등간(interval) 척도   165, 166

ㄹ

LISREL   196, 291
리커트 방식   166

ㅁ

망각곡선   248
매개 모형   195

멱함수　168
명명(nominal) 척도　165
모수치(parameter)　174
모집단(population)　170
문화기술지(ethnography)　202
미국평가협회(The American
　Evaluation Association: AEA)
　266, 268

ㅂ

반분법(split-half procedure)　160
범주형 데이터　165
벤치마크　16
변산(variability)　177, 179
변수(variable)　130
Borich 요구도　280
분산　180
분산분석　193
분포(distribution)　177, 186
비율(ratio) 척도　165, 166
비확률표집(nonprobability sampling)
　171
빅데이터　299

ㅅ

사례 연구(case study)　203
사분위수 범위　180
사실성　160
사전 평가　215
사회관계망 분석(social network
　analysis, SNA)　294, 298, 303
사회적 책임(corporate social
　responsibility, CSR)　223
사후 평가　215
3C　27, 28

3대 기본(tripple bottom line, TBL)
　50
상관관계(correlation)　192
상관분석　193
서열(ordinal) 척도　165
설득의 원칙　251
설문 조사　141
성공사례기법(SCM)　75
소시오그램　294, 295
수렴 타당도(convergent validity)
　155
순고객추천지수(net promoter score,
　NPS)　73
SMART　33
스코어카드　16
스티커 메시지(sticker message)
　244
신뢰도(reliability)　157, 158, 159
신텍스(syntax)　197
CIPP(context, input, process,
　product) 모형　81, 219

ㅇ

AMOS　197, 290
ISPI(The International Society for
　Performance Improvement)　272
R　199, 292
ROI　124
양적(quantitative) 접근　118, 120,
　124
SWOT　28
SAS　289
SOIR(State of Industry Report)
　보고서　8
SPSS　289
AEA Guiding Principles for

Evaluators   266
AHRD   263, 266
AHRD Standards   263
HLM   199
HR 성과측정표(HR Scorecard)   93
HRD 평가의 분석 단위   125
HRIS   300, 301
HLM   292
HR 애널리틱스   306
LMS   300
MPLUS   291
역량   268
역량진단   276
연속형 데이터   165
예측 변수   191, 193
예측 타당도(predictive validity)   153
5V   300
완전 관계망 분석   297
왜도(skewness)   180
외래 변수(extraneous variable)   191
외적 타당도(external validity)   117, 151
요인분석(factor analysis)   156
위계적 선형 모형(hierarchical linear model)   199, 292
UCINET   298
육하원칙(5W1H)   33, 211
윤리경영(ethical management)   223, 224
의미 분석   302
이름 적기법(name generator)   296
ERP   301
이해관계자(stakeholder)   15, 32
인과관계(causation)   192
인적 자본   95
인적자본기업패널(Human Capital Corporate Panel, HCCP)   8
인터뷰   141
일관성(consistency)   160
일원분산분석   188

ㅈ

자아 중심 관계망 분석   297
잠재 변수(latent variable)   156
전이 가능성(transferability)   160
정규(normal) 분포   180
z점수   186
조절 모형   195
조직요소모델(OEM)   49
종단(longitudinal) 분석   199
준거 변수   191, 193
준거 타당도(criterion-related validity)   152, 153, 154
중간 평가   215
중간값(median)   177
중심경향(central tendency)   177
중위수(median)   177
지속가능성(sustainability)   224
지식의 저주   256
지연(interval) 평가   215
지적 자본   6, 95
진단평가(diagnostic evaluation)   217
질적(qualitative) 접근   118, 120, 124

ㅊ

첨도(kurtosis)   180
초점소재 모델(The locus for focus model)   280
초점집단인터뷰   142

총괄평가(summative evaluation)
219

최빈값(mode)   177

최빈수(mode)   177

추리통계(inferential statistics)   17,
175, 176

층화표집(stratified sampling)   171

침묵의 메시지(silent messages)   240

ㅋ

Kirkpatrick의 4수준 평가   62

KMS   300

Cronbach의 α (알파)계수   159

ㅌ

타당도(validity)   151, 158

탐색적 요인분석(exploratory factor
analysis, EFA)   157

텍스트 마이닝   301, 302

통계치(statistic)   174

투자회수율(ROI) 평가   62

t검정(t-test)   187

T점수   186

ㅍ

판단표집(judgment sampling)   171

판별 타당도(discriminant validity) 155

편의표집(convenience sampling) 171

편향(skewed) 분포   180

평균(mean)   177, 186

표본(sample)   170

표본오차   171

표준 편차   180, 186

표집(sampling)   170

피어슨(Pearson)   192

ㅎ

학습전이   221

핵심성과지표(key performance
indicator, KPI)   19

행동강령(code of conduct) 223, 224

현업적용   221

형성평가(formative evaluation)   218

호손효과(Hawthorne effect)   142

확률표집(probability sampling)   171

확인적 요인분석(confirmative factor
analysis, CFA)   157

회귀분석   193

공저자 약력

김태성

연세대학교 교육학과 졸업
펜실베니아 주립대학교 HRD/OD 전공 박사
전 펜실베니아 주립대학교 World Campus Lecturer
전 삼정KPMG Learning & Development 센터 근무
전 크레듀 근무
현재 인천대학교 창의인재개발학과 교수

장지현

연세대학교 교육학과 졸업
연세대학교 교육학과 인적자원개발 전공 박사
전 동양미래대학교 교수
현재 연세대학교 교육학과 겸임교수
현재 미래비즈니스아카데미 원장
현재 FMASSOCIATES BUSINESS CONSULTING 위원

백평구

연세대학교 교육학과 졸업
중앙대학교 인적자원개발 전공 박사
전 한국생산성본부 핵심역량센터 근무
전 현대오토에버(주) 인사팀 근무
전 중원대학교 경영학과 교수
현재 국민대학교 교양대학 교수

제2판

조직의 가치와 목표 중심의 HRD 평가

초판발행	2019년 2월 26일
제 2판발행	2024년 1월 1일
지은이	김태성·장지현·백평구
펴낸이	노 현
편 집	배근하
표지디자인	이영경
제 작	고철민·조영환
펴낸곳	㈜피와이메이트
	서울특별시 금천구 가산디지털2로 53 한라시그마밸리 210호(가산동)
	등록 2014. 2. 12. 제2018-000080호
전 화	02)733-6771
f a x	02)736-4818
e-mail	pys@pybook.co.kr
homepage	www.pybook.co.kr
ISBN	979-11-6519-476-5 93370

copyright©김태성·장지현·백평구, 2024, Printed in Korea

정 가   22,000원

박영스토리는 박영사와 함께하는 브랜드입니다